기독교와 이슬람 무엇이 다른가

ISLAM

유해석 지음

생명의말씀사

기독교와 이슬람 무엇이 다른가

ⓒ 생명의말씀사 2016

2016년 6월 20일 1판 1쇄 발행
2019년 8월 22일　　 5쇄 발행

펴낸이 │ 김재권
펴낸곳 │ 생명의말씀사

등록 │ 1962. 1. 10. No.300-1962-1
주소 │ 서울시 종로구 경희궁1길 5-9(03176)
전화 │ 02)738-6555(본사) · 02)3159-7979(영업)
팩스 │ 02)739-3824(본사) · 080-022-8585(영업)

지은이 │ 유해석

기획편집 │ 구자섭
디자인 │ 조현진, 윤보람
인쇄 │ 영진문원
제본 │ 정문바인텍

ISBN 978-89-04-05041-3 (03230)

저작권자의 허락없이 이 책의 일부 또는 전체를
무단 복제, 전재, 발췌하면 저작권법에 의해 처벌을 받습니다.

기독교와 이슬람
무엇이 다른가

목차

프롤로그 06

1장 IS, 그들은 누구인가 12
: 이슬람 원리주의와 지하드

IS의 형성과정 | 이슬람 원리주의 운동의 이해 | 지하드의 이해

2장 이슬람은 무엇을 믿는가 48
: 이슬람의 주요 교리들(6신 5행)

이슬람의 여섯 가지 기본 믿음(6신) – 알라에 대한 믿음, 천사들에 대한 믿음, 경전에 대한 믿음, 선지자에 대한 믿음, 마지막 날에 대한 믿음, 운명에 대한 믿음 | 이슬람의 다섯 가지 의무(5행) – 신앙고백, 기도, 구제금, 금식, 성지순례, 지하드

3장 기독교와 이슬람, 무엇이 다른가 86
: 기독교와 이슬람의 근본적인 차이

기독교의 하나님과 이슬람의 알라는 동일한가 | 예수와 무함마드는 어떻게 다른가 | 기독교와 이슬람의 인간이해에 대한 차이 | 기독교와 이슬람의 죄에 대한 개념의 차이 | 기독교와 이슬람의 계시관의 차이 | 이슬람의 형성에 영향을 끼친 기독교 이단들

4장 꾸란의 형성 과정에서 살펴 본 꾸란의 오류들 140

꾸란이란 무엇인가 | 꾸란의 형성 과정 | 꾸란의 형성에 영향을 끼친 다양한 요소들 | 꾸란에 나타난 오류와 모순들 | 기독교에 대한 꾸란의 견해

5장 종교개혁자들은 어떤 시각으로
이슬람을 바라보았나 202
: 종교개혁자들이 바라본 이슬람

종교개혁의 시대적 배경 | 마르틴 루터 | 존 칼빈 | 하인리히 불링거

6장 우리 곁에 다가온 이슬람 230
: 한국에서의 이슬람의 어제와 오늘

한국에서의 이슬람의 어제 – 통일신라에서 18세기 말엽까지, 19세기 투르크계 무슬림들의 이주, 6·25 전쟁 이후 | 오늘날 이슬람의 현황 | 한국 이슬람의 전망 | 한국 이슬람화에 대한 제언 – 정부를 향한 제언, 한국 교회를 향한 간절한 부탁

7장 무슬림과의 결혼,
어떻게 봐야 할 것인가 266

이슬람의 여성관 – 이슬람에서의 남자와 여자의 관계, 명예살인, 여성할례, 일부다처제, 베일 | 기독교인과 무슬림과의 교제와 결혼에 대한 제언 – 무슬림과의 결혼에 대한 부정적 결과들, 무슬림에게 끌리는 이유, 성경은 결혼에 대해 무엇을 말하는가

에필로그 314
주 317
참고 문헌 344

프롤로그

지난 1990년부터 선교사로 파송되어 이집트에서 사역을 시작하였다. 그러나 나의 사역은 곧 미궁에 빠졌다. 무슬림들과 대화를 나누면 나눌수록 기독교와 이슬람은 비슷한 종교적 구조를 가지고 있다는 것을 알게 되었다.

꾸란의 약 60%는 구약의 내용과 비슷하고, 꾸란의 약 18%는 신약의 내용과 비슷하다. 예수의 동정녀 탄생, 예수께서 일으키신 기적들, 예수의 재림, 성령, 천사 가브리엘, 그 외에 성경의 선지자들의 이름이 꾸란에 있다. 그런데 성경과 비교해 보니 내용이 달랐다. 처음에는 조금만 다른 줄 알았다. 그러나 깊이 들어가니 전혀 다른 내용이 많았다. 그래서 이슬람과 기독교가 무엇이 다른지 알고 싶었다.

다행히 옆집에 꾸란 전체를 암송하고 이슬람 최고의 명문대학교인 알 아자르(Al-Azhar) 대학교 신학과를 졸업한 비슷한 나이의 이맘(이슬람 종교지도자)이 살고 있었다. 이슬람의 지리적 중심이 사우디아라비아의 메카라면, 이슬람 신학의 중심은 이집트이다. 왜냐하면 이슬람 이맘들을 배출하기 위하여 9세기에 세워진 알 아자르 대학교가 있기 때문이다. 이슬람의 신학적인 문제들에 대하여 대변하는 가장 권위 있는 곳이 바로 알 아자르 대학교였다.

나는 그의 친구가 되어 그와 함께 이슬람에 대하여 공부를 하게 되었다.

우리는 신사협정을 맺었다. 그는 나에게 매일 한 시간씩 이슬람을 가르쳐 주고 그다음에 나는 아랍어 성경을 몇 장씩 읽기만 한다는 조건이었다. 어차피 이슬람도 배워야 하고, 아랍어를 배워야 하는 입장이기에 이와 같은 합의를 하게 되었다. 그날 이후 나는 매일 이슬람에 대하여 그와 함께 공부를 하였다. 물론 나도 아랍어 성경을 읽어주었다. 우리는 매일 두 시간씩 꾸란과 아랍어를 공부하였다. 꾸란을 암송하면서 이슬람에 관하여 배울 수 있었다. 이 연구는 이맘으로부터 꾸란을 배우던 때에 마음속에 끊임없이 일어났던 의문에 대한 답변이다.

이슬람의 인구는 한국에서 급속도로 성장하고 있다. 한국에 이슬람이 처음 들어온 것은 통일신라시대로 알려져 있다. 그러나 고려와 조선시대를 거치면서 한국 속으로 동화되었다. 당시에 이슬람 인구는 극소수였다. 그러나 최근에 한국에서 성장하는 이슬람은 다르다.

1970년 3,700명이었던 한국의 이슬람 인구는 25만 명이 되었고 비공식적으로는 40만 명이 되었다. 이제는 정부까지 가세하여 국내에서 이슬람의 성장을 부채질하고 있는 지금, 한국 기독교인들은 필자가 처음 사역을 시작할 때만큼이나 이슬람에 대하여 잘 모르고 있다는 것을 알았다. 그래서 이 책을 쓰기로 결심하였다.

기독교 안에서 이슬람에 대한 연구는 비잔틴 신학자였던 다마스커스 요

한네스(Johannes)에 의하여 시작되었다. 그는 무함마드(Muhammad, 570-632)가 죽은 지 약 20년 후에 태어났다. 만수르(Mansour)의 명문가 출신인 그의 아버지는 이슬람 군주 무아위야 1세(Muawiyah I, 602-680) 아래에서 재무부 장관을 지냈다. 무아위야 1세의 뒤를 이은 왕이 기독교에 적대적인 정책을 펴자, 요한네스는 예루살렘 근처의 마르사바(Mar Saba) 수도원에 은신하였다. 그리고 이슬람을 연구하였으며, 자신의 신학적 저술인 『지식의 근원』 제2부 "이단에 관하여"에서 이슬람에 대하여 상세하게 서술하였다.

중세에는 프랑스인으로서 베네딕트 수도원장인 피터(Peter the Venerable, 1092-1156)가 이슬람에 대한 자료를 바탕으로 이슬람을 연구하였는데, 특히 아랍어 꾸란을 라틴어로 번역하도록 제안하여 영국인 로버트(Robert of Ketton, 1110-1160)에 의하여 1153년 최초로 꾸란이 라틴어로 번역되었다. 또한 이탈리아인으로서 바그다드에서 10년 동안 살면서 이슬람을 연구한 학자는 리콜도(Riccoldo da Monte Croce, 1243-1320경)였다. 그의 연구는 훗날 후대 학자들에게 실질적인 영향을 끼치게 된다.

나중에 살펴보겠지만, 종교개혁자들도 이슬람에 대하여 많이 연구하였다. 마르틴 루터(Martin Luther, 1483-1546)와 불링거(Heinrich Bullinger, 1504-1575)는 이슬람에 대한 책을 저술하였다. 근세에 들어와서는 영국 역사학자 윌리엄(William St. Clair Tisdall, 1859-1928)의 연구가 탁월하다. 윌리엄은 페르시아의 선교사로 사역을 하였으며 아랍어에 능통하여 꾸란에 관한 책들을 저술하였다. 이 책을 쓰기 위하여 그동안 기독교 안에서 이슬람을 연구했던 역사를 살펴볼 수 있었던 것은 큰 축복이었다.

현재 기독교 안에는 이슬람에 대하여 세 가지 보편적인 시각이 있다.
첫째는 이슬람을 사단의 종교라고 생각하며, 무슬림에 대한 공포가 혐오적으로 나타나는 이슬람포비아(Islamphobia) 입장이다. 이슬람포비아라는 말은 1980-90년대에 만들어졌으나, 실제로는 2001년 9월 11일 미국에서 일어난 9·11테러 이후에 많이 사용하기 시작하였다. 이는 이슬람(Islam)에 포비아(Phobia)를 합성한 말이다. 포비아는 '공포증'을 뜻하는 말로서 이슬람포비아란 말은 '이슬람 공포증' 혹은 '이슬람 혐오증'을 의미한다.
둘째는 무슬림들에게 이슬람을 떠나서 기존의 교회로 들어오라고 초청하는 복음주의적 입장이다. 이슬람은 진화론적인 종교관을 가지고 있다. 그들은 종교가 유대교-기독교-이슬람으로 발전되어 왔다고 믿는다. 따라서 무슬림에게 기독교인이 되라는 것은 과거로 돌아가라는 것을 의미한다. 그럼에도 불구하고 이는 기독교의 전통적인 방법이다.
셋째는 무슬림들에게 다가가기 위하여 이슬람과 기독교 가운데 공통적인 부분들을 강조하고 이슬람의 문화를 받아들이면서 복음을 나누려는 시

도이다. 이를 내부자 운동이라고 한다.

 하지만 기독교인으로서 이슬람에 대하여 어떤 시각을 갖든지 기독교와 이슬람을 비교하면서 이슬람이 어떤 종교인지 아는 것은 매우 중요하다.

 이 책에 대한 반론도 환영한다. 그로 인하여 이슬람에 대한 새로운 연구에 동기부여가 될 수 있기 때문이다. 한국 기독교 안에서 이슬람에 대한 연구는 초보 단계에 있다. 이슬람에 대한 다양한 연구가 활발하게 일어나야 한다. 그래야 기독교인들이 이슬람에 대한 충분한 지식을 가지고 이슬람에 대해 어떤 자세를 가져야 하는지를 알 수 있기 때문이다.

 이슬람을 알아야 할 또 다른 이유가 있다. 종교개혁자 불링거는 "이슬람의 성공의 이면에는 기독교인의 악한 삶이 있다."고 하였다. 중동이나 유럽의 기독교가 성장했다가 내리막길을 걸을 때, 이슬람은 바로 그 자리에서 성장하였다. 기독교의 타락이 이슬람의 성장을 도와주었기에 이슬람을 통하여 기독교인은 무엇을 믿고 있는지 돌아볼 수 있다. 다시 말하면 이슬람의 도전으로 인하여 기독교 자체를 성찰할 수 있는 기회가 될 수 있다고 본다. 이 책에 나와 있는 꾸란은 특별한 언급이 없는 경우에, 사우디 아라비아의 파하드 국왕 꾸란 출판청에서 발간한 『성 꾸란 의미의 한국어 번역』을 참조하였다. 하지만 『성 꾸란 의미의 한국어 번역』은 '알라'를 '하나님'으로 번역해 놓았기 때문에 이 책을 읽는 독자들에게 혼란을 가져올 수 있기에, 이슬람의 '알라'와 기독교의 '하나님'을 구별하기 위하여 〈성 꾸란 의미의 한국어 번역〉에 사용한 '하나님'이란 단어를 '알라'로 바꾸었다.

선교사로서 사역과 연구를 병행할 수 있었던 것은 파송교회의 전적인 도움이 있었기 때문이다. 영동제일교회와 노태진 목사님 그리고 예일교회와 천환 목사님에게 진심으로 감사드린다. 또한 김성봉 목사님께 감사드린다. 김성봉 목사님은 조직신학자로서 FIM국제선교회가 주최하는 이슬람 세미나에서 기독교인들에게 이슬람에 대한 올바른 통찰력을 가질 수 있도록 한국교계에서 처음으로 종교개혁자들의 이슬람 연구 논문을 지난 5년 동안 5편을 발표해 주셨다. 함께 논문을 발표하면서 학문을 한다는 것이 무엇인지 어깨너머로 배울 수 있었고, 이 책을 집필할 수 있는 도움도 받았다.

큰 도움을 주지 못했는데, 어느새 대학교 졸업을 앞두고 있는 큰아들 주형이에게 감사한다. 작은아들 예형이에게는 함께 있어주지 못한 미안함이 크다. 그러나 언젠가 아빠를 이해하게 되기를 바란다. 아내의 전적인 응원에 늘 감사한다. 아내가 자신의 사역을 잘 감당해 주고 있기에 연구와 사역에 전념할 수 있었다. 오늘도 그리스도의 제사로서 무슬림들에게 복음을 전하는 동역자들과 이슬람에 대하여 진심으로 알고자 열망하는 기독교인들에게 이 책을 바친다.

1장

IS, 그들은 누구인가

: 이슬람 원리주의와 지하드

 ISLAM

  1990년 이후로 전 세계에서 일어나는 테러의 대부분은 이슬람과 관련된 것이다. 2015년 11월 13일 파리에서 일어난 테러로 130명 이상이 사망하고, 340명이 부상을 당했다. 부상자 가운데는 중상자가 많아, 사망자는 더 늘어날 것으로 예상되었다. 이 테러는 수니파 무장단체 IS(Islamic State, 이슬람 국가)가 일으킨 것이다.

  2014년 이후에 이라크와 시리아 내 IS에 합류한 외국인 전투원은 86개국 2만 7천~3만 1천 명 정도로 추산된다고 AFP 통신이 밝혔다. 이는 2014년 1만 2천 명보다 두 배 이상 늘어난 수치다.

  이라크, 시리아 내 IS에 합류한 외국인 전투원을 가장 많이 배출한 곳은 중동과 마그레브(이집트 외 북아프리카)로 각각 8천 명씩이다. 약 5천 명은 유럽 출신이며, 4,700명은 구소련 출신들이다. 이들 외국인 전사의 20~30%가 자기 출신국으로 돌아가 자국의 보안당국에 위험인물이 되고 있다.[1]

  이라크 바그다드에 있는 성공회 사제 화이트에 의하면, "대부분의 서방 사람들에게는 IS를 비롯한 중동 극단주의자들의 테러가 먼 곳에서 일어나는 일로 들리지만, 이제는 서방 국가의 심장부에서 이 같은 테러가 주기적으로 발생하고 있다. 전 세계가 전생의 시대로 접어들고 있다."고 했다.[2] 이는 다른 종류의 3차 세계대전의 전조로 본다.

  따라서 중동 문제를 넘어서 전 세계의 중심 문제로 떠오르고 있는 IS의 출현 배경을 검토하고, IS의 원인이 되는 이슬람 원리주의와 지하드에 대하여 살펴보고자 한다.

1. IS의 형성 배경

이슬람은 19세기와 20세기 오스만 제국의 분열로 인하여 내리막길을 걸었다. 1차 세계대전 후에 오스만 제국의 술탄제도가 폐지되면서, 이슬람의 칼리프(Khalif)[3] 국가는 지구상에서 사라졌다.

1928년에 이집트에서 서구 제국주의에 눌려있던 이슬람의 부흥을 꿈꾸며 이슬람 형제단이 창설되었다. 글로벌 이슬람 운동은 아프가니스탄에서 지하드를 통하여 전투 실전 능력을 갖추었으며, 세계화의 흐름에 따라 네트워크를 구축하여 반서구 패권주의를 위협하는 대항세력으로 성장했다. 이슬람 세계의 부흥을 추구하는 모든 세력들의 공통 목표는 결국 이슬람 칼리프 국가의 재건이다.

알카에다는 2001년 9월 11일 4대의 비행기를 무기 삼아 미국의 심장부를 강타하였다. 왜 9월 11일이었을까? 1683년 9월 11일 오스만 제국의 이슬람 군대가 유럽의 4분의 1을 점령한 후에 오스트리아의 수도인 비엔나를 점령하려다가 기독교 연합군대에게 대패하였다. 만일 그 전투에서 이슬람 군대가 이겼다면, 오늘날 유럽 대륙은 대부분 이슬람 국가가 되었을 것이라는 것이 역사가들의 견해이다. 오스만 터키의 이슬람 군대가 서구 공략에 실패한 지 332년이 지난 이후, 이슬람 원리주의로 무장한 알카에다가 이슬람 제국의 재건을 꿈꾸며 서구를 향하여 선전포고를 한 셈이다.

그렇다면 IS는 무엇인가? 2003년 미국이 이라크를 침공했을 때, 오사마 빈 라덴(Osama bin Laden)에게 충성을 서약한 알 자르카위는 '유일신과 성전'(Jamma' at ai-TawhidwaJihad)을 결성하여 반미 지하드를 이끌었다. 그러나 2006년 알 자르카위가 미군에 의하여 사살되자 알카에다는 ISI(Islamic State of Iraq)를 결성하였다.

2010년에는 이슬람 학자이며 무함마드의 후손임을 주장하는 알 바그다드가 지도자로 등극하였다. 2011년 시리아에서 내전이 시작되자, 수많은 시리아 수니파 무장 세력들이 ISI에 합세하였다. 이때 ISI는 전선을 넓혀 시리아로 넘어가면서 ISIS(Islamic State of Iraq and Syria)가 되었다. ISIS가 되면서 그들은 알카에다와의 독립을 선언하였다. 이라크의 시아파 말리키 정권은 수니파 국민들을 보듬지 못하고 시아파 국가 건설에 매진하였다.

이처럼 이라크와 시리아에서 독재정권이 파행을 거듭하자, 국민의 다수인 수니파 지역에서 ISIS와 같은 세력이 국가 수립을 추진할 수 있는 힘의 공백이 생기게 된 것이다.

2013년 4월 23일 이라크 정부군이 수니파 지역인 안바르 주(州)를 무차별 폭격하여 주민 110만 명 중에 50만 명이 다른 지역으로 도피했고, 이는 수니파 주민들이 시아파의 말리키 정부에 등을 돌리는 결정적인 계기가 되었다. 2013년 여름 아부그라이브 교도소 습격으로 이슬람 전사 500명이 탈출하는 등 모두 8차례의 교도소 습격 작전(Breaking the Walls)으로 탈옥한 이슬람 전사들이 ISIS 휘하에 들어가게 되었다. 2014년 6월 10일 ISIS가 이라크의 제2의 도시 모술을 점령하면서, 6월 30일 ISIS는 'IS(Islamic State, 이슬람 국가)'로 이름을 바꾸며 칼리프 국가의 건국을 선포하였다. 그리고 알 바그다드를 칼리프로 선출하였다.

IS의 성장 배경에는 오랫동안 이슬람 역사에서 천수백 년 동안 계속된 수니파와 시아파의 갈등이 존재한다. 서기 632년 무함마드의 죽음으로 이슬람 세계는 위기에 직면하게 된다. 무함마드는 뒤를 이을 아들이 없었으며, 그를 대신할 분명한 후계자 선정도 하지 않은 채 세상을 떠났기 때문이다. 따라서 정통성이라는 화두가 이후 이슬람 역사 천 년을 지배하게 된다. 무함마드 사후 후계구도는 피로 얼룩져 있고, 그에 따른 파벌 갈등이 지금까지 이어져 내려오고 있다. 바로 수니파(Sunni)와 시아파(Shia) 간의 갈등도 여기서 출발한다.

수니파는 무함마드 이후 아부 바크르(Abu Bark, 573-634년), 우마르(Umar, 586-644년), 우스만(Uthman, 576-656년), 알리(Ali, 598-661년)의 4대 정통 칼리프와 이후 칼리프들의 정통성을 모두 인정하고 있다. 그러나 시아파의 경우 무함마드의 사위이자 조카인 알리만을 정당한 무함마드의 후계자로 인정한다.

칼리프의 자격 요건에서도 서로 견해 차이가 있다. 수니파는 무함마드의 혈통이 아니어도 그의 부족인 쿠라이시 족 출신이라면 무조건 칼리프가 될 수 있는 자격을 갖추었다고 보는 반면, 시아파는 칼리프의 정통성은 무함마드의 혈통에 의해서만 이루어질 수 있다고 보았다. 4대 칼리프였던 알리가 암살당하고 알리의 아들이 아닌 무아위야가 칼리프에 오른 후에 무아위야의 아들이 칼리프 직을 세습하자, 680년 알리의 차남인 후세인이 자신의 추종자들을 모아 봉기를 일으켰다.

무아위아 측은 카르발라에서 후세인을 공격하여 그 일가를 괴멸시켰다. 무함마드의 외가 혈통이 무참히 살해당한 것에 분노한 시아파는 정식으로 수니파로부터 분파했다. 이것이 시아파와 수니파의 본격적인 분열의 시작이다.

이라크는 시아파가 60%이고 수니파가 20%이지만, 건국 이래 이라크의 정권은 수니파가 독점해 왔다. 그러나 후세인의 죽음 이후에 선거를 통하여 정권이 시아파로 넘어갔다. 미국을 중심으로 한 서구의 공격으로 시아파에게 정권을 빼앗기자, 수니파 국가인 중동과 북부 아프리카의 전사들이 시아파와의 전쟁에 참여하기 위하여 IS에 합세하게 되었던 것이다.

시리아는 인구의 74%가 수니파이지만, 인구의 16%의 시아파 계열의 알라위파(Alawis, 알리의 숭배자들)가 정권을 장악하고 있다. 중동에서 수니파의 영향이 줄어들고 이라크와 시리아를 시아파가 장악하게 되자, 위기의식을 느낀 수니파들이 결집하여 시아파에 반격한 것이다. 따라서 IS에 늘 따라다니는 이름이 수니파 무장단체인 것이다.

2. 이슬람 원리주의 운동의 이해

1) '원리주의'란 용어

'원리주의'란 원래 기독교 용어로서, '근본주의'(Fundamentalism)라고도 한다. 근본주의[4]라는 용어는 1920년 미국의 복음주의자(Evangelical)들의 일부를 지칭할 때, 처음으로 사용되었다. 20세기에 들어오면서 자연과학이 급속히 발달하고 기독교 세계관이 위협을 받자 그에 대한 반동으로 생겨난 이들을 기독교 근본주의자라고 불렀던 것이다.

그 후 1940년에 등장한, 전통적이면서도 과격한 무슬림을 서구에서는 이슬람 원리주의자(Islamic Fundamentalist)라고 부르기 시작하였다. 그러니까 이 용어는 어디까지나 비(非)이슬람 세계, 특히 영어권에서 이들에게 붙여준 이름이다.[5]

그 어원부터 서구의 시각, 서구의 편견을 담고 있다고 할 수 있다. 실제로 이슬람 세계에서는 이슬람 원리주의자라는 용어를 기분 좋게 받아들이지 않는다. 주로 이슬람주의(Islamism) 혹은 이슬람주의자(Islamists)라는 말을

더 선호한다.[6]

본질적으로 모든 무슬림들은 원리주의자라고 할 수 있다. 다만 어떻게, 어느 정도까지 이슬람을 현대에 적용하는지가 차이점일 뿐이다.

2) 이슬람 원리주의

이슬람 원리주의는 이슬람 사회가 이슬람의 원점으로 돌아갈 것을 주장하는 운동이다. 이슬람 사회가 서양사회에 예속된 원인을 이슬람의 타락으로 보고, 초기 이슬람의 순결한 정신과 엄격한 도덕으로 돌아감으로써 이슬람 사회가 재생할 수 있다는 것이다. 이슬람은 초기에 정교일치의 지도 이념으로서 움마(umma, 이슬람공동체)[7]라는 강력한 정치체제의 근간이 되어왔다.

그러나 강력했던 이슬람 공동체 내부의 분열과 함께 서구의 이슬람권 진출과 이에 따른 서구 사상의 유입으로, 이슬람 세계는 서구의 가치를 따르는 정치이념이나 아랍 민족주의 같은 세속적 정치이념이 큰 영향을 미치게 되었다. 과거 찬란했던 이슬람 세계가 유럽 열강들의 정치적, 경제적, 군사적 지배하에 놓이게 되면서 서구 사상과 제도의 영향으로 무슬림 공동체가 이교적 경향과 세속주의 풍조로 변질되어 가는 위기를 맞게 되었다고 여겼다.

무슬림 선각자들은 무슬림 세계의 몰락과 사회의 쇠퇴 요인이 진정한 이슬람으로부터 이탈했기 때문이라고 믿고, 여러 가지 미신적 관행과 이단의 혁신(bid'a, 비드아)을 척결하고, '원래 순수한 이슬람'으로 돌아가는 것이 무슬림 공동체를 다시 회복시킬 수 있는 길이라고 여기며, 과거 찬란했던 이슬람 세계의 부활을 외치고 있다. 이러한 운동을 이슬람 원리주의라고 한다.

3) 이슬람 원리주의 운동의 역사

정치적 세력으로서의 이슬람 원리주의는 무함마드가 메디나(Medina)로 이주하면서 시작한다고 볼 수 있다. 무함마드 사후에도 이슬람 안에서 쇄신과 개혁, 개선을 외치는 운동은 지속적으로 일어났는데, 이러한 운동들은 비록 순전히 정치적인 목적으로 진행된 것이라 할지라도 대개 종교적 대의를 앞세우며 전개되었다.

주동자들은 대의명분의 원천을 꾸란과 예언자의 순나(Sunnah, 무함마드의 관행)[8]에 두었으며, 그 궁극적 목표는 '순수 이슬람의 회귀'이고, '올바른 이슬람의 부활'이라고 주장하였다.[9] 정치적 세력으로서의 이슬람 원리주의는 무함마드 사후에 4대 칼리프[10]의 암살로 거슬러 올라갈 수 있다. 그러나 이슬람 정화운동으로서의 원리주의는 9세기에 시작되었다.

9세기 이슬람 원리주의 운동

9세기 초에 아흐마드 이븐 한발(Ahmad ibn Hanbal, 780-855)은 수피즘[11]의 이단성을 지적하면서 이슬람 정화운동을 일으켰다.

무함마드에 의하여 이슬람 공동체가 형성된 이후, 이슬람 대정복기를 거쳐 광활한 영토의 대제국이 형성되자 페르시아, 이집트, 그리스, 로마, 인도 등 정복지의 다양한 문화유산들이 융합되어 피정복지에 뿌리를 내리면서 이슬람 공동체는 정치, 종교, 사회의 여러 면에서 복잡한 문제들로 인해 이슬람 신학의 정립이 불가피한 과제로 제기되었다. 외래 학문과 사상, 제도의 유입과 혼합으로 새로운 종교적, 철학적 담론이 일고, 특히 외래사상의 공격에 직면해서는 이슬람을 방어하고 옹호해야 하는 종교적, 논리적 설명과 구체적인 논증을 제시할 필요에 부응하여 사변신학파인 무으타질라파(Mu'tazilah)[12]가 이성과 유추, 은유적 해석의 방법으로 '꾸란'을 재해석하고, '꾸란창조설'[13]을 주장하였다.

이에 이븐 한발은 이성과 철학사상에 근거한 무으타질라파의 교의를 비정상적인 것으로 단정하고, '꾸란영원설'을 고수하며 사변 신학을 고수, 이에 부정하는 행위를 악으로 간주하였다.[14]

이에 반기를 들고 일어난 운동이 살라피 운동(al-salafiyya)이다. 살라피 운동은 꾸란과 예언자 순나를 원문 그대로 이해하고 결코 은유적 해석을 하지 않으며, 이슬람 초기 시대의 살라프(salaf, 선조)들이 남긴 관행을 그대로 따르자는 운동이었다. 살라프들은 꾸란이 계시되고 예언자 순나가 만들어지는 것을 직접 보거나 전해들은 사람들로, 꾸란과 순나의 가르침을 첨삭 없이 순수하게 실행했던 사람들로 인식되어 이들이 남긴 관행들도 어느 시대의 무슬림이건 꾸란과 순나 다음으로 누구나 존경하고 좇아야 할 이슬람의 근원적인 지침으로 받아들여졌다.[15]

이슬람의 원초적인 부활을 외치며 꾸란과 순나로 돌아가야 한다는 이러한 원리는 18세기와 19세기를 걸쳐서 진행되었다. 따라서 이븐 한발의 사상이 이슬람 원리주의 운동의 기초라고 할 수 있다.

18세기 이슬람 원리주의 운동

18세기 이슬람 원리주의 운동은 그 이전까지의 이슬람 팽창정책이 심각하게 쇠퇴하면서 무너진 서구에 대한 이슬람의 우월감과 무엇이 잘못되었는지에 대해 질문하면서부터 시작되었다.

오스만 터키의 지배를 받으면서 아라비아반도는 이슬람이 시작된 지역이라는 과거의 찬란했던 영광에서 밀려나 여러 부족으로 분열되었다. 구심점을 잃은 이슬람 사회는 점차 신앙심을 잃어 타락하고 부패한 사회로 인식되어, 종교적, 사회적 정화가 요구되었다.

쇠퇴해가는 이슬람 사회의 회복을 위하여 이슬람 신학자였던 무함마드 이븐 압둘 와하비(Muhammad Ibn abd al-whhab, 1703-1792)는 지역 족장인 무함마드 이븐 사우드(Muhammad Ibn Saud, ?-1765)와 동맹을 맺어 종교-정치 운동인 와하브주의(Wahhabism)를 창시했다.

이 운동의 추종자들은 이 운동이 선지자 무함마드의 지도 아래 7세기에 이슬람의 시작을 재현한 것이라고 믿었고, 이 믿음 안에서 아라비아 반도의 종족들을 통일하였다. 비록 이 운동은 오스만 터키 제국에 의해 점차 세력이 약화되었지만 사우드가의 자손인 압둘 라지즈 이븐 사우드(Abdulaziz ibn Saud, 1876-1953)에 의하여 오늘날의 사우디아라비아를 건설하는 데 영향을 주었다.[16]

무함마드 이븐 압둘 와하비의 이름을 딴 와하브표 이슬람의 비전은 사우디 정부의 중요 상품이 되었고, 정치적 종교적 정당화의 근원이 되었다. 와하비 운동이란 이슬람 수니파(Sunni) 지도자 무함마드 이븐 압둘 와하비의 정신을 따르는 것을 말하며, 와하비를 따르는 원리주의자를 와하비(Wahhabiyya), 그 가르침을 와하비즘(Wahabism)이라고 한다. 그것은 엄격하고 금욕적인 신앙으로서 꾸란, 선지자 무함마드의 순나, 그리고 알라의 절대적 유일성에 대하여 문자적으로 해석하는 것을 강조한다.

와하비의 추종자들은 다른 종족들과 무슬림 공동체들을 다신론자나 우상숭배자로 비난했다. 와하브주의자들의 눈에 비(非)이슬람적 행동으로 인식되는 모든 것은 불신앙(kufr, 쿠프르)으로 여겼으며, 이는 지하드를 통해 없애야 했다. 따라서 지하드, 즉 거룩한 전쟁은 불신자들과 싸워서 참된 이슬람 국가를 재건하기 위한 필수사항이었다.[17]

한 예로 이븐 사우드는 1802년에 수니파 군대를 형성하여 시아파의 성지인 이라크의 카발라(Karbala)를 점령하였고, 약 2,000명에 이르는 시아파 주민을 처형하였으며 이맘 후세인(Imam Hussein)[18]을 기리는 성지를 파괴하였다. 수니파와 시아파의 갈등은 이때부터 더욱 심화되었다. 와하비즘은 한정적인 시각과 보수적인 경향, 과격한 행동과 무력적 방법, 불관용, 지나친 배타주의로 그 한계를 나타내었다.

와하비 운동과 견줄 만한 운동이 리비아에서 무함마드 빈 알리 사누이 (Muhammad b. Ali al-Sanusi, 1787-1859)에 의하여 일어난 사누이 운동이다. 그는 이슬람 국가 건설과 이슬람 전파를 목적으로 수피식 종단인 '자위야'를 설립하여 예배처소, 선교센터, 사회개혁 및 복지센터로 활용하는 독특한 방법을 사용하였는데, '자위야'는 기마술 및 전투기술을 익히는 훈련장이기도 하였다. 사누이의 가르침의 중심은 살라피아적 삶으로 돌아가는 것과 지하드 사상이었다.

또한 영국 식민지하에 있었던 수단에서 마흐디아 운동이 일어났었다. 마흐디아 운동은 무함마드 아흐마드(Muhammad Ahmad, 1844-1855)가 부패한 사회를 변화시켜 진정한 이슬람 국가를 건설하려는 목적으로 시작했다. 그는 이슬람 공동체에 대한 불신자들의 공격과 배교행위에 대한 방어차원으로서, 방어적 지하드 개념을 가지고 외부의 침략으로부터 이슬람 공동체를 지키고자 하는 투쟁을 정당화시켰다. 이러한 운동의 공통점은 무슬림 지배층에 대한 반발, 집권 세력의 진압으로 실패, 서구를 접한 적 없이 자생적으로 발생한 운동, 이교도와 외래의 관행들에 대한 이슬람 정화에 목적을 둔다는 점이다.

이러한 운동 가운데 와하비 운동은 종교적, 정치적, 사회적 운동이라는 점에서 현대 이슬람 원리주의 운동의 기원이 된다.[19]

지금까지 살펴본 이슬람 원리주의는 두 가지 경향을 띠고 있다. 첫째는 이슬람 내에 늘 있어왔던 자기 정화 운동이고, 둘째는 외부의 위협에 대한 결집의 원동력이라는 것이다. 오늘날은 후자의 경향이 강하지만, 이때까지만 해도 전자가 우세하였다고 볼 수 있다.

19세기 이슬람 원리주의 운동

19세기 초에서 20세기 전반기에 이르는 150년 동안 유럽 문화가 중근동으로 물밀듯이 밀어닥치자 이로 인하여 무슬림들이 받은 충격은 실로 대단했다. 동시에 당시 유럽의 과학과 기술을 수용하여 무슬림 사회를 개혁해야 한다는 생각이 무슬림 세계 내에서 너무나 당연시되어, 국가와 사회 단체 및 교육 기관 등 공동기관을 비롯하여 지식인, 관료, 군인, 학생 등 모든 사회 구성원에 이르기까지 개혁, 즉 서유럽 문물과 제도의 수용과 모방에 급급했다.[20]

자말 알 딘 아프가니(Jamal al-Din al-Afghani, 1839-1897)는 이란 출신으로서 여러 이슬람 국가에서 후학을 양성하고 범(汎)이슬람주의를 제창하였다. 아프가니는 이슬람의 순수한 원리에 대한 새로운 재해석(ijtihad)을 시도하여 이슬람의 우수성을 강조하였고, 동시에 서구사상과 문명의 수용도 아울러 주장하였다.

그는 많은 무슬림에게 이슬람 그 자체가 힘의 근원임을 가르치고, 신문을 통해 강력히 반(反)식민 제국주의 감정을 고무시켰을 뿐 아니라, 범이슬람 운동이 움마(이슬람 공동체)를 재건하고 하나로 단결하는 데 크게 기여할 것이라는 확신을 심어 주었다.[21] 그러나 아프가니는 이슬람 원리주의자라고 볼 수는 없다. 그는 성스러움에 기초한 정치질서에는 관심이 없었다. 다만 반식민주의 일환으로 '제국주의에 대응'하기 위하여 이슬람 공동체를 재건하고 싶었을 뿐이다.[22]

아프가니는 무슬림의 '무지'로 이슬람 문명이 부패한 점을 지적했고 서방세계의 부상과 식민지 지배는 비유럽인보다 과학적인 지식이 탁월한 덕이라고 시인했다. 특히 당대의 무슬림을 '무지한 자들'(juhala, 주할라)이라고 불렀는데, 이는 상당히 거친 말이었다. 이슬람에서 무지(jahl, 자흘)라는 단어는 불신을 연상시키고, 자힐리야(jahilliyya)는 아랍세계에서 이슬람교가 태동하기 이전의 무지를 가리킬 때 쓰는 말이다. 그는 이방문화의 가치를 흡수해야 한다고 가르치기도 하였다.[23] 아프가니의 가장 큰 공헌은 범이슬람주의, 모든 무슬림을 단일 칼리프 제국으로 통일한다는 이데올로기를 표방한 데 있다.[24]

이후에 아프가니의 후계자인 쉐이크 무함마드 압두(Sheikh Muhammad Abduh, 1849-1905)와 쉐이크 라쉬드 리다(Sheikh Rashid Rida, 1865-1935)는 스승의 사상을 체계화한 살라피 운동을 주도했으며, 이는 북아프리카에서 동남아에 이르기까지 근대 개혁운동의 중심축이 되었고 현대 이슬람 사상의 산파적 역할을 하였다.[25]

그들은 초기 무슬림 선조들이 밟았던 단순하고 진실했던 신앙생활의 삶을 그대로 따라가는 현대에서의 삶을 무슬림들에게 촉구하였다. 그들에게 비친 당시 이슬람 사회는 서구 식민주의자들이 정치, 경제적 침탈과 지적, 문화적 영향 때문에 무슬림 공동체의 본래 정체성을 잃어버린 마비된 사회였다. 혼돈 속에 있는 이 사회를 구하는 길은 오직 꾸란과 예언자의 순나의 순수한 가르침으로 돌아가는 것이고, 살라피 시대에 살라프들이 보여주었던 공동체의 진실된 도덕적 문화적 전통을 회복시키는 것이었다.[26]

19세기 초에서 20세기 전반기에 서구문화의 이슬람 세계로의 유입은 무슬림들에게 문화적 충격을 주었고, 선진화된 서구 과학과 기술을 수용하여 무슬림 사회를 개혁해야 한다는 필요성에 대해 자각하게 했다. 하지만 이러한 사회적 변화에 따른 종교적 위기감을 갖게 된 보수주의자들은 서구의 선진기술과 물질문명은 받아들이되, 그 정신문화와 사회제도는 모방하지 않고 이슬람 고유의 신학과 사상에 바탕을 둔 정치적 사회체제, 즉 초기 이슬람 체제로 돌아가야 한다고 주장하여 18세기 와하비 운동처럼 살라피아 사상을 계승하게 되었다.[27]

19세기 원리주의 운동은 세계적인 안목을 가지고 이슬람 공동체의 단점을 보완하여 개혁하려고 노력하였으며 정치적으로는 대중에게 호소하는 방법으로 서구와 대립하며, 이슬람 세계의 정치적 단일화 즉 범이슬람주의를 주장하였다.

사무엘 헌팅턴(Samuel P. Hungtington, 1927-2008)은 이슬람에게 있어서 이슬람 부활은 종교개혁과 비슷한 양상을 띠고 있다고 본다. 그런 면에서 이슬람의 부활은 근대적 개량주의자에서 폭력적 혁명주의자에 이르는 다양한 분파를 거느리고 있다는 점에서 마르크시즘과 일맥상통하는 면이 있다.

그러나 더 좋은 비교대상은 종교개혁이다. 이슬람의 부상과 종교개혁은 기존 제도의 침체와 부패에 대한 대응이라는 공통성을 갖는다. 그래서 모두 자기 종교의 더 순수하고 엄격한 형태로 복귀할 것을 요구하고 근면, 질서, 규율을 강조하면서 활력 있는 새로운 중산층에 점차 호소력을 얻었다.[28]

20세기 이슬람 원리주의 운동

20세기에 들어와 현재적 의미의 이슬람 원리주의 운동을 대중적 바탕 위에 추진한 세력은 무슬림 형제단(al-Ikhwan al-Muslimin)이다. 이집트의 청년 교사 하산 알 반나(Hasan al-Banna, 1906-1949)가 많은 사람들과 이슬람 부흥을 토론하고 무슬림 사회의 개혁, 이집트 정치 문화의 개혁을 도모할 목적으로 1928년에 창설하였다. 그리고 그는 국가가 외국의 지배에서 벗어나 이슬람 원리에 따르는 이슬람 국가로 재건되어야 한다는 큰 틀의 목표를 설정하였다.[29]

하산 알 반나의 주장도 개혁사상의 선구자인 무함마드 압둘과 그의 제자 라쉬드 리다의 사상과 큰 차이는 없으나, 그의 창의성은 개혁운동의 활성화에 있었다. 즉 현재적 정당을 창설하여 그 행동 지침을 포괄적으로 마련하는 데 있었다. 이 운동은 1940년대 이후 무슬림 세계의 여러 나라에 영향을 미쳐[30] 2차 세계대전 말기 조직원 수가 100만 명에 이르렀고, 조직은 5,000개의 지부에 달했다. 또한 그의 무슬림 형제단은 오늘날까지 무슬림세계 여러 곳에서 활발하게 전개되었던 각종 원리주의 운동의 모체가 되었다. 따라서 그를 20세기 이슬람 원리주의 운동의 효시가 되는 인물로 간주한다.[31]

그가 무슬림 형제단의 결성과 운동에 성공한 것은 압둘 알 와하비, 자말 알 딘 아프가니, 무함마드 압두, 라쉬드 리다로 이어지는 살라피아 이슬람 원리주의 운동의 흐름을 종합적으로 수렴하고 이를 무슬림 형제단의 중심이념으로 담아냈기 때문인데, 살라피아 사상에 입각하여 기존 사회질서의 변혁을 도모하는 종교적 투쟁, 지하드를 외쳤다.[32]

하산 알 반나가 이집트의 무슬림 형제단을 세우고 활동할 때, 마우라나 마우두디(Maulana Abu'l a'la Maududi, 1903-1979)가 1941년 파키스탄에서 자마티-이슬라미(Jamaat-e-Islami)를 창설하였다. 그 무렵 서구나 그들의 사회에서 이를 심각하게 여기는 사람들은 거의 없었다. 알 반나와 마우두디는 변화가 천천히 일어날 것이라는 점을 깨달았다. 거절과 핍박을 기대하면서 그들은 미래의 세대들을 훈련하는 데 집중했다. 그들은 그들의 목표를 달성하는 데 무척 성공적이었다. 하산 알 반나와 마우라나 마우두디의 세계관에는 공통점이 있었다. 그리고 그 세계관은 후에 발생한 이슬람 운동들의 분투(지하드)에 영감과 정보를 제공해 주었다. 다음은 두 사람이 공유한 세계관의 주요한 내용들이다.

1. 이슬람은 모든 것을 아우르는 전체적인 삶의 방식이며, 이는 무슬림과 그가 속한 공동체와 정치 생활의 지침이다.
2. 꾸란과 무함마드의 순나와 초기 무슬림 공동체는 무슬림의 삶의 기초이며 매일 취할 수 있는 행동의 모델을 제시해준다.
3. 이슬람 법(Sharia, 샤리아)은 서구 모델에 의존하지 않는 현대 무슬림 사회의 이상과 청사진을 제공해준다.
4. 무슬림이 쇠퇴하는 이유는 이슬람을 떠나 서구를 의존했기 때문이다. 이슬람의 옳은 길로 돌아가면 금생에서 이슬람 공동체의 정체성과 긍지, 성공과 힘, 그리고 부가 회복될 것이며, 이것은 내세에서 영원한 상급을 받을 가치가 있다.
5. 과학과 기술을 이용해야만 한다. 이것은 이슬람의 맥락 내에서 성취되어야 하며 사회의 서구화와 세속화를 피하기 위해 서구의 이질적인 문화를 의존하지 말아야 한다.
6. 개인적인, 공동체적인 차원에서, 그리고 이슬람 개혁과 혁명을 실천하는 사상과 행동 차원에서의 노력과 분투인 지하드는 사회와 세상을 성공적으로 이슬람화하는 수단이다.[33]

그룹 내에서 이슬람 급진 사상을 더욱 체계적으로 정리시킨 사람은 사이드 쿠틉(Sayyid Qutb, 1906-1966)이다. 그는 공무원으로 재직하던 당시 미국에서 공부를 하던 중 미국 사회의 인종차별, 성적 자유, 친이스라엘 정책에 환멸을 느끼고 반미주의자로 돌아섰다. 결국 공무원을 사임하고 무슬림 형제단에 입단한 그는 서구의 자본주의나 공산주의와 같은 이데올로기를 이슬람 이전의 자할리야로 규정하고, 이들을 대신해 이슬람이 대안적 이데올로기가 되어야 한다고 역설하였다.[34]

나아가 쿠톱은 관용을 강조하는 꾸란의 지시는 이슬람이 정치적으로 승리하고 진정한 이슬람 국가가 세워진 이후에야 가능하다고 주장하며, 무슬림들에게 예언자를 모델로 하여 주류사회에서 떨어져 나와 지하드에 참여하라고 말했다. 비록 쿠톱은 나세르(Gamal Abdel Nasser Hussein, 1918-1970)[35]의 고집으로 인해 1966년에 처형당했지만 모든 수니파 원리주의 운동은 쿠톱의 영향을 받게 된다.[36]

그는 호전적인 지하드의 아버지로 널리 인정되고 있다. 그는 무슬림 세계 전역에 걸쳐 일어나고 있는 급진 운동들의 세계관에 큰 영향을 미친 인물이며 현대 이슬람 부흥주의의 순교자로 존경을 받고 있다. 쿠톱의 저서들과 아이디어들은 중도주의든 극단주의든 다가올 여러 세대의 운동가들에게 종교적 세계관과 담론을 제공해 주었다. 빈 라덴처럼 이슬람 선생들이 있는 학교와 대학에서 교육을 받은 무슬림들에게 사이드 쿠톱은 이슬람 교육에 있어서 중요한 인물이다.[37]

이슬람의 급진적 성향은 자기중심적인 서구에 대한 적대감, 서구제도의 구조적 모순에 힘입어 20세기 후반에 일어난 새로운 기류이며, 서구의 식민 지배와 근대화가 야기한 빈곤층이 주도하고 있다는 사실을 기억할 필요가 있다. 세대를 뛰어넘는 이슬람 원리주의의 공통점은 시대와 지역에 따라 이름과 목표, 양상은 다양하다. 그러나 동일하게 미신적 관행과 이단적 혁신을 반대하고 원초적 이슬람으로 돌아가자(꾸란과 하디스의 확고한 위치)고 주장한다. 알라의 통치만이 완전하므로 민주적 결정도 제동을 받아야 한다고 주장한다. 세속적인 것에 명백히 반대하고 세속적인 것과 종교적인 것의 새로운 화합을 도모하며 이슬람과 자연과학은 서로 보완적이지만, 정치나 사회제도는 그렇지 않다는 입장이다.

4) 이슬람 원리주의 운동의 세 가지 특성

첫째, 원리주의자들은 정치와 종교가 하나인 정치이념을 제공한다. 즉 그들은 꾸란과 하디스에 근거한 샤리아를 모든 정치·경제·교육·사회 가족 문제에 적용해야 한다고 말한다. 왜냐하면, 다른 모든 법체계는 '인간이 만든 것'인 반면에 샤리아는 알라가 인간을 위하여 부여한 것이라고 보기 때문이다.[38] 따라서 서구의 세속주의로 인하여 그들의 가치관이 도전을 받고, 가족제도, 시장경제, 이슬람 문화가 파괴되는 것을 전 이슬람의 위기로 보고, 이러한 위기의식을 바탕으로 그들의 가치관과 신앙을 보호하고 지키기 위한 노력으로 나타난 것이 이슬람 원리주의 운동인 것이다.[39]

둘째, 이슬람 원리주의는 폭력을 정당화한다.[40] 지하드(jihad)는 폭력 사용 정책을 지지하는 이슬람 교리이기 때문에 이슬람 원리주의의 조직체 수백 개 가운데 약 75%가 군사적이라고 할 수 있으며, 시아파에서는 지하드를 여섯 번째 신조로 고백한다. 이슬람 원리주의가 폭력을 정당화하는 명분은 우주적 전쟁(Cosmic jihad)이다. 이슬람은 선이고 타 종교나 세속적 서구는 악이기 때문에 폭력을 통해서 악을 제거해야 한다는 것이다. 따라서 이슬람 지하드는 폭력을 정당화한다.

셋째, 이슬람 원리주의자들은 선교활동에 적극적이다. 무슬림들은 종교적으로 이슬람을 세상에 전파할 의무가 있다. 꾸란 34장 28절에도 "우리는 너희를 모든 민족에게 파송했다."는 대목이 나온다.[41] 이슬람의 다와

(dawah, 선교)에는 두 가지 의미가 있다.

그것은 비무슬림이 이슬람으로 개종하라는 초청의 의미와 무슬림으로 태어난 자들에게 더 나은 무슬림이 되라는 부름의 의미이다. 이슬람 원리주의자들은 후자를 강조했으며, 사회적 혁명과 개인과 사회의 이슬람적 갱신을 이루기 위해 무슬림들에게 그들의 믿음과 관습을 새롭게 하도록 촉구했다. 이슬람 원리주의자들은 학교, 모스크, 출판, 학생 단체, 전문기관과 사회 봉사단체를 통해 그들의 메시지를 전파했으며 그들은 종교적 헌신, 현대적 지식, 기술, 그리고 사회정치 운동을 결합하였다.

5) 이슬람 원리주의 운동에 대한 편견

첫째, 서구는 이를 이슬람의 새로운 도전이나 위협으로 보고 있다. 그러나 오히려 문제는 이슬람에 대한 서구의 부정적인 시각, 구조적으로 다른 이슬람에 대한 몰이해에 있다. 이슬람 원리주의 운동은 서구가 빚어낸 모순된 국제정치질서와 경제적 수탈, 세속적인 각종 제도와 관행들에 대한 이슬람의 대응이다.

둘째, 근대화로 인한 시행착오는 정체성의 위기를 가져왔고, 이슬람 원리주의 운동은 이러한 위기를 극복하고자 하는 노력을 펼쳤다. 이러한 노력을 서구에 대한 도전으로 만든 것은 서구의 자기중심성이다.

셋째, 이슬람을 극단주의의 하나로 단순화시키는 편견이다. 20세기 후반에 새롭게 등장한 급진적 성향은 이슬람 원리주의 운동의 한 부분일 뿐이다. 원리주의 운동의 다양하고 극렬한 투쟁 방식에 대해 일반 무슬림들은 거부감을 갖고 있다.

3. 지하드의 이해

1) 지하드의 정의

| 중동의 한 시장에서 무기를 점검하는 무슬림들

지난 20세기와 21세기에 지하드란 말이 상당히 많이 사용되었다. 저항 운동가, 해방 운동가, 테러리스트들 모두는 자신들의 명분을 정당화하고 추종자들에게 동기부여를 하기 위해 동일하게 이 단어를 사용하였다.

그렇다면 지하드는 무슨 뜻인가? 아랍어-영어 사전에 따르면 '지하드'라는 단어는 '자아드'(jaahad, 스스로 노력하다, 애쓰다)라는 동사의 동명사(masdar)이고, 그 뜻은 애씀, 노력, 또는 불만, 불찬성 및 비난의 대상에 대하여 투쟁하는 데 자신의 힘을 최대한 활용하는 것이다. 이슬람 연감에는 지하드를 '싸우다'라는 뜻으로 정의한다. 이것은 전쟁뿐 아니라 개인 또는 공동체에 의하여 이루어지는 다른 형태의 전투를 포함하는 꾸란의 개념으로서 무슬림들의 안전을 추구하고 이슬람의 가르침을 실천한다는 의미로 확대되었다.[42]

이슬람에서 지하드는 단 두 가지 상황에서만 허용된다고 한다.

첫째는 방어할 때이다. 지하드는 공격적인 전쟁이 아니라 방어적인 전쟁이다. 무슬림들은 공격을 받았을 때, 또는 그들의 자유, 평화, 정의를 훼손당할 때 싸울 수 있다고 주장한다. 그러나 역사를 연구해보면 이것이 사실이 아니라는 것을 알 수 있다. 무슬림은 수많은 침략전쟁에 참여했고,

그 결과 영토와 부를 얻었기 때문이다.

둘째는 '잘못된 것을 바로잡기 위해서'이다. 롤란드 아모어(Roland Armour)는 7세기 이슬람의 팽창을 '잘못된 것을 바로잡기 위한' 지하드의 한 예로 제시한다. 중동과 북아프리카 지역이 이슬람의 직접적인 법의 통치를 벗어나 있다는 사실이 잘못되었다는 무슬림들의 논리로부터 시작되었다는 것이다. 지하드는 무슬림들이 샤리아 법 아래에서 유토피아적인 사회를 만들기 위하여 세계 모든 곳에서 사용할 수 있는 것이다.[43]

이슬람에서는 지하드를 작은 지하드와 큰 지하드로 나눈다. 무함마드는 적과의 전투에서 돌아오면서, "우리는 작은 지하드에서 더 큰 지하드로 돌아왔다."고 말했다. 사람들이 그의 말을 듣고 "선지자여, 칼과 폭력으로 이교도들과 싸우는 것보다 더 위대한 지하드는 무엇입니까?"라고 질문했다.[44] 그는 "너의 가슴속에 있는 적과 싸워라"라고 대답했다. 그래서 무슬림들은 더 큰 지하드를 자신의 죄에 대한 전쟁, 그리고 알라와 그의 가르침에 대항하는 모든 것에 대한 전쟁으로 정의했다.

큰 지하드는 알라의 뜻을 따르기 위하여 우리 마음속에서 일어나는 싸움으로, 그것은 의를 위한 내부적인 싸움이다. 작은 지하드는 사람들에게 전통적으로 알려져 있는 꾸란적 이슬람의 성전[45]이다. 이것은 알라의 이름으로 선언되고 그의 뜻을 확장시키기 위한 성전이다.

2) 지하드의 시작

지하드[46]의 역사는 622년 메디나에서 확립된 새로운 이슬람 조직체에서 출발한다. 이슬람 절기상, 무함마드가 이주한 히즈라(Hijra, 무함마드가 메카에서 메디나로 이주함)에서 출발한다. 무함마드가 살고 있던 메카(Mecca)는 '카바 신전'을 중심으로 아라비아반도 전역에서 참배자들이 여러 신들에게 다산과 풍요를 기원하기 위해 모여드는 종교도시이자, 인도양과 지중해 사이의 중개무역을 독점하고 있던 상업의 중심지였다.

이런 시기에 무함마드는 모든 다신교적 우상숭배를 부정하고 기존의 전통적인 종교관을 버리고, 알라만을 숭배해야 된다고 주장하였다. 이는 당시에 혁신적인 주장이었다. 무함마드가 받은 알라의 계시는 기존 질서를 파괴하는 것으로 간주되었고 무함마드를 따르는 사람들로 인하여 무함마드가 새로운 지도자로 부상할 조짐을 보이자 무함마드를 핍박하기 시작하였다.

그 결과 무함마드는 더 이상 메카에 있을 수 없다는 것을 깨닫고, 622년 자기를 추종하는 세력들과 함께 메디나로 이주하게 된다. 그가 메카에서 메디나로 이주한 때는 이슬람 역사의 본질이 결정되는 중요한 시간이었다. 무함마드는 한 번도 메카에서 지하드를 언급한 적이 없다. 그 이유는 그가 군사력이 없었고, 그의 활동은 사회 속에서 미약했기 때문이었다. 그러나 메디나에서 그가 군사력을 확보한 후에는 꾸란의 주된 논제가 지하드, 다시 말해서 적과의 싸움으로 바뀌었다.

메카와 메디나에서의 무함마드의 삶을 비교해보면 다음과 같다.

- 메카 : 설교를 통해서 이슬람에 참여하라고 사람들을 초청했다.
  메디나 : 칼을 들고 사람들을 개종하도록 설득했다.
- 메카 : 수도사처럼 행동했고 기도, 금식, 예배의 삶을 살았다.
  메디나 : 군대 사령관처럼 행동을 하고 개인적으로 27번 공격을 지휘하였다.
- 메카 : 메카에서 지낸 12년 동안 카디자(Khadija) 한 사람만 아내로 맞이

했다.
  메디나 : 10년 동안 12명의 여인과 결혼했다.
 · 메카 : 우상숭배에 반대하며 싸웠다.
  메디나 : 성서의 백성들(유대인과 기독교인들)과 반대하며 싸웠다.[47]

 메디나로 온 지 2년 7개월이 지나고 무함마드가 메카와 시리아를 오가는 대상들을 공격할 것을 명령하면서 지하드는 시작되었다. 또한 지하드는 마지막 단계에서 무함마드가 있는 지역을 벗어나 세계로 확장되어 갔다. 이는 무함마드가 받은 마지막 계시를 기초로 한다.
 "불신하지 아니할 때까지 성전하되 모든 종교가 알라만을 위할 때까지라. 만일 그들이 단념한다면 실로 알라는 그들이 행하는 모든 것을 지켜보고 계실 것이라"(꾸란 8:39).[48]
 무함마드는 자신의 추종자들에게 다음과 같이 말했다.

 "나는 예언자가 이렇게 말하는 것을 들었다. 나는 알라의 이름으로 명령하노니 그들이 알라 외에 다른 신이 없으며 내가 알라의 메신저라고 말할 때까지 모든 사람들과 싸우라. 그렇게 말하는 자는 누구든지 자신의 생명과 재산을 약탈당하지 않을 것이다."[49]

 무슬림 전사들은 즉시 이 '계시'를 실행에 옮겼다. 그들은 아라비아반도를 떠나서 중동과 북부 아프리카, 아시아, 유럽 등 여러 나라를 공격했다. 무함마드는 27번의 전투에 나서서 직접 지휘하였다. 그리고 추가로 군대를 47번이나 파병시켰다. 대략 1년에 7번 원정을 보낸 셈이다.
 꾸란에 기록된 지하드의 진행 단계는 다음과 같다. 첫째, 너를 핍박하는 자들과 싸우라(메디나에서). 둘째, 이슬람을 거부하는 자들을 정복하라(아라비아반도에서). 셋째, 이슬람의 이름으로 세계를 정복하라.[50] 무함마드는 이슬람이 전혀 없는 곳에서 어떻게 이슬람을 확장하고 성장시켰는지에 대한 초기 모델을 보여준다.

꾸란에는 지하드에 관한 구절이 적어도 109개가 있다. 꾸란 각 55구절 중에 한 구절은 지하드에 관한 구절이다. 지하드에 관한 구절은 범죄현장에 흩어져 있는 꾸란의 모든 장과 절에 기록되어 있다.[51]

무함마드의 삶과 꾸란의 계시를 바탕으로 현대 원리주의자의 아버지라고 불리는 사이드 쿠툽은 지하드의 발전을 4단계로 분류하였다.

1단계 : 무슬림 초기에 메카에서 메디나로 이주하기 전에는 알라께서 지하드를 용납하지 않으셨다. 즉 평화의 단계다(꾸란 2:256).
2단계 : 핍박받는 자들을 위해서 지하드를 해도 좋다는 알라의 허락이 주어졌다. 즉 방어의 단계이다.
3단계 : 알라께서 무슬림을 대항하여 싸우고자 하는 자들과는 지하드를 허용하셨다. 즉 투쟁의 단계이다(꾸란 2:216).
4단계 : 알라께서 모든 다신교도 및 우상숭배자들과 전쟁을 하여 지하드를 통해서 정복하라고 명하셨다. 즉 정복의 단계이다(꾸란 9:5).[52]

꾸란은 지하드 수행에 대한 규정들을 자세하게 제공하고 있다. 그것은 누가 싸워야 하는지, 누가 지하드에서 면제되는지(꾸란 48:17, 9:91), 언제 지하드를 중단해야 하는지(꾸란 2:192), 어떻게 전쟁 포로들을 대우해야 하는지(꾸란 47:4)와 같은 것들이다. 꾸란 2:194는 지하드에서 비례의 원칙을 다음과 같이 강조한다.

"누구든지 너를 침범하면 같은 종류로 응대하라."

다른 말씀은 화평할 것을 강하게 명령한다. "만일 너의 적이 평화를 원하면 너도 평화를 구하고 알라를 신뢰하라"(꾸란 8:61). 이슬람의 예언자 무함마드가 어떻게 행동했는지에 대한 이야기들은 하디스를 통해서 보존되고 있다. 이러한 전통들이 지하드에 대한 의사 결정과 행동에 대해 안내해 준다.[53]

무함마드가 사망한 632년 이후 평화적인 포교활동과 무역 및 지하드가 결합된 신흥종교, 이슬람이 확산되기 시작하였다. 중동에 본거지를 둔 여러 이슬람 제국들이 북아프리카와 이란, 인도, 동남아 대륙, 이베리아반도 및 발칸반도를 장악하자 무슬림들은 지하드에 굴복한 이교도에 비하여 자신들이 우월하다는 확신을 느꼈다. 이처럼 이슬람 제국은 지하드를 통하여 7-17세기까지 확산되었다.[54] 이후 원리주의자들에 의하여 지하드는 확산되어갔다.

3) 지하드의 상급

기독교가 믿음을 강조하는 것에 비하여 이슬람은 행동, 즉 알라의 뜻을 따르고자 행동하는 것을 강조한다. 그런 면에서 이슬람은 율법을 따르는 유대교에 더 가깝다. 꾸란은 무슬림들에게 행동하고, 싸우고(jihad, 성전), 자신의 신앙을 실천하고, 이슬람 종교를 수호하고 전 세계를 이슬람화하는 데 행동해야 한다고 가르친다.[55]

이슬람 원리주의자는 지하드를 이슬람 세계의 평화를 위한 이슬람 세계의 혁명으로 규정한다. 사이드 쿠틉은 "이슬람의 교리에 근간을 둔 질서를 성취하려면 지하드가 불가피하므로 폭력을 배제한 평화란 존재할 수 없다."[56]고 하였다. 이는 현재 이슬람 원리주의가 벌이고 있는 이념의 전쟁에 모티브가 되었다. 사이드 쿠툽에 따르면 이슬람 원리주의와 이슬람의 차이는 없고 오로지 하나의 이슬람만 있을 뿐이다. 이에 동감하는 사람은 진정한 '신자'가 되고, 그렇지 않은 사람은 무슬림도 예외 없이 이슬람의 원수가 될 것이다.

무슬림들은 여섯 가지 행위를 해야 한다. 이슬람에 있어서 알라가 원하는 대로 행동하는 것이 왜 이렇게 중요할까? 그 이유는 이슬람이 행위를 통하여 구원을 얻는 행위종교이기 때문이다.

꾸란에 의하면 인간이 구원을 얻을 수 있는 방법은 다음 4가지가 있다.

첫째, 숙명론에 근거한 알라의 일방적인 선택이다.

"일러 가로되 알라께서 명령한 것 외에 우리에게 아무것도 있을 수 없나니 그분은 우리의 보호자이사 믿는 사람들이 의지하는 분이시라"(꾸란 9:51).

둘째, 선행을 많이 하는 것이 천국에 가는 데 도움이 된다.

"그때 그의 선행이 많았던 자들은 번성할 것이며 그의 저울이 가벼운 자들은 그들의 영혼을 잃고 지옥에서 영원히 사노라(꾸란 23:102-103), 그날 그의 선행이 무거운 자는 안락한 삶을 영위할 것이나 그의 선행이 가벼운 자는 불지옥의 함정에 있게 되리라"(꾸란 101:6-9).

셋째, 메카로 성지순례를 하는 자들이 천국에 들어갈 수 있는 가능성에 관해서는 무함마드의 언행록인 하디스에서 자주 언급되고 있다. 꾸란에도 이를 뒷받침하는 구절이 있다.

"그곳에는 예증으로서 아브라함의 발자국이 있나니 그곳에 들어간 자는 누구든 안전할 것이며"(꾸란 3:97).

넷째, 위에 언급한 세 가지와 다르게 유일하게 천국이 보장되는 경우가 있다. 알라와 이슬람을 위한 전쟁 즉 지하드에 참전했다가 '순교'할 경우이다. 꾸란의 많은 구절이 이 내용을 뒷받침하고 있다.

"그로 하여금 알라의 길에서 성전케 하여 내세를 위하여 현세의 생명을 바치도록 하라. 알라의 길에서 성전하는 자가 살해를 당하건 승리를 거두건 알라는 그에게 크나큰 보상을 주리라"(꾸란 4:74).

"알라의 길에서 순교한 자가 죽었다고 생각지 말라 그들은 알라의 양식을 먹으며 알라의 곁에 살아있노라"(꾸란 3:169).

위에 언급한 3가지, 즉 알라의 일방적 선택이나, 선행을 많이 하는 것이나, 카바 신전을 순례하는 것에 대한 결과는 마지막 날 심판 때에 알 수 있다. 따라서 이 세상을 사는 동안에 무슬림들은 구원에 대하여 보장받을 수 없다. 불확실한 구원관을 가지고 살아가는 것이다. 왜냐하면 최후의 심판에서 구원 여부를 알 수 있기 때문이다. 그러나 천국에 들어가는 확실한 방법은 네 번째 방법인 지하드 중에 죽는 것, 즉 이슬람의 적과 싸우다가 죽는 것뿐이다. 지하드를 수행하다 죽으면 무덤으로 들어가 심판을 기다릴 필요 없이 곧바로 천국으로 갈 수 있다. 지하드는 사실 알라와 무슬림 사이에 맺은 계약이다.

"그러나 선지자와 그리고 그분과 함께 믿음을 가진 자들은 그들의 재산과 생명으로 투쟁하니 그들에게는 복이 있을 것이며 그들에게는 번성함이 있으리라. 그리하여 알라께서는 그들에게 천국을 약속하였으니 밑으로 강이 흐르는 그곳에서 영생하리라 그것이 바로 위대한 승리라"(꾸란 9:88-89).

"그로 하여금 알라의 길에서 성전케하여 내세를 위해 현세의 생명을 바치도록 하라 알라의 길에서 성전하는 자가 살해를 당하건 승리를 거두건 우리(알라)는 그에게 크나큰 보상을 주리라"(꾸란 4:74).

"불신하지 아니할 때까지 성전(지하드)하되 모든 종교가 알라만을 위할 때까지라 만일 그들이 단념한다면 실로 알라는 그들이 행하는 모든 것을 지켜보고 계실 것이라"(꾸란 8:39).

꾸란에 따르면, 순교하는 것은 알라에게 가장 큰 영광이 된다. 순교를 뜻하는 헬라어 단어가 마르투리온(marturion)인데 이는 증인이라는 마르투스(martus)에서 발전된 것이다. 이슬람에서도 증인에 해당되는 단어가 샤히드(shahid)이며 순교(martyrdom)란 말도 무슬림의 믿음의 고백(shahada, 샤하다)에서 나왔다. 그 고백은 "알라 이외에 다른 신은 없으며 무함마드는 알라의 선지자이다"라는 것이다.

무슬림들이 불신자들을 대항하는 지하드를 사용할 때에 그 주된 동기는 지하드에서 죽은 사람, 즉 샤히드라 불리는 사람은 곧바로 천국으로 간다는 믿음때문이다.[57] 그런 이유 때문에 지하드 중에 죽은 사람에게는 일반적으로 죽은 사람들과는 다른 장례절차가 적용된다. 일반인들은 죽었을 때 시신을 씻기고 모스크에 가는 것처럼 좋은 옷을 입힌다. 그러나 지하드 중에 죽었을 경우에는 시신을 씻기거나 옷을 입히지 않고 죽은 상태 그대로 관으로 들어가게 된다. 몸에 묻은 피는 알라 앞에 증거가 되고 명예로운 상징이 되어 천사들이 알라 앞에서 특별한 사람으로 대우할 것이라고 믿는다.[58]

하디스에 의하면, 알라를 위하여 지하드를 하다가 순교한 사람은 6가지 상을 받는다고 하는데 첫째, 순교자는 피를 흘리자마자 죄 사함을 받고, 둘째, 지옥의 징계를 면제받는 대신 천국에 거하게 되며, 셋째, 더 큰 테러로부터 보호를 받으며, 넷째, 세상과 그에 속한 모든 것을 합한 것보다 더 좋은 홍옥(Ruby) 왕관을 머리에 쓰게 될 것이며, 다섯째, 72명의 처녀들과 결혼하게 될 것이며, 여섯째, 70명의 친척들의 중보자의 자격을 갖게 될 것이다.[59]

그렇다면 꾸란에 묘사된 천국은 어떤 모습일까? 꾸란에서의 천국은 술과 젖과 꿀이 흐르는 정원[60]에서 섬세한 실크와 비단옷을 입고,[61] 금 실크로 장식된 침대에 기대어[62], 마음껏 과일을 먹으며, 소년들이 술잔에 술을 따라주며[63], 술을 마셔도 취하지 않는다.[64] 알라가 천국에 오는 자들을 위하여 준비해 놓은 같은 나이의 새로운 배우자들과 어울리는 것[65]으로 묘사되어 있다. 천국에 있는 배우자는 다음과 같이 묘사되어 있다.

"에덴의 천국이 바로 그들을 위해 문을 열어놓고 있나니 그들은 그곳에서 휴식을 취하며 풍성한 과일과 달콤한 음료수를 청하매 같은 나이의 눈을 내리감은 순결한 여성들이 그들 옆에서 시중을 들더라. 그와 같은 계산의 날을 위해 천국은 너희에게 약속된 것이라"(꾸란 38:50-53).

"눈이 크고 아름다운 배우자가 있으며 잘 보호된 진주와 같도다"(꾸란 56:22-23).

"그리고 은혜를 베풀고 그리고 아름답고 눈이 큰 배우자를 결합시켜 주니"(꾸란 44:54).

"그 안에는 눈을 내려감은 어떤 인간도 진도 접촉하지 못한 배우자가 있나니"(꾸란 55:74).

"눈을 내려감은 배우자가 정자에 있나니"(꾸란 55:72).

무함마드로부터 이런 천국에 대한 계시를 듣고 가장 먼저 응답했던 무슬림은 우마야(Umayr Ibn al-Humam)였다. 우마야는 다음과 같이 외치면서 전쟁 속으로 뛰어 들어갔다.

"좋다! 좋아! 나는 이 사람에 의해 죽음으로써 천국에 들어가는 것이 아니냐?"

그는 맹세를 외치면서 강렬한 전투 속으로 뛰어들어 잠시 후에 죽임을 당했다.[66] 오늘날 일어나고 있는 지하드를 빙자한 테러에 대하여 앤드류 크로스(Andrew Cross)는 〈타임즈〉에 다음과 같은 글을 기고하였다.

"이슬람 원리주의자들이 테러를 자행하는 것은 가난이나 절망이 원인이 아니다. 그들이 의도하는 것은 자기 땅을 지배하기 위함도 아니다. 미국의 이라크 침공은 일종의 결과론에 불과한 것이다. 왜곡된 이슬람 사상이 주된 동기이며, 지하드에 참전한 자에게 하늘이 보상한다는 사상 때문이다."[67]

4) 이슬람의 교리 타끼야

이슬람에서 용납될 수 없는 거짓말이 두 가지가 있다.
첫째는 알라에 대한 거짓말이다. 무함마드 외에 계시를 받았다고 주장하는 거짓말은 용납되지 않는다.

"알라께 거역하며 거짓하는 자와 아무것도 계시되지도 아니했는데 나에게도 계시가 있었음이라 말하는 자 그리고 알라께 계시한 것과 같은 것을 계시할 수 있다 말하는 자보다 더 사악한 자가 누구이요 그대는 그 사악한 자들이 죽음의 고통에서 헤매는 것을 보리라 천사들이 그들의 손을 펼치며 너희의 영혼을 포기하라 오늘 너희는 수치스러운 벌을 받으리니 너희는 하나님께 거역하며 거짓하고 그분의 말씀에 거만하였노라 하더라"(꾸란 6:93).

두 번째 금지된 말은 무함마드에 대한 거짓말이다. 알 무기라(Al-Mughira)는 다음과 같이 말했다.

"나는 선지자가 다음과 같이 말하는 것을 들었다. 잘못을 나의 탓으로 돌리는 것은 다른 사람의 탓으로 돌리는 것과 매우 다른 것이다. 나에 대하여 고의적으로 거짓말을 하는 자는 분명 불지옥에 자신의 자리를 예비하

게 될 것이다".[68]

이슬람의 도덕적 딜레마 가운데 가장 흥미로운 것은 거짓말이 허용된다는 것이다. 아랍어로 타끼야(taqiyya)[69]라는 말은 '덮어씌우다, 가리다, 숨기다'라는, 즉 '은폐하다'라는 뜻을 가지고 있다.

무함마드가 죽은 후에 이슬람은 두 개의 종파로 갈리게 된다. 무함마드가 후계자를 남기지 않고 죽게 되자, 이슬람 공동체에서 뽑힌 칼리프를 전통적으로 후계자로 인정하는 수니파와 무함마드의 직계손만이 무함마드의 후계자가 될 수 있다고 주장하는 시아파로 나뉘게 된다.

우마이야 왕조를 거치면서 정권을 잡은 수니파가 시아파를 핍박하였다. 시아파는 수니파의 정권 아래에서 살아남기 위하여 타끼야를 교리화시켰다. 시아파에서는 이 관습을 이어받아서 1,300년이 넘게 이 교리를 신앙에 적용하였다. 수니파에서도 이를 수용하면서 신앙이 없는 자들을 호도한다는 의미에서 이함(iham, 기만) 전술을 정당화하였다.[70]

무함마드가 거짓으로 이슬람이나 메신저를 부인해도 좋다고 허락한 맨 처음 사람은 아마르 벤 야세르(Amar Ben Yasser)였다. 무함마드의 친구였던 야세르가 꾸라이시 부족에게 붙잡혀서 인질이 되었고 꾸라이시 족은 야세르를 심하게 고문했다. 야세르는 자유를 얻기 위하여 무함마드와 이슬람을 부인하였다. 야세르는 꾸라이시 족으로부터 풀려나자마자 무함마드를 찾아가서 무슨 일이 일어났는지 고백했다. 무함마드는 만일 이런 일이 일어난다면 수치스럽게 여기지 말고 이번에 했던 대로 똑같이 행동하라고 가르쳤다.[71] 이때에 계시된 꾸란의 내용은 다음과 같다.

"너희의 맹세 속에 비의도적인 것에 대해서는 책망하시지 않으시나 너의 심중에 있는 의도적 맹세는 책망하시느니라. 알라는 관용과 은혜로 충만하심이라"(꾸란 2:225).

무함마드는 힌디(Sha'ban Bin Khalid Al-Hindi)가 자기에 대하여 전쟁을 준비하고 있다는 소식을 듣고 알조하니(Abdullah bin Anis Aljohani)를 불러서 힌디를 살해하라고 일렀다. 무함마드는 알조하니에게 힌디의 생김새를 자세하게 알려주었다. 알조하니는 힌디 진영에 가서 무함마드를 비난하며 무함마드를 죽이는 대열에 합류하고 싶다는 의지를 보였다. 힌디는 알조하니를 신뢰하여 그날 저녁에 자기 장막에서 머물게 하였다. 힌디를 비롯하여 다른 모든 사람들이 잠들자, 알조하니는 힌디를 살해하고 그의 머리를 잘라서 무함마드에게 가지고 왔다.[72]

위에서 언급한 내용과 기록된 역사의 공통된 무슬림의 신앙 아래에서 다섯 가지의 경우에 거짓말을 허용할 수 있다는 것을 보여준다.

1) 누군가의 생명을 구하기 위해
2) 평화 또는 화해에 영향을 끼치기 위해
3) 여성을 설득하기 위해
4) 여행을 할 때(사무 처리)
5) 누군가를 이슬람으로 개종시키기 위해

위의 각 경우에서 우리는 상대진리를 다루고 있다는 것을 알 수 있다. 또한 많은 무슬림들은 이것을 거짓말하는 것으로 정의 내리지 않을 것이다. 적어도 이것이 문제를 대하는 이슬람의 시각이다.[73]
이슬람 원리주의를 연구하는 대부분의 사람들은 원리주의는 전통 이슬람이 아니라는 데 동의한다. 이슬람 원리주의를 좋게 말하는 자들은 이슬람 세계의 세속화에 대한 종교적 반응이라고 말한다. 즉 세속 이슬람을 거룩한 이슬람으로 바꾸려는 것이라고 해석한다.[74]

또한 이슬람 원리주의와 이슬람을 분리하기도 한다. 이슬람 원리주의는 신앙이 아닌, 정치질서에 중점을 두면서도 단순한 정치가 아니라 종교화된 정치라는 데서 이슬람 종교가 아니라고 항변한다. 또한 이슬람 사회의 정치는 이상적인 무슬림 공동체의 미명 아래 종교화되고 이렇게 형성된 정치질서를 '샤리아 국가'라고 한다. 그러므로 종교가 국가와 함께 샤리아에 기반을 둔 정치질서 안에서 결합된 이데올로기로 본다.

이슬람 원리주의의 주된 신조는 단연 샤리아에 근거한 정교일치인데, 이는 신앙이라기보다는 신앙이라는 미명하에 정치체제의 구색을 맞춘 것이다.[75] 여기에서 정치체제란 이슬람 신앙과는 일치하지 않은 정치적 목소리를 내는 데 종교가 이용되는 과정을 말한다. 정치적 종교는 세속적 목적을 추구하는 수단이 되었다고 보는 것이다.

또한 모든 무슬림들이 이슬람 원리주의를 옹호하는 것은 아니다. 실상 무슬림 가운데는 일반적인 무슬림(Secular Muslim), 종교적인 무슬림(Traditional Muslim), 헌신적인 무슬림(Committed Muslim)이 있다. 더 세분화한다면, 일반적인 무슬림 가운데 세속적 무슬림, 무신론적인 무슬림이 있다.

이들은 전체 무슬림 가운데 약 60~70%를 차지한다. 그들은 종교에 관심이 크지 않다. 다만 문화적으로 이슬람 종교를 믿었기에 자신을 무슬림이라고 말할 뿐이다. 종교적인 무슬림 가운데 전통적인 무슬림, 수피파에 속하는 무슬림이 있을 것이다. 이들이 비록 이슬람의 전통을 잘 따른다고 하더라도 일반적인 무슬림과 함께 이슬람 원리주의자들에 대하여 비판적

인 시각을 갖게 된다. 이들은 약 15%를 차지한다.[76]

　헌신적인 무슬림 가운데 이슬람 원리주의자들이 많이 포함되어 있다. 헌신적인 무슬림 입장에서 일반적인 무슬림이나, 종교적인 무슬림도 세속적인 무슬림으로 볼 것이다. 하지만 다양한 종류의 무슬림이 있다고 해도 이슬람의 예언자인 무함마드에 의하여 지하드가 시작되었고, 지하드로 인하여 이슬람이 성장하였다는 사실에는 동의할 것이다.

　이슬람의 세계관은 이 세상을 전쟁의 집(Darb al Harb)과 평화의 집(Darb al Islam)으로 나눈다. 예를 들어서 무함마드가 메카에서 핍박을 받았던 시기를 전쟁의 집이라고 하고, 메디나의 경우 이슬람의 지배 아래에 있었기 때문에 평화의 집이라고 할 수 있다. 이슬람의 지배를 받지 않는 곳은 전쟁의 대상이 되고 이슬람의 지배를 받으면 평화의 집이 되는 것이다.[77]

　따라서 이슬람의 성장과 함께 무함마드의 삶과 꾸란을 알아 갈수록 세상을 이슬람화하기 위한 지하드[78]는 계속 확장될 것이다.

2장

이슬람은 무엇을 믿는가
: 이슬람의 주요 교리들(6신 5행)

 ISLAM

이슬람은 기독교 이후에 탄생한 종교 가운데 가장 빠르게 성장하는 종교이다. 과거 중동은 초대교회가 시작된 곳이며 이슬람이 탄생하기 이전까지 4세기 동안 비잔틴 기독교 제국이었다. 그러나 그 지역의 기독교는 이슬람에 굴복되거나 사라졌다. 이슬람이 들어선 사회에서 기독교인은 2등시민(Dhimmis)이 되어야 했고, 기독교인이 존재하기 위해서는 지즈야(Jizya)라는 종교세를 내야만 했다. 기독교의 언어는 고대 예배 의식에서나 찾아볼 수 있고 꾸란의 언어인 아랍어가 자리 잡게 되었다.

무함마드는 아담을 포함한 모든 선지자들은 유일신인 알라만을 믿었다고 주장한다. 그는 아브라함과 그의 아들 이스마엘을 포함한 아랍사람들의 원래 종교가 이슬람이었다고 주장한다. 무함마드가 사망할 당시 아라비아반도는 이슬람 종교를 수용하였다.

이슬람의 신앙고백은 "알라 외에 다른 신은 없으며, 무함마드는 알라의 사도이다"라고 고백하는 것이다. 그리고 50년 후

| 이슬람사원으로 바뀐 터키 성소피아 교회

이슬람 군대는 모든 동부 지중해와 북부 아프리카를 침략했다. 이슬람의 군사적 침공을 제외하고 비(非)이슬람 국가에게 매력적으로 다가온 것은 이슬람 교리의 단순함과 의무에 대한 직접적인 요구였다. 모든 이슬람을 믿는 무슬림들에게는 믿어야 하는 6가지 기본 교리(6신)와 5가지 의무(5행)가 존재한다.[1]

1. 이슬람의 여섯 가지 기본 믿음 – 6신(信)

1) 알라에 대한 믿음

이슬람에서는 알라(Allah)를 믿는다. 그는 전지전능하고 최후의 심판 날의 주재자이며 알라 외에는 누구도 경배를 받을 권리가 없다. 알라는 가장 자비롭고 가장 은혜로우며 영원하고 최고의 절대자이며 모든 것을 초월한다. 누구도 알라의 신성함이나 속성을 나누어 가질 수 없으며 알라를 제외 하고는 그 누구도 기도를 받거나 어떤 숭배 형식의 예배를 받을 권리가 없다.

'알라'라는 이름은 본래 무함마드가 속한 쿠라이쉬(Quraish) 부족이 섬기던 신의 이름이었다. 무함마드의 아버지 이름이 압둘라(Abdullah)라는 것이 그 증거이다. 당시 중동 일대의 대부분의 종족들은 자식을 낳으면 자신이 섬기는 신의 이름을 포함시켜서 이름을 짓는 풍습이 있었다.

그런데 무함마드의 아버지 이름, 압둘라(Abdullah)는 아랍어로 종 혹은 노예라는 뜻의 압드(Abd)라는 단어와 알라(Allah)라는 종족 신의 이름을 묶어 놓은 합성어이다. 즉 알라의 종, 알라를 섬기는 자라는 의미이다.

특별히 무함마드의 가문인 쿠라이쉬 가문은 메카의 카바(Kabah) 신전을 관리하는 부족이었다. 무함마드는 자신이 선지자이며 신성한 임부를 부여 받았다고 했을 때, 그 당시 사람들이 사용하던 단어를 사용한 것이다. 무함마드의 조카 이름은 우바이두일라(Ubaidu'Ilah)인데, 이는 '알라의 작은 종' 이라는 뜻이다. 메카에 있는 카바 신전은 무함마드가 태어나기 오래전부터 '알라의 집'(Baitu'Ilah)이라고 불렸다.[2)]

알라는 무함마드가 속한 쿠라이쉬 부족 신 가운데 가장 높은 신의 이름이었다. 그리고 그 신은 3명의 딸을 두었다고 생각했다.[3)] '알라'(Allah)의 능력이나 자비와 같은 속성 개념은 유대교와 기독교 전통에서 비롯된 것으로 본다.

당시 이교도 아라비아인들은 인간이 통제할 수 없는 것을 넘어서 맹목적이며, 거부할 수 없는 운명을 믿었다. 바로 이 능력과 이해할 수 없는 운명을, 꾸란은 능력 있으며 섭리적이며 자비로운 알라로 대처했다.

꾸란은 카바에서 섬겼던 모든 우상의 형상들을 거절함으로써, 신들과 신적인 대상들을 제거함으로써 비타협적인 유일신을 이끌어 내었다.[4)] 무함마드는 알라의 개념을 둘러싸고 있던 다신교적인 요소들을 정화시켜 버린 것이다.[5)] 그리고 그는 알라를 그 어느 것과도 비교할 수 없는 유일신의 개념으로 정리해 버렸다. 이슬람의 유일신 사상은 다신교를 거부하고 우상을 파괴하고 존재하는 모든 것들의 창조주로서 유일한 신을 보여준다.

쿠라이쉬 부족의 신이었던 알라가 유일신이 되는 과정에서 유대교와 기독교의 유일신 사상에서 영향을 받았기에 성경의 하나님과 이슬람의 알라가 가지는 7가지 공통점이 존재한다.

1. 하나님은 한 분이시다.

"이스라엘아 들으라 우리 하나님 여호와는 오직 유일한 여호와이시니"

(신 6:4; 꾸란 4:171[6])에서 지지한다.)

2. 하나님은 가장 위대하시며 탁월한 창조주이시다.

"태초에 하나님이 천지를 창조하시니라"(창 1:1; 꾸란 50:38[7])에서 지지한다.)

3. 하나님은 선지자와 사도들을 통해서 그의 뜻을 드러내신다.

"이는 주께서 선지자를 통하여 말씀하신 바 애굽으로부터 내 아들을 불렀다함을 이루려 하심이라"(마 2:15; 꾸란 16:36[8])에서 지지한다.)

4. 하나님은 용서하기를 원하신다. 그는 자비하시고 친절하시다.

"네 하나님 여호와는 자비하신 하나님이심이라"(신 4:31; 꾸란 2:218[9])에서 지지한다.)

5. 모든 창조물은 하나님을 예배할 특권과 책임이 있다.

"온 땅이여 주께 경배하고 주를 노래하며"(시 66:4; 꾸란 1:2[10])에서 지지한다.)

6. 하나님은 역사를 주관하신다. 모든 인간은 심판을 받게 될 것이다.

"하나님은 모든 행위와 모든 은밀한 일을 선악 간에 심판하시리라"(전 12:14; 꾸란 1:4[11])에서 지지한다.)

7. 우리는 기도로 하나님께 구할 수 있다.

"아무것도 염려하지 말고 다만 모든 일에 기도와 간구로, 너희 구할 것을 감사함으로 하나님께 아뢰라"(빌 4:6; 꾸란 2:153[12])에서 지지한다.)

성경의 하나님과 꾸란의 알라 사이에 공통된 부분이 존재한다.

기독교의 하나님은 한 분이며 통치자이심을 믿는다. 그리고 하나님은 그의 뜻을 드러내심을 믿는다. 우리는 하나님이 심판하실 것과 그의 자비하심과 용서를 믿는다.

그러나 꾸란의 알라와 성경의 하나님이 어떻게 하나님이 세상을 창조하시고, 다스리시고, 그의 뜻을 드러내시며, 심판하시고, 사랑하시고, 용서

하시는지에 관해서는 정확하게 의견을 같이하지는 않는다.[13]

꾸란의 알라는 삼위일체 하나님을 거부하고(꾸란 41:6), 오직 한 하나님, 즉 유일한 알라(Allah)만 주장한다. 신이 오직 한 분이라는 의미는 한 종교 또는 진정한 종교는 하나뿐이라는 것을 의미한다. 또 신이 한 분이라면 진리도 하나이며, 그를 올바르게 경배하는 방법도 하나뿐이라는 것이다. 꾸란 112:1-4에서는 "알라(Allah)는 한 분이고, 영원하시며, 자식을 낳지도 않으시며, 태어나지도 않았으며 그와 같은 자는 아무도 없다."라고 말한다.

따라서 기독교의 삼위일체를 부인하고 또한 예수 그리스도가 하나님의 아들인 것을 부정한다. 꾸란의 알라는 성경의 하나님의 본질과 내재된 속성이 다르다. 구약의 여호와 하나님은 신약의 삼위일체 하나님과 동일시 될 수 있으나, 성경의 하나님은 꾸란의 알라와는 동일시될 수 없다. 꾸란 자체가 기독교의 '삼위일체 하나님'을 삼신(三神)으로 왜곡하여 부정하기 때문에, 성경의 하나님을 거부하는 불연속성에 서 있다(꾸란 5:116). 다음 도표는 성경의 하나님과 꾸란의 알라의 차이점을 보여준다.

성경의 하나님과 꾸란의 알라[14]

성경	꾸란
하나님은 '영원한' 이름이다(출 3:13-15).	알라는 하나님의 이름이다.
악은 하나님에게서 나오지 않았다. 하지만 이것은 하나님을 대적하는 고의적인 반역이다. 하나님은 선의 저자이며, 악의 저자가 아니다(신 32:4, 시 92:15, 요일 1:5).	알라는 선과 악 모두의 저자이다(꾸란 91:5-9).
하나님은 사람들과 장소와 함께하시며 그들 안에 거하실 수 있다. 이는 그분의 편재와 분명히 다르다(출 33:1-4, 욜 2:27-29).	알라는 동시에 모든 곳에 있지만 어떤 특정한 곳에는 있지 않다. 그는 어떤 것 안에도 내주하지 않는다(꾸란 2:109, 4:125).

하나님은 거룩하며 그를 따르는 자들도 거룩해야만 한다(레 19:1-2).	꾸란은 알라의 거룩함에 대해 거의 언급하지 않는다. 거룩함은 알라에게 있어 중요하지 않은 이차적인 성품처럼 보인다(꾸란 59:20-24).
인간은 하나님의 형상으로 창조되었으며 그분을 닮는 것을 추구해야만 한다(창 1:26-27, 엡 5:1-2).	피조물 중에 어느 것도 알라를 닮지 않았고 사람도 그를 닮으려고 해서는 안 된다(꾸란 4:50-54). 어떤 인간의 성품도 알라와 연결시켜서는 안 된다.
하나님은 죄인들을 사랑하셔서 그분의 원수에게도 사랑으로 다가가신다(출 34:5-7, 요일 4:19).	알라는 일반적으로 그를 미워하는 자를 미워하며 그에게 복종하는 자들을 사랑하고 사람들이 이 점에서 그를 따라 행하길 원한다. 그러나 그는 사랑할 의무가 없고 그가 선택한 사람을 사랑하거나 미워할 수 있다(꾸란 3:25-29).
하나님은 자기가 한 말씀에 신실하시며, 그 말씀은 변치 않는다. 그래서 그분은 거짓말을 하실 수가 없다(민 23:19). 하나님께서 비록 조건적인 약속들을 하실 수 있고 종종 그렇게 하시지만 언약들이 여기에 포함된다. 그분의 내재적인 신실하심은 인간의 신실함에 따라 달라지지 않고 오히려 그분의 완전하신 거룩함을 반영한다(히 6:17-19, 말 3:6).	알라는 자기의 뜻대로 행하며 '가장 훌륭한 모략가'이다(꾸란 3:54). 그는 자신의 완벽성에 의문을 제기하지 않으면서 그가 앞서 한 말을 폐기하고 이와 상반되는 말로 대체할 수 있다(꾸란 16:100-104). 그는 자신의 언약들을 따를 의무가 없으며 어떤 식으로든 사람에게 의무를 지지 않는다(꾸란 17:85-89).

3장에서 기독교의 하나님과 이슬람의 알라가 동일한 존재가 아님을 좀 더 자세히 다루도록 하겠다.

2) 천사들에 대한 믿음

이슬람에서 천사는 알라가 창조한 영적인 존재들이다. 눈에 보이지 않지만 형이상학적 존재에 대한 믿음을 가지고 있다. 천사들의 실재는 빛의 형태로 구성된 영혼이며, 남성과 여성으로 묘사되지 않고 먹고 마시지도 않는다. 그들은 알라의 의지와 권능으로 창조되었다.

꾸란 35장 1절은 "천사들을 둘 셋 네 쌍의 날개를 가진 전령으로 두셨으며 그분의 뜻대로 창조를 더해 가시니 실로 알라는 전지전능하시도다."라고 기록하고 있다.

알라는 천사에게 알라가 원하는 임무를 주었다. 천사는 자기 의지나 선택권이 없다. 그들은 알라의 명령을 수행한다. 모든 천사들을 관장하며 무함마드와 선지자들에게 알라의 계시를 전달하는 천사를 지브릴(Jibril)이라고 하며, 지옥을 지키는 천사장(꾸란 66:6)은 말리크(Malik)이다. 심판의 날에 심판을 알리는 천사로 이스라필(Israfil)이 있으며, 이즈라일(Azrail)은 죽음을 담당하는 천사장(꾸란 32:11)이다. 그 외에 사람들의 모든 것을 기록하는 천사(꾸란 82:11-12)가 있으며, 메카의 카바 신전을 돌면서 알라를 찬미하는 천사가 있다.[15]

이슬람에서 천사와 인간 사이에 있는 영계의 실재 중 하나는 '진(jinn)'이다. 진에 대한 믿음은 그와 관련된 의식이나 적용 범위에 있어서 무슬림 사회마다 정도의 차이가 있다. 그렇지만 실제로 진에 대한 꾸란과 하디스의 가르침은 모든 무슬림의 삶에 직접적으로 지대한 영향을 끼치는 교리 중 하나라고 말할 수 있다. 특별히 일반 대중에게로 가면 진에 대한 믿음은 더욱 분명히 드러난다. 아이의 탄생부터 시작하여 아이 이름 짓기, 결혼, 죽음, 장례, 농사, 이사, 여행, 건축 등 삶의 대부분 영역에 진들이 연관되어 있는 것을 볼 수 있다. 진은 꾸란과 하디스가 모두 인정하는 영적 실재이다.

'진'(jinn)은 원래 무함마드의 이슬람이 발생하기 이전부터 아랍 지역의 셈족들에게 이미 잘 알려진 그 지역의 악령을 지칭하는 말이다. 이것이 무함마드에 의하여 이슬람의 정통 교리 안으로 수입되었다.

그 아랍어 어원을 조사해보면, '진'은 '감추어져 있음', '어둠', '비정상' 등의 개념을 그 저변에 깔고 있음을 알 수 있다. 꾸란에 의하면, 천사는 빛으로, 사람은 흙으로, 진은 불로 알라가 창조하였다고 한다(꾸란 55:15; 38:76; 15:27). 따라서 진은 천사와 인간 중간의 종(species)으로 묘사되고 있는데, 여러 면에서 천사보다는 인간 쪽에 더 가까워 보인다. 진은 사람처럼 결혼하고 아이를 갖기도 한다. 즉 남녀의 성이 있다. 그리고 진은 인간처럼 알라와 무함마드를 믿음으로써 무슬림 진이 될 수 있다. 알라와 무함마드를 믿지 않는 진은 마지막 날에 심판을 받고 지옥에 던져진다(꾸란 72:14-15; 11:120). 진의 두목은 '이블리스'(Iblis)라고 불린다.

원래 진은 알라를 경배하고 복종하였는데, 이블리스는 거만해졌고 눈앞에서 알라가 인간에게 부여한 인간의 높은 지위를 보고 난 후에 인간에 대한 시기심으로 인간을 미워하기 시작하였다. 그는 기독교에서 말하는 '사탄'에 해당하는 존재라고 볼 수 있다. '이블리스'는 악의 화신이며, 진들이 '이블리스'를 좇음으로써 '샤야띤'(shayatiin)이 되었다고 한다.

'샤야띤'(단수는 '샤이딴')은 기독교에서 말하는 '데몬'(demon) 정도에 해당되는 존재이다. 그러나 이 '샤이딴, 샤야띤'의 개념은 어떤 특정한 존재를 가리킨다기보다는 진들의 악함을 더욱 나타내주는 용어라고 볼 수 있다. 이러한 '진'과 '샤야띤'에 대한 무슬림의 믿음은 무함마드의 언행록(하디스)에 더욱 많이 실제적으로 등장하고 있다.

이렇게 진(jinn)에 대한 믿음과 가르침이 꾸란에 있음으로 인하여, 이슬람의 발흥 이후 대부분의 이슬람 사회의 보통 무슬림은 진(jinn)에 대한 풍습과 이야기들, 그리고 심지어 '무속'(shamanism)을 창출해 내었다. 또한 꾸란에 보면 그 당시 아라비아 사람들이 알라(Allah)를 진(Jinn)과 동등한 수준으로 경배했다는 것을 알 수 있다.[16]

"그런데 그들은 그분과 나란히 진을 숭배하고 있다. 저것은 원래 알라께서 만드신 것이다. 또 그들은 아무것도 알지 못하고 알라께 아들이나 딸이 있다고 날조한다. 알라께 영광이 있으시라. 알라께서는 그들이 말하고 있는 것을 초월하여 높이 계시는 분이다."(꾸란 6:100, 김용선 역).

그러므로 진이 메카의 카바 신전에서 알라(Alla)와 함께 하나의 신으로 존재하였다는 것을 알 수 있다.

3) 경전에 대한 믿음

이슬람의 알라는 인류에게 그 시대마다 경전과 선지자를 주어서 그 시대를 이끌게 하였다고 본다.

"실로 우리는 분명한 예증과 더불어 우리의 선지자들을 보냈으며 또한 사람들이 공평하게 스스로를 인도할 성서와 균형을 함께 보내셨도다 ……"(꾸란 57:25).

인간사회가 발전하고 인구가 증가함에 따라서 인류는 더 많은 복잡한 법을 필요하게 되었기에 필요할 때마다 알라는 경전을 이 땅에 보냈다(꾸란 6:155). 또한 경전을 보낼 때 선지자도 함께 보내서 따르게 했던 것이다(꾸란 3:53). 어떤 경전이나 선지자를 보낼 때 그 원리는 알라만을 섬기며 알라만

| 모스크에서 꾸란을 읽고 있는 청년

을 경배하라는 원칙을 가졌다(꾸란 21:25). 알라는 각 민족에게 경전을 계시하면서 유일신 사상을 강조하였고 경전을 변질시키거나 위조하지 말라고 경고하였다(꾸란 5:41).

초기 경전은 사람들의 암송으로 전해져 오다가 문자로 기록될 때에 원본을 망각하고 새로운 것을 원본에 추가, 수정하게 되었다는 것이다. 꾸란에는 특별히 4가지 경전에 대하여 언급되어 있다.

토라(Kitab Tawrah)

선지자 모세를 통하여 이 땅에 주어진 경전이다. 모세 이전의 인간들에게 왜곡되고 타락한 알라의 신앙을 정정하기 위함이었다. 그러나 모세에게 주어진 성경의 원본은 불탔고 기억을 더듬어 여러 차례 다시 기록되었다. 결국 원본은 사라질 정도로 변질되었고 왜곡되었다.

이슬람 학자 아부 하산 알 나다위에 의하면, 유대인 역사학자들이 증명하듯이 구약성경은 세 차례에 걸쳐서 불 탔다고 한다. 첫 번째는 바벨론 느부갓네살 왕에 의하여 원본이 소각되었고, 바벨론에 끌려갔던 유대인들이 거기에서 구약성경을 수정하고 추가하였다. 두 번째는 그리스 왕 안티오쿠스 시대에 왕이 유대인들에게 기도와 구약 낭송을 금지시키면서 변질되었고, 세 번째는 A.D. 70년 로마의 디도에 의하여 예루살렘이 함락되면서 구약성경을 가지고 갔고 유대인을 추방시키면서 왜곡되었다. 이런 과정을 거쳐서 결국 구약성경은 변질되었다는 것이다.

자브르(Kitab Zabur)

다윗을 통하여 계시된 경전인데 왜곡된 구약의 내용을 정정하는 가르침과 기도들이 계시되었다. 알라는 다윗의 제자들에게 모세에게 계시한 구약에 있는 가르침과 규칙들을 따르도록 하였다.

인질(Kitab Injil)

알라가 마리아의 아들 예수에게 계시한 것이다. 그동안 왜곡된 구약을 정정하고 신앙의 지침을 명확하게 한 것이다. 알라가 지브릴(Jibril, 가브리엘의 아랍어)을 통하여 선지자 예수에게 계시한 인질은 신앙과 교훈과 경고의 복음서이다. 그러나 예수가 남긴 원문은 예수가 떠난 후에 불태워졌으며 계시된 언어가 아닌 다른 언어로 대체되었다. 사람들은 욕망이 원하는 대로 성경구절을 바꿔나갔다. 알라가 2,000년 전에 예수에게 주었던 복음서는 더 이상 순수한 계시라고 믿을 수 없다.[17]

꾸란(Quran)

위의 3권의 경전들이 변질되고 왜곡되었기 때문에 알라께서 마지막 경전으로 무함마드를 통하여 꾸란을 주었다는 것이다. 이것이 성경이 변질되었다는 타하리프(Tahrif)교리이다. 꾸란은 가장 새로운 형태로 이전에 계시된 성경을 포함한 가장 완벽한 경전으로서 심판 날까지 그 기록과 전승이 보존된다. 꾸란 이전에 계시된 경전들은 특정 민족이나 특정 시대를 위하여 계시된 경전이지만 꾸란은 인류를 위하여 알라가 준 마지막 계시인 것이다.

꾸란은 A.D. 610년부터 632년까지 23년 동안 무함마드가 천사 지브릴(Jibril)을 통하여 직접적으로 알라에게 영감 받은 것이라고 한다. 꾸란은

| 사원에서 이맘에게 꾸란을 공부하는 모습

모든 단어의 18%가 아랍어 성경의 어형을 지니고 있으며, 그 4분의 3은 신약성경에서 이용한 것이다. 이슬람에 의하면 무함마드는 그의 초기 사역 기간에 문맹이었다고 한다.

따라서 그가 받은 계시를 후에 메디나(Medina)에서 그의 서기들이 받아썼다. 꾸란의 60%가 5경의 보고서와 율법 및 구약의 역사서에서 유래했고, 꾸란의 약 8%가 신약에서 끌어낸 것이다. 무함마드 사망 시에 메디나에는 여러 개의 꾸란이 있었다. 현존하는 꾸란은 무함마드의 꾸란이 아니고 우스만(Uthman b. Afan)의 간행본이다. 그러므로 시아파는 현재의 꾸란 원본은 왜곡된 것이라고 주장하였다.[18]

반면, 성경은 변한 적도 왜곡된 적도 없다. 구약성경에 대한 불변성을 예수님의 말씀에서 읽을 수 있다.

"내가 율법이나 선지자를 폐하러 온 줄로 생각하지 말라 폐하러 온 것이 아니요 완전하게 하려 함이라 진실로 너희에게 이르노니 천지가 없어지기 전에는 율법의 일점일획도 결코 없어지지 아니하고 다 이루리라"(마 5:17-18). 또한 마태복음 24장 35절에서도 복음의 불변성을 발견한다. "천지는 없어질지언정 내 말은 없어지지 아니하리라."

성경이 변질된 적이 없다는 것은 꾸란도 증명하고 있다.

"우리(알라)는 마리아의 아들인 예수로 하여금 구약이전에 계시된 것을 확증하면서 그들의 발자취를 따르도록 했느니라. 또한 우리(알라)는 신약을 계시하여 구약 이전에 계시된 것을 확증하면서 그 안에 복음과 광명을 주었으니 이는 복음이요 정의의 사는 자들의 교훈이라"(꾸란 5:46).

이 구절에 의하면, 알라는 구약성경과 신약성경의 계시를 확증하고 있다. 또 성경이 복음이며 정의를 위한 교훈이라는 것이다. 심지어 무함마드에게 계시된 꾸란의 계시가 의심이 되면 성경을 읽은 자들에게 질문하라고 기록되어 있다. "우리(알라)가 그대에게 계시한 것에 그대가 의심한다면 그대 이전에 성서를 읽은 자들에게 물어보라. 실로 그대의 주님으로부터 진리가 그대에게 이르렀나니 의심하는 자가 되지 말라"(꾸란 10:94).

그렇다면 성경이 변질되었다는 타하리프(Tahrif) 교리는 어떻게 형성된 것일까? 무함마드 사후 두어 세기가 지나서 이슬람 법학자들과 꾸란 해석가들은 성경과 꾸란을 대조해 보았다.

그때 이 두 책 사이에 형식과 내용에 있어서 단 한 문장도 정확하게 일치하지 않는다는 것을 확인하게 되었다. 그로 인해 불안해지기 시작한 그들은 성경과 꾸란의 모든 차이의 원인이 성경의 위조에 있다고 하면서 교활하게 논박하였다. 그로 인하여 꾸란은 성경의 척도가 되어버렸다.

이슬람적인 이해로는 두 책이 본래 하늘에 있는 원서(Urbuch)에서 축자영감을 통해 전달되었다. 그러나 서로 이을 수 없는 두 책 사이의 극명한 차이는 바로 율법(토라)과 복음이 위조되었음을 증명하는 것이라고 한다.[19] 또한 꾸란과 모든 경전은 천사 지브릴(Jibril)을 통하여 계시를 받은 것이라고 한다.

하지만 성경은 천사로부터 받은 계시가 아니라 성령의 감동으로 쓰인 것이다. "모든 성경은 하나님의 감동으로 된 것으로 교훈과 책망과 바르게 함과 의로 교육하기에 유익하니"(딤후 3:16), "예언은 언제든지 사람의 뜻으로 낸 것이 아니요 오직 성령의 감동하심을 받은 사람들이 하나님께 받아 말한 것임이라"(벧후 1:21).

4) 선지자에 대한 믿음

선지자와 사도들은 인간들 중에 선택된 사람들이며 완벽한 인간성을 가지고 있는 사람들이다. 선지자와 사도의 임무는 사람들에게 알라의 말씀을 전하고 유일신 알라를 섬기라고 인도하며 사람들에게 윤리와 미덕을 가르치는 것이다. 이러한 사명을 받은 6명의 선지자들이 있는데, 그들은 아브라함, 모세, 다윗, 솔로몬, 예수, 무함마드이다.

이들은 모두 아담의 자손들이다. 또한 그중에는 여성 예언자도 있는데, 예언자의 언행록에 의하면, 예수의 모친 마리아, 모세의 모친, 파라오의 딸 아시야, 무함마드의 아내 카디자와 그의 딸인 파티마가 여성 예언자이다.[20]

이들도 시장을 걷고 음식을 먹고(꾸란 25:20)[21] 병에 걸리고 세상을 떠났다. 이슬람에서 무함마드는 최후의 예언자이다(꾸란 33:40)[22]. 이슬람 학자들은 사도들 모두 주님으로부터 계시를 받았다는 점을 확증하며 죄를 저지르지 않았다는 점에 동의한다.

꾸란에 나타난 무함마드는 평범한 사람이다. 무함마드를 선지자라고 말하지만 기적을 일으켰던 일도 전혀 없다(꾸란 6:37). 또한 무함마드에게는 특별한 직책도 없다. 이슬람에서는 무함마드를 완벽한 사람인 것처럼 말하지만, 꾸란을 살펴보면 무함마드는 평범한 사람일 뿐이다. 무함마드는 평범한 인간이고 죄인이었다(꾸란 47:19; 48:2). 알라는 무함마드에게 회개하라고 요구했고 그도 용서를 구하였다.[23] 이슬람에서 무함마드는 다만 모든 선지자들 가운데 최후의 예언자일 뿐이다(꾸란 33:40)[24].

그런데 꾸란의 내용과는 다르게 실제로 이슬람에서 무함마드의 위상은 예수를 능가한다. 이슬람은 꾸란 외에 하디스(Hadith)를 따른다. 하디스는 무함마드의 언행록으로서 무함마드가 생전에 말했던 것과 그의 행동을 기록한 것이다. 하디스는 순나(Sunnah, 관행)라고도 부르는데, 알라가 무함마드의 언어와 행동을 무슬림들에게 모델로 준 것이라고 생각한다. 그래서 꾸란에 이어 하디스를 제2의 경전으로 생각한다.

하디스 가운데 가장 권위 있는 것은 무함마드가 죽은 지 200년이 지나서 사히 부카리(Sahih-Al-Bukhari)에 의하여 수집된 하디스이다. 이슬람 권위자들은 꾸란보다 하디스를 더 따를 때가 있다. 심지어 하디스의 가르침은 꾸란의 가르침을 대신할 수 있다. 예를 들면 꾸란 4:15-16은 간음죄를 범한 사람은 죽을 때까지 감금시키라고 한다. 그리고 꾸란 24:2은 "간통한 여자와 남자 각각에게는 백 대의 가죽 태형이라"고 한다.

꾸란은 어디에도 성적인 죄를 저지른 사람들에게 돌을 던져서 처벌할 것을 전혀 말하지 않는다. 그러나 무함마드와 그의 제자들은 이런 과격한 형벌을 실행하였다. 지금도 이슬람 국가에서는 대중들 앞에서 돌을 던져서 간음한 여자를 죽이는 형벌을 실행하고 있다.

이것은 하디스 8:816에 근거하고 있다.

"우리는 돌로 쳐서 죽이는 것에 대한 내용을 꾸란에서 찾지 않는다. ……
보라! 나는 라잠(Rajam, 돌로 치는 것)의 형벌을 불법적인 성관계를 가진 자에게 주노라…… 알라의 사도는 라잠의 형벌을 시행했다. 따라서 무함마드 이후에 우리도 그렇게 했다."

비록 무함마드는 약 1,400년 전에 죽었지만 무함마드의 행동과 언행은 여전히 16억 무슬림들에게 엄격한 길잡이가 되고 있다.[25] 꾸란은 이를 지지하고 있다.

"진실로 너희에게 알라께서 보내신 선지자의 훌륭한 모범이 있거늘 이는 알라와 내세와 알라를 염원하는 것을 원하는 자를 위해서이니라"(꾸란 33:21).

남아프리카 무슬림 신학자들의 종교회의에 따르면, 하디스는 꾸란의 모호한 구절에 대한 현명한 해석이라고 한다. 그들은 "무함마드의 언행록(하디스)이 없으면 여전히 이해하기 어려운 꾸란의 많은 구절은 무슬림들에게 선지자 무함마드의 모든 언행을 따르도록 명령하고 있다. 그러므로 어떤 이가 신성한 꾸란을 믿는다고 한다면, 그는 꾸란과 하디스 둘 중에 하나를 택하는 것이 아니라 선지자 무함마드의 하디스를 받아들이는 것이다."[26] 라고 말했다. 꾸란과 하디스는 무함마드의 언행록이다. 이슬람에서는 무함마드의 생애를 높이고 있으며, 그의 언행록인 하디스는 꾸란의 규범이 되었다.

5) 마지막 날에 대한 믿음

이슬람에 의하면 죽으면 부활이 있기까지 무덤의 세계, 즉 '바르자크'(Barzakh)로 들어간다.[27] 이슬람학자 이븐 알 카임에 의하면, 바르자크란 현세의 삶 이후 부활하기 전까지의 상태를 말한다. 바르자그 세계에서는 죽은 영혼들이 서로 만난다. 하디스에 의하면 인간이 사망하면 두 명의 천사가 먼저 "너의 종교가 무엇인가?"라고 물어본다. 이슬람이라고 대답하면 이어서 무함마드에 대한 그의 의견을 물어본다. 만일 그가 무함마드는 알라의 사도이며 선지자라고 답하면 그다음에 "너에게 보내진 경전(꾸란)에 대하여 말해보라."고 한다. 그러면 "나는 그것을 읽고 믿습니다."라고 말하면 그는 천국으로 올라갈 것이다.

무덤은 천국의 정원이 되기도 하고 지옥의 구멍이 되기도 한다.[28] 바르자크 세계의 법에 따라서 무덤은 죽은 자에게 축복이 될 수도 있고 고통이 될 수도 있다. 무덤에서의 기쁨은 천국의 기쁨과 유사하며, 무덤에서의 고통은 지옥의 고통과 비슷하다. 또한 그 이후에 부활의 날과 심판의 날이 있다.

이슬람의 천국(Jannah)이란 알라를 믿었던 신앙인을 위하여 준비하여 둔 곳이다. 그곳은 말과 글로 표현할 수 없는 온갖 종류의 축복이 있는 곳이다. 천국에는 100단계가 있다. 알라에 대한 믿음과 복종의 정도에 따라 신앙인이 사는 곳이 다르다. 천국에서 가장 낮은 단계의 축복이라 할지라도 이 세상의 왕들이 사는 왕국의 10배에 해당된다.

반면에 이슬람을 안 믿는 자들은 불지옥으로 가게 될 것이다. 알라를 부정하는 자들에게는 가공할 만한 징벌이 준비되어 있는 곳이다.[29] 최후의 심판 때 자신이 구원을 받게 될지는 알라만이 알고 있다고 고백하지만, 지옥에 가더라도 잠시 머무르다 천국으로 옮겨질 것이라는 소망을 가지고 있다.[30]

최후의 심판 때, 알라는 그 사람의 행위에 따라서 심판한다. 라킵 천사는 사람이 태어나는 순간부터 죽는 순간까지 줄곧 그 사람의 오른편 어깨

위에 앉아 그 사람의 착한 생각과 그가 일생 동안 실천하는 선행을 기록하고, 아티드 천사는 왼쪽 어깨 위에 앉아 그의 나쁜 생각과 그가 저지른 악행을 기록한다.[31] "그(인간)가 말할 때마다 함께 있던 그(천사)에 의하여 감시되고 기록되며"(꾸란 50:18), 인간의 모든 행위는 한 권의 책으로 기록되어 부활의 날에 그 인간에게 주어진다.[32]

알라만을 경배하고 알라의 사도를 따른 자는 그의 심판이 쉬울 것이며, 알라와 대등한 존재를 두고 죄를 지은 자는 그의 심판이 어려울 것이라고 한다. 인간의 행위는 저울 위에 놓이는데, 선행의 접시가 악행의 접시보다 무거우면 그는 천국의 거주자가 되며, 악행의 접시가 선행의 접시보다 무거우면 그는 지옥의 거주자가 될 것이다.[33] 이에 대하여 꾸란에는 다음과 같이 기록되어 있다.

"알라는 심판의 날 공정한 저울을 준비하나니 어느 누구도 불공평한 대우를 받지 않도록 함이라 비록 겨자씨만한 무게일지라도 그분은 그것을 드러내 계산하리니 계산은 알라만으로 충분하니라"(꾸란 21:47).

심판에 대한 주제는 꾸란에서 매우 중요한 주제인데, 꾸란 전체 구절의 14%나 되는 구절이 마지막 날의 심판에 대한 기록들이다.[34]

이슬람은 기독교처럼 죽음 후의 중간상태, 부활, 최후의 심판, 천국과 지옥의 교리를 가지고 있다. 그러나 이슬람은 기독교의 종말 교리를 이슬람적으로 왜곡하고 있다. 이슬람은 죽은 자에게 4가지 시험 질문이 제시된다고 가르친다. "너의 신은 누구냐? 너의 선지자는 누구냐? 너의 종교는 무엇이냐? 너의 성지(Kibla)는 어디냐?" 그래서 죽어가는 자에게 이에 상응하는 대답인 알라, 무함마드, 이슬람, 메카를 귀에 쉼 없이 말해준다.[35]

알라가 구름을 타고 내려와 최후의 심판을 할 때 사람들은 곤경 속에서 중보 기도자를 찾는다. 그러나 유대교의 선지자인 아담, 노아, 아브라함, 모세, 기독교의 선지자인 예수 자신도 중보 기도자가 되기를 거절하나 오로지 무함마드만이 인간을 위해 중보하는 허가를 받는다. 무함마드는 지옥에 있는 사람들을 중재를 통하여 천국으로 가게 할 것이다.[36]

최후의 심판은 어느 누구도 예외 없으며, 선지자들이나 예수조차도 예외 없다. 오로지 무함마드만이 이미 낙원에 있기 때문에 최후 심판에 서지 않는다. 이슬람의 낙원은 황금으로 가득 차 있으며 눈을 내리감고 커다란 눈을 가진 아리따운 순결한 여성이 가득 차 있다. 청순한 아내를 얻어 가정을 이루고 성생활을 한다. 그러나 자녀에 대한 언급은 없다. 이것은 낙원이 쾌락의 극치를 추구하고 있다는 것을 보여준다.

이러한 이슬람의 종말론은 기독교의 종말론을 왜곡하고 있으며, 신약성경의 종말 메시지에 모순되고 있다. 꾸란에 의하면, 알라의 심판대에서 어느 누구도 다른 사람을 위한 중보자가 존재하지 않는다. 모든 사람은 자기 자신을 위하여 거룩한 자에게 용서를 간구해야 한다고 선언한다. 그래서 이슬람은 대속과 속죄를 위한 희생의 가능성을 배제하고 있다. 알라는 죄를 용서하기 위하여 중보자나 피의 희생이나 어린 양이나 대속자를 필요로 하지 않는다. 무슬림들은 스스로 옳게 여기고 그들의 의를 스스로 쌓을 수 있다고 생각한다. 선행만이 그들의 악행을 제거해 준다. 무슬림들은 율법적인 요구를 완성하면 구원에 이른다고 생각한다.[37]

천국 또는 낙원은 기독교와 이슬람에 있어서 둘 다 존재한다. 그러나 거주하는 천국의 개념은 상당히 다르다. 기독교는 하나님과 예수님이 거주하시는 장소로서 천국을 바라본다. 또한 우리가 그리스도와 유사하게 변화할 장소로 본다. 여성과 남성이 구별되지 않으며, 배고픔과 목마름도 없을 것이며, 우리의 목적인 거룩하신 하나님을 예배하는 장소로 묘사되어 있다. 이슬람의 천국에 대한 전체적인 개념은 관능적이며, 세속적이다. 기독교의 천국 가르침과는 전적으로 다르다. 거룩한 하나님에 대한 개념은 존재하지 않고 세속적인 쾌락에 대한 기상천외한 해석과 관련되어 있다.[38]

6) 운명에 대한 믿음

운명론이란 지금 무슨 일이 벌어지고 있으며, 내일 어떤 일이 발생할 것인지 알라가 모두 알고 있다는 것이다. 인간의 상황과 언행의 모든 것, 생명의 기간과 운명도 알라가 모두 다 알고 있다는 것을 믿는 것이다.

"실로 알라는 모든 것을 아시는 분이라"(꾸란 29:62).

"보이지 않는 것들의 열쇠들이 그분께 있나니 그분 외에는 아무도 그것을 알지 못하리라. 그 분은 땅위에 있는 것과 바다에 있는 모든 것을 알고 계시며 떨어지는 나뭇잎도 대지의 어둠 속에 있는 곡식 한 알도 싱싱한 것과 마른 것도 그분께서 모르시는 것이 없으니 그것은 성서에 기록되어 있노라"(꾸란 6:59).

"하늘과 땅속에 있는 모든 것을 알라는 알고 계심을 너희는 모르느뇨? 그것은 성서에 있으니 실로 그것은 알라께 쉬운 일이라"(꾸란 22:70).

알라는 자신이 창조한 모든 것에 운명과 숙명을 결정해 두었다.

"알라는 조화로 모든 것을 창조하였으니"(꾸란 54:49).

"지상에서 일어나는 재난과 너희에게 일어나는 모든 것은 내가 그것을 드러내기 전에 이미 기록되어 있는 것이니라……"(꾸란 57:22).[39]

심지어 알라는 사람을 방황하게도 한다. 꾸란에는 알라가 자신이 선택한 사람을 구원으로 이끌지 않도록 결정할 수 있다고 말한다(꾸란 16:93; 13:27; 25:9). 알라에 의해 구원으로부터 멀어진 사람을 누구도 바른 길로 인도하려고 해서는 안 된다고 말하며 다음과 같이 질문한다.

"알라가 방황케 한 그를 구하려 하느뇨 알라께서 방황케 한 그를 위해 그대는 방법을 찾지 못하리라"(꾸란 4:88). 그리고 이에 대하여 분명하게 답을 준다. "……알라는 그분의 뜻에 따라 방황케 하시고 그분의 뜻에 따라 인도하시니 그 분은 권능과 지혜로 충만하심이라"(꾸란 14:4).

이슬람에서 심판의 날과 밀접한 관계가 있는 것이 운명론이다. 꾸란은 인간의 운명이 모두 결정되어 있다고 한다. 알라가 결정하고 인간이 수락하는 것이다. '이슬람'은 알라의 뜻에 복종하는 것을 의미한다.

'무슬림'은 이슬람의 제4분사형으로서 복종의 행위를 취하는 사람을 의미한다. 모든 것은 알라에 대한 복종을 뜻하고 여기에는 선과 악도 포함된다. 그리고 한 사람이 이슬람을 믿거나 믿지 않는 것도 이미 결정되어 있다고 믿는다. 자유의지 혹은 개인의 선택과 같은 개념은 결정론적인 이슬람에서는 볼 수 없는 내용들이다. 이에 대한 좋은 예가 아담의 타락이다. 왜 아담과 이브가 타락했느냐는 질문에 대하여, 알라가 그들을 그렇게 만들었다고 대답할 때 잘 나타난다.

　죄도 미리 정해져 있는 것이다. 이는 한 개인의 도덕적 책임을 제거한다. 따라서 이슬람 사회가 매우 종교적이지만, 한편에는 이슬람 문화 안에 왜 타락한 문화가 존재하는지에 대한 설명이 된다. 만일 죄의 문제가 도덕적 선택에 의한 것이 아니고 알라의 결정이라면, 개인은 자신의 행동에 책임질 필요가 없는 것이다.

　이슬람에서 이슬람력 8번째 달 15일은 알라에 의하여 그해의 모든 운명이 결정되는 날이라고 믿는다. 이러한 숙명론적인 그들의 사고 방식으로 인해, 우리는 왜 무슬림들이 항상 "인샬라"(Inshallah, 알라의 뜻이라면)[40]라고 말하는지 알 수 있다.[41]

　알라의 절대적 존엄성이 강조되고 있으며, 이것은 기독교에서처럼 인간으로 하여금 하나님의 주권에 대하여 찬양하도록 하는 것이 아니다. 다만 모든 것이 알라의 의지에 의하여 미리 정해지고, 무슬림은 그것에 절대 복종해야 하는 것이다. 이에 반하여 기독교의 예정론은 운명론이 아니라 인간의 역사적 행위와 책임을 강조하고 있으며, 하나님의 섭리와 주권에 대한 찬양을 강조한다. 그것은 인간의 역사적 행위를 자유롭게 허용하면서 신비롭게 그분의 뜻을 이루시는 하나님의 오묘한 섭리와 주권에 대한 찬양으로 나아가게 한다.[42]

2. 이슬람의 다섯 가지 의무 — 5행(行)

1) 신앙고백(Shahada)

무슬림들은 "알라 이외에 어떤 신(神)도 존재하지 않으며, 무함마드는 알라의 사도다."('La illaha illa Allah Muhammad rasul Allah;' 라일 엘라 알라 부함마드 라쑬 알라)라는 신앙고백을 한다. 알라(Allah)만이 유일한 신이라고 고백하는 것이다. 그리고 이 신앙고백(Shahada)은 이슬람 교인들이 죽음에 직면하여 마지막으로 하는 말이 된다. 이것은 이슬람 신학의 근본이며, 무슬림들의 도덕적 규범이기도 하다. 알라만을 경배하고 그 밖의 모든 신을 부정한다는 뜻이다.

하지만 다음의 두 가지가 선행되지 않으면, 그들의 신앙고백은 아무런 효력이 없다. 첫째는 믿음의 지식과 확신으로 신앙고백을 해야 하며, 둘째는 알라 이외에 경배 대상이 아무도 없다는 것을 확신하는 것이다. 만일 신앙고백을 하는 자가 경배의 대상자로서 알라 이외에 다른 것들을 부정하지 않는다면, 그의 신앙고백은 아무런 효력이 없다.

또한 "무함마드는 알라의 사도다."라고 선언하는 것은 그가 촉구한 것에 순응하고 그가 전한 모든 것을 확신하고, 그가 금기하거나 경고한 것은 피하며, 그가 재정한 규범을 따라서 알라를 경배한다는 뜻이다. 또한 무함마드는 경배의 대상이 아닌 한 인간이며, 그에게 순응하고 따라야 한다는 내용이 포함되어 있다. 무함마드에게 순응하는 자는 누구든지 천국에 들어갈 것이요 그를 거역하는 자는 지옥에 들어간다는 뜻도 있다. 또 명심해서 알아야 할 것은 알라가 명령한 경배의식, 믿음, 법과 규범의 제정, 윤리와 도덕, 가족체계, 법 제정, 금기 등 제반 사항에 대한 교리 적용도 무함마드의 가르침에 따라 이루어져야 한다는 의미도 들어 있다. 왜냐하면 무함마드가 알라의 법을 인간에게 전한 사도이기 때문이다.[43]

"알라 외에 신이 없다."는 고백을 강조하는 이유는 그것이 기독교의 핵심적인 교리인 예수 그리스도의 주님되심을 부정하는 대전제가 되기 때문이다. 이것을 고백하기 전에는 무슬림으로 인정할 수 없다는 것이 그들의 핵심교리이다.

꾸란에서는 거듭거듭 기독교인들을 정죄하고 있는데, 그중에는 기독교인들이 이싸(예수)를 알라와 동등한 자리에 놓고 섬긴다는 죄목을 거론하고 있다.[44] 그러면서 이것은 인간이 저지를 수 있는 죄 중에서 가장 사악한 죄, 쉬르크(Shirk)라고 정죄한다. '쉬르크'(Shirk)란 아랍어로 '대등하다'란 의미인데, 꾸란의 '쉬르크'란 어떤 것을 알라와 대등하게 두고 이를 경배하는 행위를 말한다. 이슬람에서 가장 강력하게 경계하는 것 중의 하나가 알라와 어떤 것을 대등하게 두는 행위이다. 이슬람은 이 행위를 가장 사악한 죄로 여긴다.

2) 기도(Salat)

기도는 이슬람을 지탱하고 있는 두 번째 골격이며 기둥이다. 하루에 다섯 번씩 기도를 하는데, 매 기도마다 믿음이 새로워지고 마음과 영혼이 정화되고 순환된다고 믿는다. 꾸란은 하루에 세 번 즉 아침, 점심, 저녁에 기도하라고 가르친다. 하지만 무함마드는 하루에 다섯 번씩 기도하라고 했기 때문에, 그가 사망한 이후에 하루 다섯 번 기도하는 것이 관습이 되었다. 그리고 기도할 때 하는 관습 또한 꾸란에서 나온 것이 아니다. 이는 무함마드의 전통에서

| 이집트 무슬림들이 기도시간에 맞춰서 거리에서 기도하고 있다.

유래한 것이다. 의무적인 기도 시간은 다음과 같다.

- 해 뜨기 바로 전 새벽(Fajr)
- 해 뜨고 정오가 되기 전(Zuhr)
- 오후 중반(Asr)
- 해가 지고 나서 바로(Magrib)
- 일몰 후(Isha)

회중기도의 경우에 모스크 꼭대기에서 기도시간을 알리는 사람(muezzin)이 있다. 기도 시간을 알릴 때, 사용하는 내용은 다음과 같다.

"알라는 가장 위대하다. 나는 알라 외에 경배 받을 존재가 없음을 증언한다. 나는 무함마드가 알라의 사도임을 증언한다. 어서 예배드리러 오라. 어서 성공하러 오라. 알라는 가장 위대하다."

기도하기 위해서는 무릎을 꿇고 이마를 땅에 댈 수 있도록 공간이 필요하다. 신발을 벗고 기도하는 방향은 메카의 카바 신전이어야 한다(꾸란 2:149).[45] 무함마드는 처음에는 예루살렘을 향하여 기도하였으며, 다른 무슬림들도 그렇게 하였다. 그러나 A.D. 624년에 기도 방향을 메카의 카바 신전으로 바꾸었다.[46]

의무적인 기도는 어느 곳에서든지 가능하다. 따라서 무슬림들은 기도 시간이 되면 개인용 매트를 깔고 기도한다. 시대가 발달함에 따라서 자신의 위치에서 나침판으로 메카를 향하여 자리 잡고 기도한다.

기도하기 전에는 세정의식(wadu)을 한다. 얼굴을 씻고 특히 입, 코, 귀와 같은 구멍과 손부터 발까지 그리고 발부터 발목까지 씻어야 한다. 신체 전체(ghusl)를 닦는 것은 성관계 이후나 여성의 월경 이후에 하는 것이다. 만일 물이 없는 상황이라면 모래로 씻는 것도 무방하다.

기도는 처음에 침묵으로 시작한다. 그리고 단축된 고백인 "알라는 위대하다"를 반복한다. 그 후 꾸란 구절을 낭독하고 엎드린 후에, 다른 꾸란 구절을 낭독하고 개인적인 기도를 한다. 자발적인 기도(du'a)는 언제든지 할 수 있다. 회중기도는 남자들을 위한 기도이지만, 일부 사원에서는 기도하고 싶어 하는 여성들을 위하여 칸막이를 설치하고 진행하기도 한다.[47]

이슬람 공동체의 지도자는 이맘(Imam)이다. 그의 역할은 합동기도 때 큰 소리로 기도를 시작하는 것이다. 그러면 모두가 그 말을 복창하며 행동을 취한다. 매주 금요일마다 남성들은 정오에 기도를 하고, 이맘으로부터 설교를 듣는다. 무슬림들은 눈을 뜨고 정확하게 일렬로 줄을 맞춰서 기도한다.

하디스에 의하면, 만약 기도하는 동안에 개나 당나귀, 여자가 그 앞으로 지나가게 되면 그 기도는 무효가 된다. 여성들이 기도에 참여한다고 해도 여성들에게는 제한이 있다. 월경기에는 이슬람 사원에 들어갈 수 없다. 어린 여성들이 이슬람 사원에 들어가는 것을 반대한다. 왜냐하면 불결한 상태에서 부주의하게 들어갈 수도 있기 때문이다. 이슬람 사원에서 하는 합동기도는 중요하다. 무함마드는 "깨끗이 씻고 이슬람 사원에서 하는 기도의 상급은 집에서 하는 기도보다 27배나 많다.[48] 또한 이슬람 사원으로 기도하러 가는 모든 발걸음마다 죄에 대한 기록들이 하나씩 제거되며 그가 받는 보상은 한 단계 많아질 것이다."라고 하였다.

3) 구제금(Zakat)

구제금은 이슬람을 지탱하고 있는 세 번째 기둥이다. 부유한 무슬림은 그의 재산에서 이슬람세 즉 구제금을 납부해야 한다. 가난한 사람, 불우한 사람 등 혜택을 받아야 할 사람들을 위한 몫으로 기꺼이 구제금을 내야 한다. 구제금은 축복을 가져다준다. 가난한 사람과 불우한 사람과 필요로 하는 사람들의 마음을 기쁘게 해준다.[49] 구제를 뜻하는 아랍어 자카트(Zakat)는 '정화' 혹은 '성장'을 뜻한다. 이는 재산의 일부를 구제를 목적으로 나눔으로써 한 사람이 가진 재산을 정화시키는 행동이다(꾸란 2:43, 110, 112, 277; 4:162; 5:58).

이집트 무슬림들이 모스크를 건축하기 위하여 기부금(Sadaqa)를 걷고 있는 모습

무슬림은 구제금으로 자신의 수입 2.5%를 내야 한다. 이는 원래의 재산과 일 년 동안의 수입에 부과되는 것이다. 어떤 사람이 1,000만 원을 1년 동안 가지고 있었다면, 그것의 2.5%에 해당하는 25만 원을 구제금으로 내야 한다. 그리고 남은 재산인 975만 원을 1년 동안 또 가지고 있게 된다면, 그것의 2.5%에 해당하는 약 24만 원 정도를 또 구제금으로 내야 하는 것이다. 한마디로 말하자면 1년 이상 묵힌 재산의 2.5%를 내는 것이다. 그러나 매달 월급을 받아 생활비로 쓰는 돈은 구제금에 해당하지 않으며, 결혼 선물로 남편에게 준 것이나 남이 선물로 준 것도 구제금에 해당되지 않는다.[50] 상품이나 현금일 경우는 2.5%이며, 땅에서 재배되는 과실일 경우에는 10%가 일반적인 관례이다.[51]

구제금은 과부, 고아, 병든 자, 불행한 사람들 그리고 이슬람을 전파하는 데 사용된다. 그리고 메카의 성지순례를 하는 사람을 위하여 사용된다. 구제금(Zakat)은 이슬람 사원을 짓거나, 장례식, 사망한 사람의 빚을 갚는 것, 혹은 가족 중에 위급한 사람을 위해서 사용되어서는 안 된다. 만일 한

사람이 자신의 재산에 맞먹는 빚이나 그 이상이 있으면, 구제금(Zakat)을 안 내도 된다. 그리고 부동산이나 집, 옷, 책 등은 구제금에서 제외된다. 이렇듯 구제금을 내는 일은 모든 무슬림의 의무이다. 그러나 무슬림의 가장 큰 명절인 이드 알아드하(희생절)에는 구제금을 내지 않는다. 이슬람 희생절에는 양 한 마리를 잡아 3분의 1은 자신의 가족에게, 3분의 1은 이웃에게, 3분의 1은 가난한 사람에게 나누도록 되어 있다.[52]

구제금은 원래 무슬림 공동체에서 가난한 자에 대한 실천적인 선행이었다. 하지만 처음에는 개인의 자유의지로 내던 공물의 성격이 후기에는 점차 의무적인 규정으로 변질되었다. 구제금은 이슬람 사원에서 받지 않는다. 지정된 사람이 걷거나 기증자가 직접 기증하는 방식으로 모았다.

종종 이슬람 정부는 국가 경제를 일으킬 수 있는 목적으로 구제금을 사용하기도 한다. 예를 들어서 파키스탄 정부는 수입에 2.5%의 세금을 부과하기도 하였다. 방글라데시 정부는 한 사람이 하루에 필요한 곡물에 대한 추가 부담금을 부과하기도 했다.

물론 자발적인 기부(Sadaqa)는 언제든지 할 수 있다(꾸란 2:263). 꾸란은 자발적인 기부에 대한 사용처도 명시하고 있다.[53] 자발적인 기부는 천국에 들어가는 데 도움이 된다. 만일 구제를 하지 않는다면, 알라는 그의 복을 보류해둔다. 하디스에 의하면, 무함마드는 "너의 돈 가방을 닫아두지 말라. 만약 그렇지 않으면 알라 역시 너에게 복을 주지 않을 것이다. 알라의 목적을 위하여 네가 할 수 있는 한 많이 베풀어라."고 말하였다.

하지만 구제금을 받는데 익숙한 종교는 구걸하는 사람을 양산해 내기도 한다. 실제로 중동에서 구걸하는 사람에게 구제를 했을 때, 그들은 감사하다는 말을 하지 않는다. 그 이유는 알라가 준 것이기 때문이고 구제하는 사람이 알라에게 복을 받도록 도와준 것이기 때문에 오히려 구제하는 사

람이 감사해야 한다는 것이다.[54]

4) 금식(Saum)

이슬람에서의 금식은 알라를 경배할 목적으로, 지평선에 희미한 빛줄기가 보일 때부터 해가 질 때까지 먹을 것과 마실 것, 성적인 쾌락 등 단식을 방해하는 모든 원인을 피하는 것이다. 이슬람력으로 9월인 라마단 달은 가장 많은 축복이 내리는 달이다. 무함마드에 의하면, 라마단 달이 시작되면 천국의 문들이 열리고 지옥의 문들이 닫히며 사탄은 사슬에 묶이게 된다. 라마단 달에 금식을 하고 밤에 예배를 드리면, 이전에 저질렀던 죄가 용서를 받는다고 한다. 라마단 달이 중요한 이유는 바로 꾸란이 라마단 달에 계시되었기 때문이다. 따라서 라마단 달에 금식을 하라는 명령은 꾸란에서 시작된다.

"사람을 위한 복음으로 그리고 옳고 그름의 기준으로 라마단 달에 꾸란이 계시되었나니 그달에 임하는 너희 모두는 단식을 하라"(꾸란 2:185).[55]

특별히 라마단 달 가운데 27일째 되는 밤은 '라일라툴-까드르'(능력의 밤)라고 하는데, 꾸란의 첫 계시가 임했던 밤이다.
이때의 기도는 죄를 용서받을 수 있기 때문에 많은 무슬림들이 기도에 참여한다.[56] 금식하는 것은 모든 건전한 정신을 가지고 있는 사춘기 이상의 무슬림들에게 의무적인 것이다. 하지만 예외도 존재한다. 전쟁에 참여한 군인, 여행자, 어린이, 노약자 혹은 건강이 좋지 않은 사람, 월경 혹은 임신 중인 여성 노동자들은 잠시 동안 라마단 금식에 참여하지 않아도 된다. 그러나 금식하지 못한 기간만큼 금식을 채워야 한다.

정당한 이유 없이 금식을 깬 자는 자신이 저지른 커다란 죄와 창조주에 대한 거역 행위에 대하여 알라에게 용서를 구해야 한다. 그리고 금식을 깬 날수만큼 추가 금식으로 메꾸어야 한다. 다만 성행위로 금식을 깬 자는 그 날의 금식을 메꾸는 동시에 자신이 저지른 죄에 대한 참회로서 두 달 연속 금식을 실시해야 한다. 그렇게 할 수 없을 경우에는 60명의 불우한 자들에게 음식을 베풀어야 한다.

금식하는 동안 어떤 것도 먹을 수 없다. 엄격한 사람은 심지어 침도 삼키지 않는다. 음식, 물, 흡연, 약물 복용, 사교, 향수를 바르는 것이나 성행위도 금지된다. 추가적으로 도박, 음담패설, 분노, 여자의 화장 등도 금지된다. 그리고 해가 지자마자 친구, 이웃, 가족들이 모여서 식사를 한다. 이 시간은 하루 종일 굶었던 사람들에게 안도의 시간이다. 무슬림 여성들은 음식을 준비하고 또 늦은 시간까지 음식을 먹는다.

라마단 기간 동안에 이슬람 설교자들은 무슬림들의 신앙을 고취시키기 위하여 마을과 이슬람 사원을 다니면서 종교적 중요성이 담긴 설교를 한다. 또한 무슬림들을 독려하여 꾸란 전체를 읽도록 격려한다. 만일 이 기간 안에 꾸란을 모두 읽으면 더 많은 축복이 임할 것으로 믿는다. 이로 인하여 평소에 독실하지 않았던 무슬림들이 이 기간에 독실하게 되는 경우가 많다.

금식의 목적은 개인의 육체적 욕구를 거부하고 열정을 불러일으켜 꾸란을 탐구하고 알라를 더욱 깊이 알아가기 위함이다. 그리고 이 기간 안에 이슬람의 더 넓은 목적이 달성된다. 즉 이슬람 세계가 같이 금식함으로서 형제애를 느끼고 알라 앞에서 평등하다는 생각을 가진다. 라마단 금식을 지킨 결과로써 많은 무슬림들의 믿음은 더욱 열정적이 된다. 따라서 이슬람 국가 안에 살고 있는 기독교인들은 종종 이 기간 동안에 박해를 받는다.

이슬람에서 자발적으로 금식할 수 있는 기간도 있다. 이슬람력으로 1월인 무하람(Muharram) 달의 10일 날이다. 바로의 손에서 무사(모세)를 구출한 날을 기념하기 위하여 자발적으로 금식을 할 수 있다.

이슬람력 9월 라마단 금식은 새로운 달의 시작과 함께 끝이 난다. 이때부터 이드 알-피트르(Eid al-Fitr) 축제가 시작된다. 라마단 금식을 무사히 마치고 기쁨을 선사하는 날로서 많은 음식이 준비되고 가난한 자들에게는 선물이 주어지고 어린아이들은 새 옷을 입는다.[57]

5) 성지순례

성지순례란 메카에 있는 알라의 집을 방문하여 의식을 행하는 것이다. 순례는 몸과 정신이 건전하고 순례할 나이가 된 자로 능력이 있는 모든 무슬림의 의무사항이다(꾸란 2:196-203; 22:26-33). 신체적으로 건강해야 하고 메카를 오갈 수 있는 왕복 여비와 그곳 체류 비용을 감당할 수 있는 능력이 있어야 한다. 가족의 주거비와 생활비도 충분해야 한다. 메카로 가는 여정이 안전해야 하고 집을 비우는 동안 가족이 안전해야 한다. 이처럼 능력과 조건을 갖춘 무슬림은 일생에 한 번은 반드시 메카로 순례를 떠나야 한다.[58]

그러나 건강이 허락하지 않거나 나이가 들어서 자신이 순례를 하지 못하는데, 경제저인 지출이 가능하면 타인을 통해서 순례를 대신할 수 있다. 또한 직접 순례를 할 수 없거나 능력이 없을 때, 예를 들어서 가족 부양을 위한 기본적인 재산 이외에 추가적인 여력이 없는 사람은 순례가 의무가 아니다.

순례 기간의 대부분 의식은 이슬람력 12월 둘힛자(Dhul Hijjah) 8일부터 13일 사이에 집중되어 있다. 메카의 카바 신전은 아담과 이브가 알라를 경배했던 곳이며, 이후에 알라의 명령을 받은 이브라힘(아브라함)과 이스마일(이스마엘)이 카바 신전을 건축하였으며(꾸란 2:127), 여러 번의 재건축과정을 거쳐서 메카의 부족들이 카바 신전의 검은 돌(黑石, 운석으로 추정됨)을 놓을 때 무함마드가 그들과 함께하였다. 맨 처음 메카로 성지순례를 하라고 명령한 것은 이브라힘(아브라함)이었다(꾸란 22:27).

하디스에 의하면, 무함마드는 "나의 사원(메디나의 선지자 사원)에서 예배를 드리는 것은 다른 사원에서 드리는 것보다 천 배나 더 좋다. 그러나 하람 사원(메카)에서 드리는 예배는 다른 사원에서 드리는 예배보다 십만 배나 더 좋다."고 하였다. 이곳은 무함마드가 최초의 무슬림이 된 곳이다(꾸란 27:91).[59]

순례자는 '이자르'(Izar)라는 하얀 천의 순례복을 위에 두르고, '리다아'(Ridaa)라는 하얀 천으로 아래를 가린다. 순례자 모두가 동일한 의식으로 알라만을 경배한다. 여성의 성지순례는 의무가 아니다. 하지만 여성이 성지순례를 하려면, '마흐람'(mahram)이라고 불리는 보호자가 동행을 해야만 한다. '마흐람'은 남편이나 결혼이 불가능한 남성, 예를 들어서 아버지나 아들, 손자, 친형제나 친형제의 아들, 삼촌이나 외삼촌 등이다. 여성의 순례 복장은 남성과 다르게 온몸 전체를 가려야 한다.

순례자들이 카바 신전에 도착하면 카바 신전을 시계 반대 방향으로 일곱 번 돌아야 한다. 무함마드 이전에 이교도의 방식은 시계 방향으로 일곱 번 도는 것이다. 순례자들은 카바를 도는 도중에 검은 돌에 입맞춤을 하기 위하여 시도한다. '싸파'(Safa), '마르와'(Marwa)라고 불리우는 두 언덕과 '아라파트'(Arafat) 언덕을 행진한다. 그리고 시탄을 뜻하는 돌기둥에 조약돌을 던진 후에 카바 주위를 여행하고, 10일에는 죄를 고백하고 미나(Mina) 협곡에서 제물을 바친다. 제물에서 나온 고기는 3분의 1은 자기가 먹고, 3분의 1은 선물로 주며, 3분의 1은 가난한 자들에게 준다. 이것이 이슬람의 두 번째 축제인 이드 알 아드하(Eid al-Adhar) 축제이다. 그리고 마지막에 삭발을 한다.

메카를 떠나는 많은 순례자들은 하갈과 이스마엘과 관련된 잠잠(Zamzam) 우물의 성수를 떠가지고 간다. 순례객 중의 일부는 메디나에 있는 무함마드가 최초로 지었던 '선지자 사원'과 무함마드의 무덤을 보러 간다.

무슬림들은 자신의 의무적인 행동을 함으로써 구원을 받을 수 있다고 생각한다. 그들은 구원을 위하여 신과 단절된 관계를 회복하려고 하지 않는다. 신은 인간과 너무 다르기 때문에 접근할 수도 없고 알 수도 없는 존재이다. 따라서 인간은 어떤 경우라도 신과 관계를 맺는 것이 불가능하다. 기독교인은 죄의 상태로부터 구원을 찾는다. 하지만 무슬림들에게 구원은 죄에 대한 처벌과 심판으로부터 탈출하는 것이다(꾸란 78:31-40). 야고보서는 "누구든지 온 율법을 지키다가 그 하나를 범하면 모두 범한 자가 되나니"(약 2:10)라고 말한다.

호주 플린더스(Flinders) 대학교의 리아즈 하산(Riaz Hassan) 교수는 '무슬림들 대다수에게 알라는 두려운 존재'[60]라고 언급했다. 많은 무슬림들의 두려움 혹은 불확실한 구원으로 인하여 그들의 율법은 더욱 세심해지고 더욱 종교적으로 변한다. 꾸란에 의하면, 구원을 받는 데 있어서 행함은 중요하다.

"그 때 선행이 많았던 자들은 번성할 것이며 그의 저울이 가벼운 자들은

2장 이슬람은 무엇을 믿는가 / 81

그들의 영혼을 잃고 지옥에서 영원히 사노라"(꾸란 23:102-103).

하지만 불확실한 것에 대한 두려움 그리고 지킬 수 없는 수많은 율법을 위하여 투쟁하는 이들에게 바울의 편지는 얼마나 위안이 되는가?

"너희는 그 은혜로 인하여 믿음으로 말미암아 구원을 받았으니 이것은 너희에게서 난 것이 아니요 하나님의 선물이라 행위에서 난 것이 아니니 이는 누구든지 자랑하지 못하게 함이라"(엡 2:8-9).[61]

2015년 9월, 메카의 카바 신전에서 공사를 하던 중에 크레인이 무너져서 성지순례를 위하여 카바 신전을 순례하던 순례객 111명 이상이 죽고 230명이 다쳤다. 당시에 220만 명을 수용하기 위한 이슬람 사원을 확장하는 공사 중이었다. 그리고 13일 후인 9월 24일 성지순례 도중에 압사 사고로 인하여 2,121명의 희생자가 나왔다고 AP통신이 보도하였다.

가장 많은 희생자가 난 이란 정부는 4,700명이 죽었다고 발표하였고, 사우디 정부가 이를 축소했다는 의혹도 제기되었다.[62] 하지만 메카에서의 압사 사건으로 인하여 수많은 사람들이 죽었을 때, 러시아 남부 체첸 자치공화국 수장 람잔 카디로프는 인터뷰에서 사우디아라비아 미나에서 발생한 대형 압사 사고는 참사지만 알라의 선물이라고 발언하였다. 그는 "사우디로 성지순례를 떠나는 무슬림은 바로 그곳에서 죽고 싶어 하기 때문에 이 사건은 알라의 선물이기도 하다."고 주장했다. "알라는 성지순례의 의무를 이행하면서 숨진 사람에겐 모든 죄를 용서해준다."면서 "그들은 가장 성스러운 날 가장 성스러운 장소에서 숨졌기 때문에 아주 행복한 사람들이며 우리는 그들을 부러워한다."고 말했다.[63]

그렇다면 책임 있는 이슬람 지도자가 왜 그런 말을 했을까? 메카의 카바 신전을 방문하는 경우에 하디스에 의하면, "받아들여진 성지순례에 대한 보상은 천국이라"[64]고 말하고 있다. 무엇보다도 꾸란에 잘 기록되어 있다.

"그곳에는 예증으로써 아브라함의 장소가 있나니 그곳에 들어간 자는 누구든 안전할 것이며 능력이 있는 백성에게는 순례를 의무로 하셨노라 그러나 믿음을 거부한 자에게 알라께서는 만물의 절대자임을 보여주실 것이라"(꾸란 3:97).

꾸란에 의하면, 카바 신전이 가장 안전한 곳이기에 그곳에서 순례 중에 죽음을 당했을 경우에 축복으로 여기는 것이다.

6) 지하드

지하드는 이슬람의 5가지의 실천영역에는 포함되지는 않지만, 이슬람 종파에 따라서는 지하드를 종종 이슬람의 6번째 행위강령에 포함하기도 한다. 이슬람에서는 전쟁을 치러야 할 5가지를 적으로 규정한다.

- 보이지 않는 내면의 적, 욕정
- 사탄(Satan, 또 다른 보이지 않는 적)
- 위선자들(Munafiq)
- 죄 많은 무슬림들('asi)
- 믿지 않는 자들(유대인, 기독교인 그리고 이슬람을 믿지 않는 자들)[65]

무함마드는 알라로부터 온 계시가 전 세계 사람들에게 전파되어야 한다는 확신에 사로잡혀 있었다. 무함마드의 언행록인 하디스에 의하면, "나는 사람들이 '알라 외에는 경배받기에 합당한 자가 없습니다'라고 말할 때까지 그들과 싸우라고 알라에게 명령을 받았노라 그리고 누구든지 그렇게 말하는 자가 그의 생명과 소유를 구하게 될 것이다."[66]라고 했다.

지하드는 꾸란의 명령이기도 하다.

"금지된 달이 지나면 너희가 발견하는 불신자마다 살해하고 그들을 포로로 잡거나 그들을 포위할 것이며 그들을 대비하여 복병하라 그러나 그들이 회개하고 예배를 드리며 이슬람세를 낼 때는 그들을 위하여 길을 열어 주리니 실로 알라는 관용과 자비로 충만하심이라"(꾸란 9:5).

꾸란과 하디스에 의하면, 지하드는 종교적 의무라고 규정되어져 있다. 이는 단순히 자신 혹은 이슬람 사회에 있는 악을 몰아내는 행동만을 뜻하지 않는다. 이는 전쟁을 통하여 믿지 않는 자들과 대적하여 이슬람을 전파하는 방법으로 지정되어 있다(꾸란 8:37-39). 꾸란에서는 믿지 않는 자들을 추방하거나 파괴하려는 열정을 볼 수 있다(꾸란 4:101). 알라는 그들에게 치욕적인 처벌을 준비하고(꾸란 4:102) 있으며 그들의 마음에 공포를 심어줄 것이라고 한다(꾸란 8:12). 따라서 그들은 대적해야 할 적이다(꾸란 9:29).

또한 기독교는 이슬람의 명확한 적이기 때문에 꾸란에는 기독교인에 대한 명확한 경멸이 담겨 있다(꾸란 4:171; 5:15; 19:72-73, 75). 지하드의 개념은 이슬람의 보편적인 세계관에 의하여 진행된다. 이슬람은 세계를 무슬림과 비(非)무슬림, 즉 알라에게 복종하는 자와 그렇지 않은 자로 분리한다. 이슬람의 율법이 자리하는 지역은 '이슬람의 집'(Dar al-Islam)이고 비(非)무슬림, 즉 이슬람을 믿지 않는 자들이 존재하는 지역은 '전쟁의 집'(Dar al-harb)으로 간주되었다. 무슬림들은 전쟁의 집을 이슬람의 집으로 바꾸어야 하는 성스러운 의무를 지니고 있다.[67]

꾸란의 알라는 인간의 선행과 이슬람법에 순종한 여부에 기초하여 인간을 용서한다. 천국에 관한 보증은 없다. 왜냐하면 알라가 용서할 자들과 벌할 자들을 결정할 것이기 때문이다. 그러나 지하드에서 죽은 자만이 곧장 천국에 갈 수 있다고 약속되었다.

"알라의 길에서 순교한 자가 죽었다고 생각하지 말라 그들은 알라의 양식을 먹으며 알라의 곁에 살아있느니라. 그들은 알라가 주신 은혜 가운데서 기뻐하며 그들과 함께하지 못하고 그들 뒤에 올 그들 순교자들을 기쁘게 할 것이며 그곳의 그들에게 두려움도 없으며 슬픔도 없으리라"(꾸란 3:169-170).

하디스에 의하면, "아무도 그에게 강요하지 않았지만 알라의 말씀을 신뢰하고, 알라의 영광을 위하여 지하드를 실행에 옮긴 자는 알라가 그를 천국에 들어가게 하거나 아니면 그에게 보상이나 그가 나가서 획득한 전리품을 하사할 것이라고 알라는 보증하신다."[68]라고 했다. 물론 기독교에도 피의 역사는 있어 왔다. 그러나 성경은 이를 지지하지 않는다. 반면에 꾸란과 하디스는 이를 지지한다.

3장

기독교와 이슬람, 무엇이 다른가
: 기독교와 이슬람의 근본적인 차이

ISLAM

필자는 1990년 한국을 떠나서 영국으로 가서 공부를 했다. 그 무렵 베를린 장벽이 무너졌고 정말 전 세계가 흥분을 하였다. 베를린 장벽이 무너진 후에 일본계 미국학자인 프랜시스 후쿠야마(Francis Fukuyama) 박사는 『역사의 끝과 최후의 인간』(The end of history and the last man)[1]이란 책에서 "전 세계의 국경은 무너지고 자유주의의 깃발 아래 번영할 것이다."라고 했다. 필자도 독일을 방문해서 베를린 장벽의 무너진 돌을 들고 기쁨으로 영국으로 돌아왔다.

그런데 런던의 한 서점에서 우연히 한 권의 책을 읽게 되었다. 그 책의 제목은 『위대한 심판』(The Great Reckoning)이었다.

이 책은 미래학자들이 쓴 책으로, 그 책에서는 "앞으로 칼 마르크스의 공산주의가 가면 그 자리에 이슬람이 지배하는 녹색혁명이 일어날 것이다."[2]라는 주장을 펼쳤다.

그 후 공산주의는 75년 만에 붕괴되었고 이슬람은 지속적으로

| 신축 중인 독일 이슬람 사원, 독일에는 2,600개의 이슬람 사원이 있다.

성장하고 있다.[3] 필자는 그 후에 이슬람을 공부하기 시작하였다. 이슬람을 공부하면서 가장 놀라웠던 점은 이슬람은 기독교와 비슷한 신학적 구조를 가지고 있다는 것이다. 왜냐하면 꾸란의 모든 단어의 18%가 아랍어 성경의 어형을 지니고 있으며, 그 4분의 3은 신약성경에서 이용한 것이기 때문이다.[4]

1. 기독교의 하나님과 이슬람의 알라는 동일한가

한국이슬람중앙회 홈페이지를 보면 메인 화면에 "나는 하나님 외에 신이 없음을 증언합니다"라는 글씨를 발견할 수 있다. 한국의 이슬람은 알라를 하나님이라고 소개하고, 이슬람의 알라와 기독교의 하나님은 같은 하나님이라고 주장한다. 또한 꾸란은 이슬람의 근원을 아브라함으로부터 시작한다.[5]

본래 아브라함은 무슬림이었으며[6] 유대교와 기독교의 뿌리가 이슬람이었다고 가르친다. 유대교와 기독교는 그 본래의 원형이 변질되었기에 알라가 마지막 선지자 무함마드를 보내서 그 원형을 복구하였는데, 그것이 이슬람이라는 것이다.

이슬람의 가르침대로라면 유대교인과 기독교인은 원형인 이슬람의 알라로 돌아와야 한다는 것이다.

아랍어의 신 개념인 '알라'는 유일한 진리이고 우주적인 신이다. '알라'[7]라는 이름이 아랍어를 사용하는 기독교인들의 성경에도 등장한다. 그런 면에서 알라와 하나님은 동의어이다. 그러나 이것이 꾸란의 알라와 성경의 하나님이 동일한 본질과 성품을 소유하고 있다는 의미는 아니다.

1) 알라의 초월성(transcendence)

하나님과 세상이 분리되어 존재한다는 면에서 꾸란의 알라는 자연신앙적이다. 정통 이슬람에서는 하나님과 인간의 인격적인 교제가 나타나 있지 않다.

이슬람에서 알라는 창조물에게 속한 모든 속성과 상태를 초월한다고 이해하고 있기에 예수님의 성육신은 불가능하다. 실제로 알라의 유일성에 관하여, "그분은 낳지도 않고 태어나지도 않는다. 그분은 측량할 수 없고, 가리개로 가릴 수도 없다. 그분을 이해하려고 노력해도 그분을 파악할 수 없다. 그분은 사람이 측량할 수 없고, 어떤 피조물이라도 어느 영역에서도 그와 비교될 수 없다."[8]고 무슬림들은 주장한다.

알라는 물질적이거나 육체적이지 않고 시간과 공간의 제한을 받지 않는다고 한다.

그러나 기독교에서 하나님은 인간의 모습으로 자신을 낮추어 특정기간 동안 자신을 제한했다고 믿는다.[9] 하나님의 성품에 대한 기독교의 주장은 하나님은 영, 빛 그리고 사랑 등과 같이 긍정적이다. 꾸란에 나타난 알라의 성품은 인격적이지 않다. '알라'는 육체적, 물질적, 또 다른 어떤 것으로도 생각될 수 없다. 알라는 자신을 어떤 방식으로도 그 누구에게도 드러내지 않는다.

| 오만의 무슬림 청년들이 알라는 한분이라는 상징으로 손가락으로 하늘을 향하고 있다.

물론 무슬림들은 가깝고 쉽게 접근할 수 있으며, 사랑이 있고 자애로운 인격적인 알라라고 말할 것이다.

"인간의 목에 있는 혈관보다 내가 더 인간에게 가까이 있노라."[10]

"알라는 모든 것을 소유하고 계시니라"(꾸란 4:126).[11]

그러나 그의 친밀성과 성품은 기독교인들이 이해하고 있는 것과는 전혀 다르다. 인간과 아무리 가깝게 있다 해도 알라는 인간 속에 내주(the indwelling God)하지 않는다. 기독교의 하나님은 인간 속에 내주하시는 하나님이다.[12]

알라와 인간의 관계는 종이나 노예의 관계이다. 각 사람은 자신을 알라와 그의 뜻(아랍어로 아슬라마, aslama-자신을 복종시키고, 맡기고, 알라께 자신을 완전히 드리고, 자신을 알라의 뜻에 헌신하고, 무슬림이 되는 것)에 완전히 복종해야 하는 존재이다. 알라를 향한 이런 관계는 부복(배를 땅에 대고 엎드림)을 통하여 표현되는데, 매일 다섯 차례의 의식적인 기도를 하는 동안에 이를 수행해야 한다. 알라를 부르는 자는 그의 자녀라 하지 않고 자신을 그의 종이라고 부른다. 이것이 알라에게 다가갈 수 있는 유일한 길이다. "천지의 모든 것이 종으로써 알라께로 오기 때문이라"(꾸란 19:93).[13]

2) 삼위일체에 대한 오해

이슬람에서는 기독교의 삼위일체 교리를 비판한다. 삼위일체 교리는 비논리적일 뿐만 아니라 신성 모독적이라고 이해하기 때문이다. 하나님이 어떻게 '1+1+1=1'이 될 수 있다는 말인가? 대부분의 무슬림은 이 교리를 이해하려고 노력하지 않는다.

꾸란은 삼위일체를 믿는 기독교인들에게 동정적인 태도를 취하고 메디나 기간에 계시된 많은 꾸란 구절들은 '기독교인과 어울리는 죄'에 빠지지 말고 유일신 알라를 전하라고 권하고 있다.

삼위일체에 대하여 꾸란은, "알라는 셋 중에 하나라 말하는 그들은 분명 불신자이라. 알라 한분 외에는 신이 없거늘 만일 그들이 말한 것을 단념치 않는다면 그들 불신자들에게는 고통스러운 벌이 가해지리라"(꾸란 5:73)라고 가르친다.

이슬람의 알라는 단순히 단일 신(神)을 의미하지 않는다. 왜냐하면 단일체(體)에 다른 위격이 존재할 수 있기 때문이다. 절대적인 단일성이 알라의 특이성이며, 신성을 공유하는 위격에 대한 교리를 결코 수용할 수 없게 한다. 알라는 절대적이며 초월적이다. 이러한 알라의 단일성은 꾸란 112장에 강조된다.

"알라는 단 한 분이시고 알라는 영원하시며 낳지도 않고 태어나지도 아니했나니 알라와 대등한 자 세상에 없도다."

여기에서 유일의 의미로 사용된 아랍어는 '아하드'(ahad)이며, 숫자적 단일을 나타내는 '와헤드'(wahed)와는 다르다. '아하드'는 삼위일체를 배제하는 뜻에서 특별한 의미의 단일성이다. 하지만 아랍어를 할 줄 아는 기독교인들은 삼위일체 하나님을 언급할 때 '와헤드'를 사용한다. 이슬람에서는 기독교가 하나의 하나님이 아닌 세 명의 신을 섬긴다고 비판한다. 이슬람에 의하면, 기독교인은 다신주의자인 셈이다. 또한 삼위일체를 하나님과 마리아와 예수님으로 이해한다.[14] 또한 그들은 삼위의 관계를 하나님과 마리아와의 성적인 관계를 통하여 예수를 낳은 것[15]으로 오해하고 있다. 하지만 성경 어디에도 꾸란에서 말하는 삼위일체는 찾아볼 수 없다. 기독교에서 말하는 삼위일체는 오직 하나님은 한 분이시고 하나님의 연합체 내에 복수성이 있다고 믿는 것이다.

하나님과 관련하여 성경에서 사용된 두 개의 히브리 단어가 있다. 첫 번째 단어는 '이카드'(echad)인데, 통합체를 나타내는 복합 통일체 명사이다. 이 단어는 '하나'를 의미하면서도 동시에 여러 존재들을 포함한다. 다른 히브리어는 '야키드'(yachid)인데, 이는 절대적인 '하나'인 수학적 통일체로서 사용된다. 하나님은 사람들에게 말씀하실 때 '이카드'와 '야키드' 두 단어를 모두 사용하셨다. "나 외에 다른 신이 없느니라"라고 말씀하실 때, '야키드'를 사용하셨고, 하나님이 자기 본성의 복수성, 즉 복합적 통합성의 단일성을 말씀하실 때는 '이카드'를 사용하셨다.[16]

그러나 이슬람에서는 이에 대한 이해가 없다. 따라서 꾸란의 거의 모든 부분이 우상숭배에 반대하고 하나님의 단일성을 주장하며, 꾸란의 삼위일체 교리를 부인하기 위해 사용된다. 그러나 기독교인들은 무슬림과 다른 개념의 삼위일체 하나님의 단일성을 믿는다(막 12:29; 고전 8:4-6; 약 2:19).

3) 성령과 가브리엘

기독교인의 '하나님의 영'에 대한 믿음을 무슬림은 신성모독이라고 믿는다. 꾸란은 '영'이라는 단어를 20번 사용하지만, 이 단어는 시체를 관통할 수 있는 신비적인 육체를 가진 창조된 존재를 의미하는 것으로 이해된다. 꾸란 16장 102절[17]은 꾸란에 영감을 주는 개체로서 성령을 언급하고 있다. 그러나 그들에게 '성령'은 천사 가브리엘을 의미한다. 가브리엘은 무함마드의 계시 경로로서 두 곳에 나타난다(꾸란 2:97,[18] 66:4). 어떻게 해서 이러한 성령과 천사 가브리엘 사이에 혼동이 빚어질 수 있었는지에 대해서 명확하게 설명할 수는 없다. 신약성경은 예수가 성령으로 인해 동정녀 마리아에게 잉태되었다고 말한다. 이슬람에서는 성령을 하나님으로, 또는 아버지와 아들과 함께 영원히 공존하는 하나님으로 받아들이지 않는다.

4) 알라의 99개의 이름과 도덕적 성품

이슬람에서 알라 자신의 정의와 율법은 존재하지 않는다. 꾸란을 보면, 알라는 자신이 원하는 대로 모든 일을 실행한다. 그는 인간을 올바른 길로 인도하기도 하고 심지어 타락의 길로 인도하기도 한다고 한다.[19]

이슬람에는 알라의 이름이 99개가 있다. 알라의 특성 가운데 3가지로 구분되어 있는 가장 아름다운 이름은 지혜와 권세와 선이다. 4가지 도덕적인 알라의 성품도 있는데 의로운 자, 공평한 자, 성스러운 자, 진리인 자라는 이름이다. 그러나 이슬람에서 알라가 성스러운 자(Al-Quddus)와 진리인 자(Al-Hak)라는 이름은 존재하지만, 이슬람 신학에서는 중요하게 취급되지 않는다. 다시 말하면 이슬람의 핵심가치가 아니라는 것이다. 이 모든 것들이 알라의 본질에 대한 특징보다는 단순히 그의 뜻에 대한 표현이기 때문이다. 알라의 성격은 그의 본질에 대한 핵심이 아니고 그의 헤아릴 수 없는 뜻에 대한 설명이기 때문에 모순점을 안고 있다.

꾸란에서 수많은 훌륭한 이름과 설명이 알라에게 부여되었지만, 알라에게 인간이 접근할 수 있다는 내용은 없다. 알라를 위한 99개의 이름 가운데 상당수가 알라의 지혜와 권세의 여러 측면에 대해 언급하는 것이지만,

그 어느 것이든 알라의 정의로움과 성스러움보다는 권세와 권위에 주된 강조를 두고 있다.

알라의 도덕적 본질에 대한 부재는 하나님의 신성, 진리, 신실, 사랑, 정의가 강조되는 성경의 하나님의 본질과 대조된다. 기독교적인 관점에서 무함마드는 하나님의 절대적 속성(비공유적 속성-전능, 전지 등)에 대해서는 이해했지만, 하나님의 보편적 속성(공유적 속성-선, 사랑 등)에 대해서는 전혀 이해하지 못했다.

5) 하나님의 사랑

꾸란에서는 성경에서 찾을 수 있는 우리를 향한 하나님의 사랑, 하나님과 이웃을 사랑해야 하는 우리의 임무에 대한 강조를 찾아볼 수 없다. 성경은 비록 우리가 하나님께 반역한 죄인일지라도 그가 우리를 사랑하신다고 말한다. 이와 대조적으로 꾸란에서 하나님의 사랑에 대한 구절은 몇 구절 되지 않는다. 꾸란에는 "알라는 그를 사랑하는 이들은 사랑하고, 불신자들은 사랑하시지 않는다"(꾸란 3:32)[20]는 구절이 있다.

"믿는 자들이여! 너희 가운데 믿음을 배반한 자 있다면 알라는 그들을 사랑하시고 그들은 그분을 사랑하며 믿는자들에게 겸손하고 불신자들에게는 강하며, 알라의 길에 성전하고 어떤 비방자의 함담도 두려워하지 아니하는 백성을 오게 하심이니라. 그것이 바로 그분의 뜻에 따라 부여하신 알라의 은혜라. 알라는 지혜로 충만하시니라"(꾸란 5:54).

알라의 99개 이름 가운데 '사랑하는 자'(알와두드, Al-Wadud; 꾸란 11:90)[21]가 있다. 사랑은 관계성을 내포한다. 그러나 꾸란의 알라는 그 관계성을 내포하고 있지 않다. 아랍어에서 '알와두드'(Al-Wadud)는 동사 '와다'(wadda)로부터 파생되었으며, 이것은 친절이라는 의미이다. 친절은 '사랑'의 부분적인 측면을 뜻하지만, 사랑의 완전한 깊이를 의미하지는 않는다. 알라의 사랑은 그가 창조물에 대해 자비와 관심을 베푼다는 점에서 기독교의 은혜와 비슷하다. 그러나 이것은 인격적, 지속적인 사랑은 아니다. 기독교와는 다르게 이슬람에서 속죄하는 사랑은 존재하지 않는다.

"우리가 아직 죄인 되었을 때에 그리스도께서 우리를 위하여 죽으심으로 하나님께서 우리에 대한 자기의 사랑을 확증하셨느니라"(롬 5:8; 8:35-39; 엡 3:17-19).

꾸란의 알라는 기독교의 사랑의 하나님과는 전혀 다른 존재다.

2. 예수와 무함마드는 어떻게 다른가

예수와 무함마드는 기독교와 이슬람의 창시자이며, 오늘날 전 세계에서 가장 영향력이 큰 종교적인 인물들이다. 현재 전 세계 인구는 약 73억 명이다. 그 가운데 기독교 인구는 약 21억 7천만 명이며, 무슬림 인구는 약 16억 명이다. 이를 분석하면 전 세계 인구의 31.5%가 기독교인이며, 무슬림 인구는 23.2%이다.[22] 따라서 전 세계 인구의 약 55%는 기독교와 이슬람 교인들이며, 이들은 예수와 무함마드를 가장 중요한 종교적 인물로 여기고 있다. 그런데 기독교인들은 무함마드의 생애에 대하여 잘 알지 못한다. 또한 무슬림들은 예수에 대하여 성경의 내용과는 전혀 다르게 이해하고 있다.

꾸란은 성경에 기록된 예수와 상반된 내용들로 가득 차 있다. 성경과 꾸란 그리고 이슬람 형성에 영향을 끼친 무함마드의 언행록 등을 통해 무함마드와 예수의 생애를 비교한 후에, 이슬람과 기독교의 차이점에 대하여 설명하고자 한다.

1) 무함마드의 생애

이슬람의 창시자 무함마드는 아라비아반도의 메카에서 쿠라이쉬(Quraish) 부족의 하심(Hasim) 가문으로 태어났다.[23] 당시에 쿠라이쉬 부족은 메카의 카바(Kaaba) 신전[24]을 관리하는 가문이었다. 그의 아버지 압둘라(Abdullah)는 무함마드가 태어나기 전에 죽었다. 유복자로 태어난 무함마드는 맑은 사막의 공기에서 남자답게 성장하라는 쿠라이쉬 부족의 전통에 따라서 태어난 지 7일 만에 사막에서 생활하는 베두인 여인 할리마(Halima)의 손에서 자라났다. 그리고 6세 때 집으로 돌아왔다. 무함마드의 어머니 아미나(Aminah)는 잘 자란 무함마드를 친정식구들에게 보여주기 위하여 그녀의 고향인 메디나를 방문하고 돌아오는 길에 열병에 걸려서 아브아(al-Abwa)에서 죽었다.

그 후 무함마드는 조부 압둘 무탈립(Abu al-Mutalib)과 함께 살았다. 조부는 양친을 잃고 고아가 된 무함마드에게 극진한 사랑을 베풀었다. 그러나 조부마저 무함마드가 8세 때 세상을 떠났다. 조부는 죽기 전에, 무함마드를 자신의 아들 아부 탈립(Abu Talib)에게 부탁했다. 아부 탈립은 유언을 성실하게 지켰다.

무함마드가 12세가 되었을 때, 삼촌 아부 탈립은 그를 데리고 시리아로 무역을 떠났다. 하지만 삼촌의 무역사업은 별 성과를 거두지 못했다. 따라서 무역은 계속 이어지지 못했다. 무함마드는 가난한 삼촌의 집안일을 돌보면서 목동으로서 살았다. 삼촌 아부 탈립은 가난한 데다가 딸린 식구가 많았다. 그래서 무함마드는 목동보다 수익성이 높은 일을 찾아야 했다.

그러다가 25세가 되었을 때, 과부가 된 쿠와일리의 딸 카디자(Kadija)라는 여인이 쿠라이쉬 부족 가운데 집안 사업을 위한 총무를 찾는다는 소식을 접했다. 오늘날과 마찬가지로 아라비아반도는 거친 사막이었다. 생존을 위하여 다른 지역과 무역을 할 필요가 있었다는 것을 말한다.

메카의 상인들은 낙타들로 이루어진 대상을 파견하곤 했는데, 당시 가장 큰 낙타 대상 가운데 하나가 메카에서 가장 부유한 여인 카디자였다. 이슬람 역사에 따르면, 그녀는 무함마드의 충직하고 성실한 성품을 보자마자 그를 시리아로 가는 대상의 총무로 고용하였다고 한다. 무함마드는 싣고 간 물건을 투자한 돈의 두 배 정도의 이익을 남겨 돌아왔다. 카디자는 깊은 인상을 받았다고 한다.

당시 카디자는 마흔 살이 넘었고 네 번 이혼했으며 자녀도 있었지만 무함마드에게 청혼하였다. 사람들은 카디자가 무함마드에게 청혼한 이야기에 의심스러운 반응을 보이지만, 이슬람 역사에는 비교적 분명하게 기록되어 있다.[25]

부유한 카디자와 결혼한 무함마드는 경제적인 여유를 갖게 되었다. 무함마드의 결혼생활은 무난했다. 그런 중 뜻하지 않은 일들이 벌어졌다. 무함마드는 카디자와의 사이에 두 아들, 압둘(Abdul)과 까심(Kashim)을 낳았고, 자이납(Zainab), 루카이야(Rukaiyya), 움무칼숨(Um Kulthum), 파티마(Fatima)라는 4명의 딸을 낳았다. 그런데 두 명의 아들이 어렸을 때 죽게 된다. 당시에는 아라비아의 거친 사막을 배경으로 살아갔기 때문에 건강한 남자아이를 선호하였다. 그러므로 무함마드에게 아들이 한명도 없다는 것은 슬픈 일이었다. 또 두 명의 아들이 모두 어린 시절에 죽었다는 것이 어떤 형태로든지 무함마드의 삶에 영향을 미쳤을 것이다. 무함마드는 삼촌에게 진 빚을 생각했다. 그리고 늙은 삼촌인 아부 탈립의 경제적 부담을 덜어주기 위하여 당시에 6살이었던 아부 탈립의 아들인 알리(Ali)를 양아들로 입양하게 되었다. 알리를 입양한 지 얼마 되지 않아서, 무함마드는 시장에 나갔다가 노예 출신인 자이드(Zaid)를 만났다. 그는 자이드를 노예에서 풀어주고 양아들로 입양하였다.

카디자는 결혼 후 25년 만에 죽었다. 그때까지만 해도 무함마드는 카디자 외에 다른 부인이 없었다. 카디자가 죽은 후, 무함마드는 6세의 아이샤(Aisha)와 약혼을 하였고, 그녀가 9세가 되었을 때 결혼했다. 이때부터 무함마드에게는 많은 부인과 여종들이 생기기 시작했다.[26] 무함마드의 부인 가운데 두 명은 유대인이었고, 한 명은 기독교인이 되었다가 다시 이슬람으로 개종했다. 무함마드의 부인 가운데 여덟 번째 부인인 마리암(Maryam)은 이집트 콥트교의 대주교가 선물로 보낸 두 명의 노예 가운데 한 명이었다. 무함마드는 그녀를 통하여 이브라힘(아브라함)이라는 아들을 얻었으나 그 역시 병으로 죽었다. 가장 어렸던 부인이며, 이슬람의 어머니로 불리는 아이샤의 증언에 의하면, "무함마드는 여자와 향수 그리고 음식, 이 세 가지를 가장 좋아했다."[27]고 한다. 무함마드는 A.D. 632년 6월 8일 62세의 나이로 메디나에서 고열과 폐렴으로 죽었다.

꾸란에 나타난 무함마드는 평범한 사람이었다. 무함마드는 아버지 압둘라와 어머니 아미나의 결혼을 통하여 평범하게 태어났다. 그리고 무함마드는 선지자라고 말하지만, 기적을 일으켰던 일이 전혀 없다. 또한 무함마드에게는 특별한 호칭도 전혀 없었다. 이슬람에서는 무함마드를 완벽한 사람인 것처럼 말하지만, 꾸란을 살펴보면 무함마드는 극히 평범한 사람일 뿐이었다.

무함마드의 생애에 드러난 그의 성품을 보거나 그의 부인들이 했던 말을 종합해 보아도 무함마드는 평범한 인간이고 죄인이었다(꾸란 47:19; 48:2). 알라는 무함마드에게 회개하라고 요구했고 그도 용서를 구하였다.[28]

결혼 생활

무함마드와 예수의 차이점 가운데 하나는 예수는 평생 독신으로 살았던 반면에 무함마드는 수많은 부인들과 결혼하였다는 것이다. 그의 결혼 생활이 어떠했는지 살펴보는 것은 흥미로운 일이다. 왜냐하면 무함마드의 모든 삶의 행적은 무슬림들의 모범이 되기 때문이다.

꾸란(꾸란 4:3)에 의하면, 공평하게 대할 수 있다면 네 명의 부인과 결혼할 수 있다.[29] 그런데 무함마드 자신은 그 법을 계시를 빌미로 깨뜨렸다. 무함마드는 최소한 11명의 부인이 있었고, 최대 22명의 부인이 있었다. 그는 50세 이후, 25년 동안 함께 살았던 첫 번째 부인 카디자가 죽은 후부터 최소한 1년에 한 명 이상의 여인과 결혼한 셈이다. 꾸란 33장 50절에 의하면, 다음과 같이 기록되어 있다.

"예언자여 실로 우리(알라)는 그대에게 허용하였나니 그대가 이미 지참금을 지불한 부인들 알라께서 전쟁의 포로로 전쟁의 포로로서 그대에게 부여한 이들로 그대의 오른손이 소유하고 있는 이들과, 삼촌의 딸들과, 고모의 딸들과, 외삼촌의 딸들과, 같이 이주하여 온 외숙모의 딸들과 예언자에게 스스로를 위탁하고자 하는 믿음을 가진 여성들과 예언자가 결혼하고자 원할 경우 그대에게는 허용되나 다른 사람에게는 허용되지 아니함이라. 우리(알라)는 우리(알라)가 그대의 부인들과 그들 오른손이 소유하고 있는 것[30]들에 관하여 믿는 이들에게 의무화한 것도 알고 있느니라. 이는 그대에게 어려움이 없도록 함이니 실로 알라는 관용과 자비로 충만하시도다."

꾸란 4장 3절에 분명히 최대 4명까지만 결혼이 가능하다고 계시되었는데, 무함마드는 또 다른 계시가 내려와서 마음대로 결혼하고 마음대로 성관계를 해도 된다는 것이다. 이슬람에서는 무함마드가 전쟁 이후에 많은 과부들이 생기자 복지 차원에서 결혼을 했다고 주장하지만, 그것이 사실이 아니라는 것을 그의 생애를 통해서 알 수 있다. 또한 무함마드가 그 많은 부인들을 어떻게 동등하게 대할 수 있겠는가? 그로 인하여 또 다른 계시가 임하였다.

"그 이후는 그대가 그 이상의 여성과 결혼함이 허용되지 아니하며 미모의 여성이 그대를 유혹한다 하여도 그녀들을 대체할 수 없으되 그대의 오른손이 소유한 것들은 제외라 실로 알라는 모든 것을 지켜보는 분이시라"(꾸란 33:52).[31]

무함마드에게 더 이상의 결혼이 금지되었다. 더 이상 결혼하지 말라고 계시가 내린다. 단 전쟁에서 남자를 죽이고 남은 여자는 취할 수 있는데, 그것을 오른손이 소유한 것들이라고 한다. 하지만 결혼에 대하여 무함마드에게만 특별한 계시가 임하였다. 무함마드의 양아들 자이드(Zayd)가 그의 부인 자이납(Zainab)과 이혼을 하자, 무함마드는 계시를 받고 며느리인 자이납과 결혼을 하게 된다. 그때에 임했던 계시는 다음과 같다.

"알라께서 은혜를 베푸셨고 그대가 은혜를 베풀었던 그에게 너희 아내를 네 곁에 간직하라. 그리고 알라를 두려워하라. 그대가 말한 것을 상기하라. 그때 그대는 알라께서 밝히시려 했던 것을 그대 마음속에 숨기었고 사람들을 두려워하였으나 그대가 더욱 두려워할 것은 알라였노라. 자이드가 그녀와의 결혼생활을 끝냈을 때 알라는 필요한 절차와 함께 그녀를 그대의 아내로 하였으니 이는 양자의 아들들이 그녀와 이혼했을 때 장래에 믿는 사람들이 그 아내들과 결혼함에 어려움이 없게 하려 함이라"(꾸란 33:37).

무함마드가 자이납과 결혼을 하자, 사람들은 시아버지가 며느리와 결혼했다고 험담을 하였다. 그때 다시 계시가 임하였다.[32]

"무함마드는 너희 가운데 어느 한 사람의 아버지가 아니며 알라의 선지자이자 최후의 예언자이시라"(꾸란 33:40).

무함마드와 결혼한 이후에 자이납은 자신이 무함마드의 아내인 것을 다른 부인들보다 자랑스럽게 여겼다. 다른 부인들은 그녀들의 가족이 무함마드에게 선물로 주어 결혼하게 된 부인들이지만, 자신은 알라의 계시에 의하여 무함마드에게 주어졌기 때문이라는 것이다.[33]

꾸란 66:3-5절은 하렘(Harem)에서 일어난 두 부인과의 싸움에 대하여 기록하고 있다. 이 싸움은 무함마드의 가장 어린 부인인 아이샤(A'isha)와 하프사(Hafsa) 사이에 일어난 싸움이었다. 622년 무함마드가 고향을 탈출하여 메디나에 입성했을 때, 54세의 무함마드는 9살의 아이샤와 결혼하였다. 아이샤의 아버지는 무함마드의 친구인 아부 바크르였다. 아이샤는 무함마드의 부인 중에 유일한 처녀였으며,[34] 무함마드는 아이샤를 총애하였다. 하프사는 우마르(Umar)의 딸로서 무함마드가 아이샤와 결혼하고 3년 후에 결혼하였다. 당시에 하프사는 20살이었다.[35]

어느 날 무함마드가 하프사에게 어떤 기밀을 이야기하고 그 기밀을 아무에게도 이야기하지 말라고 하였다.[36] 그런데 하프사는 그 기밀을 아이샤에게 이야기하였다. 이 사실을 알게 된 무함마드는 부인들과 심각한 갈등이 생겼다. 이 일로 인하여 부인들과 별거에 들어가기도 하였다.

파렛트(R. Paret)는 "이런 사건들에 대하여 우리는 단지 이러한 남성 지배적인 삶의 방식이 고대 아라비아의 종족 문화에서는 당연한 것이었다고 말할 수 있을 뿐이다. 이러한 삶의 양식은 분명 하나의 사회적인 측면도 가지고 있었으며, 무함마드에게는 정치적인 측면도 가지고 있었다."[37]고 말한다.

구약성경에서도 다윗과 솔로몬의 경우에 많은 부인이 있었다. 하지만 다윗과 솔로몬이 많은 여인들이 있었던 것은 하나님의 법을 어기고 그렇게 한 것이다. 다시 말해서 인간에게 내재된 죄성의 열매였던 것이다. 왜냐하면 성경에는 어느 한 구절도 여러 명의 부인과 결혼하라는 구절이 없기 때문이다. 그런데 무함마드는 많은 부인들과 결혼을 하였다. 무함마드는 알라의 계시에 의하여 그 명령에 순종했을 뿐이라는 것이 꾸란과 이슬람의 신학이다.

2) 예수의 생애

예수의 탄생과 가족

마태복음 2장 1절과 누가복음 1장 5절에 의하면, 예수는 헤롯 왕 때에 태어났다. 헤롯은 기원전 4년경에 죽었다. 따라서 예수는 A.D. 연대의 시작 때에 적어도 네 살이었다. 따라서 그리스도의 탄생을 기준으로 연대를 계산했던 디오니시우스 엑시구스(Dionysius Exiguus)는 예수의 탄생 연대를 잘못 계산했든지 아니면 어떤 특정한 별자리를 고려했다.

우리는 예수의 정확한 출생 연도를 알지 못한다. 마찬가지로 죽은 해도 정확하게 알지 못한다. 대체로 A.D. 30년을 그가 죽은 해라고 생각한다. 우리가 가지고 있는 유일한 연대기적 증거는 누가복음(3:1)이다. 거기에 보면 세례 요한은 티베리우스 황제 15년에 등장한다. 보다 신빙성 있는 시리아의 연대 계산에 따르면, 그 15년은 A.D. 27년 10월 1일부터 A.D. 28년 10월 28일까지에 해당한다. 그런데 예수의 활동 기간은 대략 2년 정도 추정된다. 그는 35세까지 살았을 가능성이 있다.[38]

예수는 갈릴리 사람(마 26:69), 나사렛 사람, 나사렛에서 온 사람(막 1:24; 10:47; 14:67; 16:6; 눅 24:19)이라 일컬어졌다. 아름답고 비옥한 지역이었지만 완전히 소외된 마을에서 예수는 자랐으며, 그곳에서 여러 해를 보냈다. 예수는 부모의 고향인 유대 땅 베들레헴에서 태어났다. 예수의 부모는 예수에 대한 헤롯 왕의 박해를 피하여 이집트로 피신하였다가 나사렛으로 가게 된다.

예수의 가족으로는 형제 4명과 몇 명의 누이가 마가복음 6장에 언급된다. 가족의 이름은 어머니 마리아, 아버지 요셉과 형제들은 예수 외에 야고보, 요셉, 유다, 시몬이다. 예수의 어머니와 형제와 누이들은 처음에는 예수의 사역에 참여하지 않았고, 오히려 그의 행동을 비난했다(막 3:31-35). 마리아는 예수의 죽음 이후에 기독교의 일원으로서 언급된다(행 1:14). 예수의 형제 야고보도 베드로 이후 예루살렘 교회의 지도자가 된다.

예수는 가정과 회당에서 교육을 받았으며 예루살렘 순례에 참가하였다.

그는 경건한 분위기에서 성장하였으며, 누가복음 2장 40절에서 52절을 보면, 예수가 12살이었을 때 예루살렘 성전에 앉아서 율법 교사들과 대화를 나누며 3일 동안 공부하는 장면이 나온다. 마가복음 6장에 예수의 아버지는 요셉이고 목수였다고 기록되어 있다. 예수는 아버지를 따라서 목수 일을 했다.

예수의 사역

그가 공적인 활동을 비롯하여 설교하기 시작한 외적인 요인이 된 것은 회개를 촉구하는 세례 요한의 설교였다. 예수는 요르단에 위치한 남부 유대로 그를 찾아가 그에게 세례를 받았다(막 1:9). 바로 그때 하늘이 열리고 성령이 임하며 하늘에서 소리가 들려 세례 요한은 그를 하나님의 아들로 선포했다.[39]

마가복음 1장 15절은 예수가 행한 설교의 요지를 다음과 같이 정리한다. "때가 찼고 하나님의 나라가 가까이 왔으니 회개하고 복음을 믿으라."

예수는 그의 복음을 주로 갈릴리(마 4:23), 게네사렛 호수 지역, 가버나움과 벳새다와 고라신의 세 도시에 선포했다(마 11:21-24 참조). 바로 이스라엘의 한 변방에서 기독교가 탄생하였다.

비록 무함마드의 설교가 심판이 임박해 있다는 긴장감에서는 예수의 설교와 유사했지만(아마도 무함마드는 예수의 설교에서 영감을 받았을 것이다), 예수의 설교는 그 방향이 달랐다. 예수 설교의 핵심을 이루고 있는 하나님의 나라는 단순히 심판에만 초점이 맞추어져 있지 않았으며, 단순히 미래에 도래할 나라가 아니었다.

하나님의 나라는 예수와 그의 사역(병을 고침과 기적을 행함), 그의 삶과 함께 이미 사람들 가운데 현재적으로 역사한다. 하나님의 나라는 사람들이 예수와 함께 경험할 수 있게 된 하나님과 동일했다. 그의 설교는 사람들을 변화시켰다.

예수는 그를 따르는 제자들을 모아 특별한 방식으로 그들을 가르쳤는데, 그들은 후에 예수의 사역을 계속하였다(그들을 우리는 사도들이라 부른다). 또 자신의 사명에 전념하기 위해 예수는 결혼하지 않았다. 그는 결혼과 가정을 포기했다.[40]

예수는 비교적 짧은 활동 기간 중 마지막 시기에 유대의 수도인 예루살렘으로 가는데, 아마도 바로 이곳에서 사람들로 하여금 결단을 촉구하기 위해서였을 것이다. 그는 제자들과 함께 최후의 만찬을 가지는데, 이 만찬은 그에게 닥칠 죽음 때문에 무거운 분위기에서 진행된다. 사람들은 그를 거부하고 그를 위해 십자가를 준비한다. 그에게 내려진 판결은 '유대인의 왕'이라는 정치적인 것이었다(막 15:26). 외적으로 볼 때, 그는 완전히 실패한 사람이었다. 그가 죽을 때 큰 소리를 지른 것은 그의 좌절을 확인해 주는 것처럼 보였다. 그러나 그렇지 않았다. 하나님이 그를 죽음으로부터 부활시킴으로써 교회가 세워졌다.[41]

꾸란을 살펴보면, 무함마드도 죄를 지었지만 예수는 죄를 짓지 않았다. 예수는 태어나기 전부터 사단(죄)으로부터 보호받았다(꾸란 3:36). 꾸란에서 예수는 기적을 일으켰다. 꾸란에 나타난 예수의 기적은 신약성경보다 오히려 많다. 무함마드는 기적을 일으킨 것이 없다.

물론 무슬림들은 꾸란이 일종의 기적이라 말한다. 하지만 꾸란이 원래 하늘에 있었는데, 무함마드에게 계시로 주어져서 이 땅에 왔다면, 알라가 기적을 일으킨 것이지 무함마드가 일으킨 것이 아니다. 꾸란에서 예수는 동정녀 탄생을 하였다(꾸란 19:16-22; 3:46-47). 꾸란에 의하면, 예수는 메시야이다(꾸란 3:45; 5:78). 꾸란에 예수는 죄가 없다(꾸란 3:36). 또 꾸란에는 예수가 성령으로 보호를 받았다(꾸란 2:87).

이제, 무함마드와 예수를 저울에 달아보자. 무함마드는 평범하게 태어났고, 예수는 기적적으로 동정녀에게서 태어났다. 무함마드는 기적을 일으킨 적이 없으며, 꾸란에 나타난 예수의 기적은 신약성경보다 많다. 무함마드는 죽어서 땅에 묻혔고 예수는 승천하였다. 무함마드는 재림하지 않고 예수는 재림한다(꾸란 43:61).

3) 이슬람과 기독교의 예수 이해

성경에는 무함마드에 대한 기록이 없다. 그러나 꾸란에는 "예수가 내 뒤에 올 마지막 선지자가 무함마드라고 말했다."라고 기록되어 있다.

> "또 마리아의 아들 예수가 이스라엘 자손들이여 실로 나는 너희 앞에 보내진 선지자로서 내 앞에 온 구약과 내 뒤에 올 아흐맏이란 이름을 가진 한 선지자의 복음을 확증하노라"(꾸란 61:6).

따라서 꾸란에서 예수님은 유대인들을 위한 선지자이며, 무함마드는 전 세계를 위한 선지자로서 가장 위대한 마지막 선지자라고 믿는다. 그러나 이 내용은 오역으로 인한 실수였다.

꾸란에는 예수에 대한 내용이 많이 있다. 성경의 예수는 꾸란에서 '이사'(Isa)로 불리는데, 25회 기록되어 있다. 또한 예수가 '메시아'(Al-Masih)로 기록된 곳은 11회나 되며, '마리아의 아들'(Son of Maryam)로는 23회가 기록되어 있다. 이를 합하면, 꾸란에서 예수는 총 59회 언급되고 있다.[42]

예수의 탄생

기독교에서는 예수는 삼위일체의 한 위이며 하나님과 동등하지만,[43] 인간의 구원을 위하여 마리아의 아들로서 성령으로 잉태되어 이 땅에 태어났다.

"천사가 이르되 마리아여 무서워하지 말라 네가 하나님의 은혜를 입었느니라 보라 네가 잉태하여 아들을 낳으리니 그 이름을 예수라 하라"(눅 1:30-31).

그러나 이슬람에서 예수는 특별한 기적에 의하여 처녀 마리아에게서 태어났다. 동정녀 탄생 그 자체가 하나님의 기적에 의한 것이었다고 한다.

"또 천사가 말하길 마리아여 알라가 너를 선택하사 청결케 했으며······ 그녀가 말하기를 주여 제가 어떻게 아이를 가질 수 있습니까 어떤 남자도 저를 스치지 아니하였습니다······"(꾸란 3:42, 47).

이슬람 주석가 자마크샤리(Zamakhshari)는 "천사 가브리엘이 그녀의 의복에 붙었을 때"[44] 처녀가 잉태하게 되었다고 말한다.

예수의 신성

기독교에서 예수는 자신이 하나님의 아들이라고 주장한다.

"예수께서 침묵하시거늘 대제사장이 이르되 내가 너로 살아계신 하나님께 맹세하게 하노니 네가 하나님의 아들 그리스도인지 우리에게 말하라 예수께서 이르시되 네가 말하였느니라……"(마 26:63-64).

또한 성경에서 하나님은 예수를 향하여 아들[45]이라고 불렀다. 복음서에서는 예수가 80번이나 자신을 하나님의 아들이라고 증거하였다.[46]

그러나 이슬람에서는 예수의 신성을 부인한다.[47] 단지 마리아의 아들이며 선지자일 뿐이다. 예수 자신이 선지자(알라의 종)일 뿐 하나님의 아들이 아니라고 어린 시절부터 말했다고 한다. "그러나 그녀는 그 애를 가리켰다. 이때 모두가 요람 안에 있는 아기와 어떻게 말을 하란 말인가? 라고 말하더라 이때 그(예수)가 말하길 나는 알라의 종으로서 그분께서 내게 성서를 주시고 나를 예언자로 하셨습니다 말하더라"(꾸란 19:29-30). 이슬람에서 예수는 12만 4천 명의 선지자 가운데 한 명일 뿐이다.

예수의 기적

기독교에서 예수는 가나 혼인잔치에서 물로 포도주를 만든 기적부터 시작하여 병자를 고치고 죽은 자를 살렸다.

"그러나 인자가 땅에서 죄를 사하는 권세가 있는 줄을 너희로 알게 하려 하노라 하시고 중풍병자에게 말씀하시되 내가 네게 이르노니 일어나 네 상을 가지고 집으로 가라 하시니 그가 일어나 곧 상을 가지고 모든 사람 앞에서 나가거늘……"(막 2:10-12).

이슬람에서도 예수는 흙으로 빚은 새에게 생명을 불어 넣었다. 모든 기적은 알라의 허락 아래 이루어졌다.

"마리아의 아들 예수야……너는 흙으로 나의 뜻에 따라 새의 모양을 빚어 그곳에 호흡을 하니 나의 뜻에 따라 새가 되었느니라 또한 장님과 문둥병을 치료하였으니 나의 뜻이었고 또한 죽은 자를 살게 하니 이도 나의 뜻이었느니라"(꾸란 5:110).[48]

꾸란에 따르면, 예수는 장님과 문둥병 환자를 치료했으며[49] 죽은 자도 살렸다.[50]

예수의 사역

기독교에서 예수는 십자가에 달려 죽음으로써 예수를 통하여 인간을 구원하시려는 하나님의 사역을 이 땅에서 완성하였다.

"예수께서 이 말씀을 하시고 눈을 들어 하늘을 우러러 이르시되 아버지여 때가 이르렀사오니 아들을 영화롭게 하사 아들로 아버지를 영화롭게 하옵소서……아버지께서 내게 하라고 주신 일을 내가 이루어 아버지를 이 세상에서 영화롭게 하셨사오니"(요 17:1, 4).

그러나 이슬람에서 예수의 삶과 사역은 무함마드뿐만 아니라, 앞서 왔던 선지자들이 했던 것보다 하등한 것이었다. "그대 이전에도 우리(알라)는 선지자를 보내었고 그들에게 배우자를 주어 자녀를 갖게 했느니라"(꾸란 13:38). 예수 이전에 많은 선지자들에 비하여 예수는 배우자가 없었으며 자녀도 없었다.

이 구절의 의미는 예수는 단지 선지자였으며, 예수 이전의 많은 선지자들보다도 하등한 존재라는 것을 부각시킨다.

예수 이후에 대한 예언

기독교에서 예수는 자신의 죽음과 부활 이후에 성령이 올 것을 예언하였다. "내가 아버지께 구하겠으니 그가 또 다른 보혜사를 너희에게 주사 영원토록 너희와 함께 있게 하리니…… 보혜사 곧 아버지께서 내 이름으로 보내실 성령 그가 너희에게 모든 것을 가르치고 내가 너희에게 말한 모든 것을 생각나게 하리라"(요 14:16, 26).

이슬람에서 예수는 유대인들만을 위한 선지자[51]였으며, 3년 동안 제한적인 사역을 하였다. 그 이유는 예수 뒤에 올 선지자 즉 아흐맏(무함마드의 다른 이름)을 알리기 위한 것이기 때문이다.

"마리아의 아들 예수가 이스라엘 자손들이여 실로 나는 너희 앞에 보내진 선지자로서 내 앞에 온 구약과 내 뒤에 올 아흐맏이라는 이름을 가진 한 선지자의 복음을 확증하노라……"(꾸란 61:6).

이 구절에서 '아흐맏'(Ahmad)은 '무함마드'(Muhammad)와 동일한 어근이다.[52] 따라서 이슬람에서는 예수가 자신의 뒤를 이어서 사역을 완성할 무함마드의 탄생을 예언했다고 주장한다.

예수의 죽음

기독교에서 예수는 죄의 완벽한 희생제물로서 구약의 예언처럼 십자가에서 죽었다. 기독교에서 예수가 십자가에서 죽었다는 것은 아담 이후에 모든 사람의 죄를 그가 짊어졌다는 것을 의미한다. 역사적으로 예수는 강한 메시아적 자아의식을 가지고 있었고, 자신의 죽음의 길을 예견하였고, 자신의 죽음을 '많은 사람의 죄를 용서하기 위한 대리자적 속죄 죽음'의 의

미로 간주하였다.[53]

"우리는 다 양 같아서 그릇 행하여 각기 제 길로 갔거늘 여호와께서는 우리 모두의 죄악을 그에게 담당시키셨도다"(사 53:6).

"그리스도가 해를 받고 죽은 자 가운데서 다시 살아나야 할 것을 증언하고 이르되 내가 너희에게 전하는 이 예수가 곧 그리스도라"(행 17:3).

그러나 이슬람에서 예수는 십자가에서 죽지 않았다. 역사적으로 이슬람에서는 예수가 십자가에서 죽었다는 것에 대하여 전면 부정한다. 누군가 그 장소에서 예수 대신 죽었다고 말할 뿐이다. "그들은 그를 십자가에 못 박지 아니했으니 그와 같은 형상을 만들었을 뿐이라"(꾸란 4:157).

예수의 부활

기독교에서 예수는 죽은 지 3일 만에 부활하였다. "내가 받은 것을 먼저 너희에게 전하였노니 이는 성경대로 그리스도께서 우리 죄를 위하여 죽으시고 장사 지낸 바 되셨다가 성경대로 사흘 만에 다시 살아나사"(고전 15:3-4).

하지만 이슬람에서 예수는 십자가에서 죽지 않았다. 따라서 이슬람에서 예수의 부활의 개념은 존재하지 않는다. 다만 예수는 살아서 승천하였다(꾸란 3:55). 엘리야가 알라의 권능에 의하여 하늘로 승천하였던 것처럼 알라가 예수를 천국으로 올리셨다. "알라께서 그(예수)를 오르게 하셨으니 이는 알라는 권능과 지혜로 충만하심이니라"(꾸란 4:158).

예수의 권위

기독교에서 예수는 하늘과 땅의 모든 권세를 받았다. 그는 통치하시고 하나님의 나라를 확장시킨다. "그는 하늘에 오르사 하나님 우편에 계시니 천사들과 권세들과 능력들이 그에게 복종하느니라"(벧전 3:22).

이슬람에서 예수는 통치하지 않는다. 그는 다만 다른 선지자와 같은 선지자일 뿐이다. 오직 알라만이 그 능력을 가지고 있다.

예수의 중보

기독교에서 예수는 그를 따르는 자들을 중보하시는 대제사장이 되었다. "예수는 영원히 계시므로 제사장 직분도 갈리지 아니하느니라……그가 항상 살아계셔서 그들을 위하여 간구하심이라"(히 7:24-25).

하지만 이슬람에서 예수는 중보자가 되지 못한다. 중보는 알라의 단독 권위이다. "알라는 하늘과 땅, 그리고 그 사이에 있는 모든 것을 엿새 동안에 창조하신 후 권좌에 오르셨으니 그분이 아니면 너희에겐 보호자도 중재자도 없도다. 너희는 이를 교훈으로 받아들이지 않느뇨"(꾸란 32:4). 예수는 중재자로서의 무능함을 보였다. "알라의 사도(무함마드)는 말했다. 부활의 날에 모든 사람들이 모일 때 사람들은 '우리를 중재하시는 주께 구하자'라고 말하면서 그(예수)에게 갈 것이다. 그때 그(예수)는 나는 이 일을 하기에 적합하지 못하니 무함마드에게 가보라고 말할 것이다."(부카리 하디스 8:50).[54]

예수의 재림

기독교에서 예수는 영원히 통치하기 위하여 이 세상에 재림하실 것이다. "또 충성된 증인으로 죽은 자들 가운데서 먼저 나시고 땅의 임금들의 머리가 되신 예수 그리스도로 말미암아 은혜와 평강이 너희에게 있기를 원하노라 볼지어다 그가 구름을 타고 오시리라 각 사람의 눈이 그를 보겠고 그를 찌른 자들도 볼 것이요 땅에 있는 모든 족속이 그로 말미암아 애곡하리니 그러하리라(계 1:5, 7).

이슬람에서도 예수는 재림할 것이다. 꾸란에 의하면, 모든 인간은 죽는다. 예수 또한 죽음이라는 과정을 통과하여야 한다(꾸란 19:33). 그래서 다시 재림할 것이며, 재림한 후에 40년 동안 살면서 그의 제자들로 하여금 모두 이슬람을 믿게 할 것이고, 모든 기독교인들은 이슬람으로 개종을 하든지 그렇지 않은 사람은 모두 죽일 것이라고 말한다.[55]

"나의 영혼을 주관하시는 그분에 의해 마리아의 아들(예수)은 곧 너희들(무슬림) 가운데 공정한 심판자로 올 것이다. 그는 십자가를 부수고 돼지를 죽일 것이다"(부카리 하디스 3:425).[56]

예수의 심판

기독교에서 예수가 다시 오면 그는 산 자와 죽은 자를 심판할 것이다. "주 예수께서 자기의 능력의 천사들과 함께 하늘로부터 불꽃가운데 나타내실 때에 하나님을 모르는 자들과 우리 주 예수의 복음에 복종하지 않는 자들에게 형벌을 내리시리니"(살후 1:7-8).

이슬람에서 예수는 알라 가까이 있는 자들 가운데 한 분인 것은 확실하다. "천사들이 말하기를 알라께서 너에게 말씀으로 복을 주시니 마리아의 아들로서 그의 이름은 메시아 예수이니라 그는 현세와 내세에서 영광이 있으며 알라 가까이 있는 자들 가운데 한 분이니라"(꾸란 3:45). 그러나 예수는 꾸란의 법으로 사람들을 심판할 것이다. "알라의 사도가 말했다. 마리아의 아들이 너희가운데 내려가서 성서의 법이 아니라 꾸란의 법에 의하

여 사람들을 심판할 때 너는 어떠한 상황에 놓이게 될 것인가?"(부카리 하디스 4:658).[57]

4) 예수와 무함마드의 전쟁과 평화

예수와 무함마드는 둘 다 전쟁과 평화를 이야기했다. 그러나 예수와 무함마드의 목적과 접근 방법은 확연한 차이가 드러난다. 예수는 "화평하게 하는 자는 복이 있나니"(마 5:9)라고 말했다. 그는 제자들에게 모든 사람과 더불어 화평하도록 격려하였다(벧전 3:11). 그러나 이슬람의 알라는 무함마드를 통하여 다음과 같이 계시하였다.

"알라와 내세를 믿지 아니하며 알라와 선지자가 금기한 것을 지키지 아니하고 진리의 종교를 따르지 아니한 자들에게 비록 그들이 성서의 백성이라 하더라도 항복하여 인두세를 지불할 때까지 성전하라 그들은 스스로 저주스러움을 느끼리라"(꾸란 9:29).

예수는 본질적으로 믿음을 말했다. "예수께서 이르시되 나는 부활이요 생명이니 나를 믿는 자는 죽어도 살겠고 무릇 살아서 나를 믿는 자는 영원히 죽지 아니하리니 이것을 네가 믿느냐"(요 11:25-26). 그러나 무함마드는 개종이 아니면 죽이라고 말했다.

"(알라가) 나에게 알라 외에는 아무도 경배를 받기에 합당치 않습니다. 그리고 누구든지 이로 인하여 그의 생명은 구원을 얻게 되고 소유를 얻게 될 것입니다라고 말할 때까지 싸울 것을 명령하였다"(하디스 2:483).

예수는 자신의 가르침으로 인하여 제자들 가운데 일부는 자신을 떠날 것이라는 사실을 받아들였다(요 6:60-66). 그러나 무함마드는 그의 제자들에게 누구든지 이슬람의 신앙을 떠나는 자는 죽이라고 말했다.

"알라의 사도의 진술에 누구든지 이슬람 신앙을 떠나면 그를 죽여라"(부카리 하디스 9:57).

예수의 사명은 그가 인간 대신 죽음으로 인하여 인간이 죄의 형벌로부터 자유를 얻게 하는 것이다. "하나님이 죄를 알지도 못하신 이를 우리를 대신하여 죄로 삼으신 것은 우리로 하여금 그 안에서 하나님의 의가 되게 하려 하심이라"(고후 5:21). 그러나 무함마드의 사명은 알라를 위하여 세상을 정복하는 것이다. 지하드의 목적은 전 세계 사람들이 이슬람을 믿게 하는 것이다. 이슬람은 알라만이 유일한 권위자이며 모든 정치적 체계는 알라의 가르침에 기초해야 한다고 가르친다.[58]

평화의 사전적 의미는 '전쟁이나 갈등이 없는 평온함'을 의미한다. 예를 들어서 평화운동이란 '전쟁을 막고 세계평화를 옹호하기 위하여 전개하는 운동'이며, 평화협정이란 '군사적으로 대치하고 있는 나라에서 군사행동을 중지하고 평화상태를 회복하거나 우호관계를 발전시키기 위하여 맺은 협정'을 의미한다.[59] 다시 말해서 평화는 전쟁과 관련이 있는 단어이다. 일반적으로 전쟁이 없는 상태를 평화라고 한다. 또한 기독교에서 말하는 평화는 예수 그리스도를 믿음으로 말미암아 얻게 되는 평화를 말한다(요 14:27).

이슬람의 세계관에 의하면, 이슬람은 두 개의 세계로 나눈다. 평화의 집(Darb-ul-salem)과 전쟁의 집(Darb-ul-harb)이다. 평화의 집은 알라를 섬기며 무슬림에 의하여 통치되는 국가와 사회를 의미한다. 무슬림에 의하여 통치되지 않는 국가와 사회는 전쟁의 집이 된다. 즉 전쟁의 대상이 된다는 것이다. 이슬람이 한번 지배한 나라는 영원토록 이슬람 국가가 되어야 한다. 이슬람에서 떨어져 나간 나라와 사회는 알라의 통치가 쇠퇴한 것이기에 무슬림은 그 나라나 사회에 복수를 해야 한다.[60] 따라서 평화의 집에 사는 사람들이 평화의 집에 살고 있지 않는 사람들을 향하여 전쟁을 선포하는 것이다. 이것이 지하드이다. 이슬람의 지하드는 기독교인과 유대교인 그리고 다른 종교를 겨냥한다. 그들은 외친다. "오늘은 토요일의 족속을 죽이고 내일은 일요일의 족속을 죽인다."[61] 토요일의 족속은 유대인들을 말한다. 유대인들이 토요일을 안식일로 지키기 때문이다. 일요일의 족속은 기독교인을 말한다. 기독교인들이 일요일을 주일로 삼고 있기 때문이다. 이슬람에서 이야기하는 평화의 의미는 이슬람을 믿는 무슬림이 될 때 비로소 평화의 집에 사는 것이고, 평화의 집에 살고 있지 않는 한 전쟁의 집에 살고 있기 때문에 전쟁의 대상이 된다는 뜻이다.

5) 무함마드가 받은 계시와 그 이후의 변화

이슬람에 있어서의 모든 행동과 도덕은 무함마드의 행동으로부터 시작된다. 그가 했던 행동은 무엇이든지 도덕적이고 모범이 된다. 무슬림들에게 있어서 무함마드의 행동은 평범한 것이 아니다. 그것은 알라 자신의 행동들이다.[62] 알라의 은혜를 얻으려고 노력하는 무슬림들은 평상시에 무함마드가 행했던 행동양식을 따르게 된다.

하디스[63]의 가르침은 무슬림들의 삶에 깊은 영향을 미친다. 비록 무함마드는 약 1400년 전에 죽었지만, 그의 언행은 여전히 무슬림들에게 엄격한 길잡이가 되고 있으며, 약 16억의 무슬림들에게 영향을 주고 있다. 하디스는 꾸란의 지시를 세속적인 삶 속에서 어떻게 적용하는지를 보여준다. 압둘라(Abdullah)는 "가장 좋은 이야기는 알라의 책 즉 꾸란이며, 가장 좋은 길잡이는 무함마드이다."라고 말했다.[64] 그래서 무함마드의 가르침은 이슬람의 교리가 되었다. 무슬림들은 무함마드의 언행을 기록해 놓은 하디스에 크게 영향을 받는다. 이러한 행동양식들은 1,400년 동안 전해져 왔다. 무함마드가 평상시에 했던 행동들, 예를 들어서 잠자는 것, 먹는 것, 부부가 되는 것, 기도하는 법, 법을 집행하는 것, 원정 떠나는 것, 적들에게 복수하는 것 등이 기록되어 있다.

남아프리카 무슬림 신학자들의 종교회의에 따르면, 하디스는 꾸란의 모호한 구절들에 대한 현명한 해석이다.

"그 선지자의 하디스나 순나 없이는 여전히 이해하기 어려운 신성한 꾸란은 선지자의 모든 언행을 따르도록 명령하고 있다. 그러므로 어떤 사람이 꾸란을 믿는다고 말한다면, 그는 꾸란과 하디스 둘 가운데 하나를 택하는 것이 아니라 그 선지자의 모든 언행이 기록된 하디스를 받아들이는 것이다."[65]

가장 권위 있는 하디스 모음집은 사히 알 부카리(Sahih-Al-Bukhari)에 의하여 수집된 것인데, 이것은 무함마드가 죽은 지 200년이 지나서 수집된 것들이다. 아랍어로 구성된 부카리 9권의 하디스는 그 길이가 무려 4,705페이지나 된다.

무함마드는 메카에서 약 3Km 떨어진 히라산 동굴에서 명상에 잠기곤 했다. A.D. 610년 무함마드가 나이 40세 되던 해에 라마단 금식월을 맞이

하여 히라산 동굴에서 잠이 들었을 때, 한 천사가 종이 한 장을 들고 나타나서 "읽어라"(Iqraa)라고 말했다. 무함마드는 깜짝 놀라서 "무엇을 읽으란 말입니까?"라고 반문했다. 그러자 천사는 그를 꽉 껴안았는데 질식할 것 같았다. 잠시 후에 천사는 팔을 풀면서 "읽어라"라고 말했다. 세 번 이 일이 반복된 후에 천사는 이렇게 말했다.

"만물을 창조하신 주님의 이름으로 읽으라 그 분은 한 방울의 정액으로 인간을 창조하였노라 읽어라 주님은 가장 은혜로운 분으로 연필을 쓰는 것을 가르쳐 주었으며, 인간이 알지 못하는 것도 가르쳐 주셨노라"(꾸란 96:1-5).

무함마드가 계시를 받는 증상에 대하여 이슬람의 어머니로 불리는 무함마드의 부인 아이샤(Aisha)는 이렇게 서술했다.
"알라의 선지자는 습관처럼 발병을 해서 추운 날에도 땀이 구슬처럼 얼굴에 흘러내렸다." 이 구절은 무함마드가 오랫동안 간질병이 있지 않았나 의심하게 되는 부분인데, 로버트 모레이(Robert Moray)는 이를 아랍의 문화적 관점에서 설명했다. 분명한 것은 무함마드 당시의 아랍 문화에서는 간질 발작을 종교적인 증상으로 봤으며, 귀신이 들리거나 신이 임한 것으로 해석했다. 무함마드 역시 초기에 이 두 가지 경우를 모두 생각했다. 먼저, 그는 귀신에 사로잡힌 것으로 생각하며 두려워했다. 그리고 자살까지 시도했다. 하지만 그의 헌신적인 아내는 "당신 같은 선한 사람이 귀신들릴 가능성이 없다."고 설득하여 자살을 막았다.[66] 또한 무함마드의 이야기를 들은 그의 부인 카디자가 무함마드를 선지자로 받아들였으며, 이슬람으로 개종하면서 이슬람은 시작되었다. 히라산에서 계시를 받았다고 주장한지

12년 만에 이슬람 신자들은 약 100명 이상으로 늘어났다.

A.D. 610년 무함마드가 계시를 받기 시작했을 때, 메카 사람들은 아라비아반도에서 신봉하는 다양한 종교와 문화에 대하여 관대했다. 무함마드가 좋은 삶을 살아갈 것에 대한 일반적인 가르침을 계속하는 동안 그의 설교는 받아들여졌다. 하지만 무함마드가 카바 신전의 우상들을 공격하기 시작했을 때부터 그가 속한 쿠라이쉬 부족의 적극적인 반대가 시작되었다.

A.D. 615년 무함마드의 추종자들이 박해를 받자, 무함마드는 추종자들에게 에티오피아로 피신하라고 하였다. 최초로 이주한 이들은 남자 11명과 여자 4명이었다. 그들은 몰래 메카를 떠나 에티오피아로 피신해서 살았다. 에티오피아 왕의 보호를 받으며 살고 있던 어느 날 그들은 메카에서 쿠라이쉬 부족의 공격이 줄어들었다는 소식을 듣고 메카로 돌아가기를 결정한다. 그러나 그들이 메카에 돌아왔을 때, 이슬람에 대한 박해는 전보다 심했다. 그래서 이들은 다시 에티오피아로 피신하게 되는데, 이때는 여자와 어린이를 빼고도 80명이나 되었다.[67] 그들은 무함마드가 메디나로 이주하여 안정될 때까지 그곳에 있게 된다. A.D. 619년 자신을 지켜주었던 삼촌 아부 탈립이 죽게 되었고 같은 해에 부인 카디자 또한 죽었다. 카디자는 65세에 죽었는데, 그녀는 25년 동안 무함마드와 결혼한 단 한명의 부인이었다.[68] 생명의 위협을 느낀 무함마드는 A.D. 622년에 추종자들을 데리고 메디나로 탈출했다.

이슬람에서는 메카에서 메디나로 이주한 이 해를 이슬람의 원년으로 삼는다. 이집트 카이로의 알-아즈하르(Al-Azhar) 대학에서 이슬람 역사학 교수로 있었던 마크 가브리엘은 무함마드가 메카에 있는 동안에는 "지하드에 대하여 전혀 언급하지 않았다"[69]고 말했다.

무함마드는 메카와 메디나에서 초기에는 유대인과 기독교인들이 무슬림들과 공존하기 쉽게 만들었다. 무슬림들은 기도할 때 예루살렘을 향하여 기도했고, 무함마드의 설교는 유대인과 기독교인에게 관대하였다. 따라서 초기 꾸란의 구절들은 기독교인들과의 평화적 공존을 지지했다.

"꾸란을 믿는 자들이나 구약을 믿는 자들이나 그리스도인과 천사들을 믿는 사비인들이나 알라와 내세를 믿고 선행을 행하는 자에게는 주님의 보상이 있을 것이며 그대들에게는 두려움도 슬픔도 없을 것이라"(꾸란 2:62).

"종교에는 강요가 없나니……"(꾸란 2:256).

"그리고 성서의 백성들을 인도함에 가장 좋은 방법으로 인도하되 논쟁하지 말라 그러나 그들 중에 사악함으로 대적하는 자가 있다면 일러 가로되 우리는 우리에게 계시된 것과 너희에게 계시된 것을 믿느니라 우리의 알라(하나님)와 너희의 알라(하나님)는 같은 알라(하나님)이니 우리는 그분께 순종함이라"(꾸란 29:46).

위의 내용에 의하면, 어느 누구에게나 종교를 강요해서는 안 되며, 무슬림이나 유대인이나 사비인이나 종교를 가진 자들은 주님이 보상한다는 것과 기독교인이나 유대인에게도 같은 하나님을 섬긴다는 것을 분명하게 하고 있다. 그러나 막상 메디나에서 무함마드의 세력이 커졌을 때, 그는 자신을 하나님의 특별한 선지자로 받아들이기를 거부한 유대인과 기독교인들을 공격하였다. 꾸란 9장 5절에 "금지된 달이 지나면 너희가 발견하는 불신자마다 살해하고 그들을 포로로 잡건 그들을 포위할 것이며 그들을 대비하여 복병하라."는 계시가 내려온 것으로 사료된다.

그리고 무함마드는 하디스에서 이 가르침을 더욱 견고히 하였다.

"나는 그들이 '알라 외에는 예배할 대상이 아무도 없습니다'라고 말할 때 까지, 그들과 싸우도록 (알라)에게 명령받아왔다"(하디스 2:483).

"나중에 받은 계시에 의하여 먼저 받은 계시가 취소된다"는 꾸란의 교리가 이슬람의 '나시크(Naskh) 교리'이다. 이 교리에 근거하여, 꾸란 9장 5절과 29절처럼 나중에 받은 계시들은 초기 비무슬림들에게 관대했던 계시들(꾸란 2:62, 256; 29:46)을 취소시킨다. 더 나아가 후에 계시된 더 많은 계시들은 지하드 즉, 불신자를 향한 전쟁을 정당화시킨다.[70]

메카에서 메디나로의 이동은 이슬람을 정치적인 집단으로 변화시켰다.[71] 메디나에 이주해 온 무함마드는 나클라 원정을 시작으로 칼을 들고 아라비아반도를 정복해 나가기 시작하였다.

무함마드가 받은 전쟁에 관한 계시를 '칼의 계시'라고 부른다. "어디에서든지 이교도를 발견하면 그를 붙잡아라. 포위하여 죽여라. 그리고 모든 매복 장소에서 기다려라."(꾸란 9:5)

이런 종류의 꾸란 구절이 109구절이나 된다. 무함마드는 66차례 전쟁을 했으며, 그 가운데 무함마드가 직접 군대를 지휘한 것도 27차례나 된다. 계속되는 전투에서 세력을 확장한 무함마드는 이슬람을 전하기 위하여 각 지역으로 선교사를 파송했다. 시리아 남부의 알타흐로 보낸 15명의 이슬람 선교사들이 지역 주민들에게 살해당하자 무함마드는 3,000명의 이슬람 병사들을 보내어 보복했다.[72] 무함마드는 칼을 들고 아라비아반도를 통일했다.

이슬람과 기독교의 가장 큰 차이점은 예수가 누구이며, 그가 이 땅에서 무엇을 했는지에 대한 이해이다. 이슬람은 예수의 정체성과 그가 인간의 구원을 위하여 대신 십자가에서 죽었다는 것에 동의하지 않는다. 또한 예수를 하나님의 아들로 보지 않는다. 하지만 성경은 예수를 "하나님의 독생자"라고 가르친다.

"하나님이 세상을 이처럼 사랑하사 독생자를 주셨으니 이는 그를 믿는 자마다 멸망하지 않고 영생을 얻게 하려 하심이라 하나님이 그 아들을 세상에 보내신 것은 세상을 심판하려 하심이 아니요 그로 말미암아 세상이 구원을 받게 하려 하심이라"(요 3:16-17).

성경은 또한 예수를 '임마누엘'이라고 가르친다. 이것은 하나님이 우리와 함께하신다는 뜻이다. 영원한 하나님으로서의 예수 그리스도는 인간이 되셨다. 예수님을 통하여 하나님은 보고 만질 수 있는 방법으로 그의 존재를 계시하셨다(요 1:1, 14). 예수 그리스도가 인류의 죄를 위한 희생 제물로 왔으며, 그의 죽음이 죄 사함을 위한 하나님의 요구를 채웠다고 가르친다(골 1:15-23). 그러나 이슬람은 예수가 단지 선지자일 뿐이며(꾸란 5:72-75), 알라가 아담처럼 예수를 만들었다고 진술한다. 심지어 꾸란은 예수가 십자가에서 죽지 않았다고 말한다(꾸란 4:157).

성경은 인간이 죄로 말미암아 거룩하신 하나님을 받아들이지 못한다고 가르친다. 인간의 오염된 상황에 대한 하나님의 해결책은 인간의 죄를 대신하여 죽는 예수 그리스도인 것이다(요 3:16). 예수 그리스도를 구주로 받아들이는 자는 누구나 구원을 얻을 수 있다. 그러나 이슬람은 사람들이 원죄 없이 태어나며 인간은 선하다고 가르친다. 구원은 믿음과 선한 행동에 의하여 알라 앞에서 그 자신의 의로움을 세워가는 것이다. 그래서 이슬람 남성과 여성은 알라가 그들을 받아들일 수 있도록 선한 행동을 해야만 한다. 반대로 기독교에서는 인간의 죄를 위하여 예수님께서 돌아가셨으며 그 사실을 믿도록 인도한다. 요한일서 4장 2절과 3절은 다음과 같이 기록하고 있다.

"예수 그리스도께서 육체로 오신 것을 시인하는 영마다 하나님께 속한 것이요 예수를 시인하지 아니하는 영마다 하나님께 속한 것이 아니니 이것이 곧 적그리스도의 영이니라."

하지만 이슬람은 예수 그리스도가 하나님의 아들로서 인간의 죄악된 상황에 대한 해결책이 될 수 없다고 강하게 부인한다.

기독교와 이슬람은 둘 다 예수 그리스도의 재림을 말하지만, 그 내용은 다르다. 이슬람에서는 예수가 재림하여 꾸란의 법으로 사람들을 심판하고, 이 세상의 유일한 종교로서 이슬람을 세운 후에 죽을 것이라고 말한다. 그러나 기독교는 예수 그리스도가 산 자와 죽은 자를 심판하기 위하여 왕으로서 그리고 주로서 다시 올 것을 믿는다(계 20:11-15). 하나님처럼 예수는 그의 모든 자녀들과 함께 영원히 다스릴 것이다.[73]

3. 기독교와 이슬람의 인간이해에 대한 차이

1) 인간의 본질

이슬람에서 인간의 목적은 알라의 뜻에 삶의 모든 것을 통합하는 것이다. 이것이 이슬람의 신앙(imam)이다. 인간에 대한 이슬람적인 관점은 영혼과 육체라는 두 가지 본질을 지녔다는 것이다. 인간의 본질은 연약하며[74] 쉽게 타락하며 탐욕스럽고[75] 그래서 인간은 행위의 자유에 제한을 받아야 할 필요성이 있다고 한다. 이러한 제한이 율법이다. 사람은 연약하고 알라를 망각하기 때문에 완벽하지 못하다. 일반적으로 이슬람은 사람들이나 사회의 악이 우리의 반항에서 비롯된 것이 아니고 본래적인 연약함에서 발생했다고 설명한다.

2) 운명과 도덕적인 책임

알라에 대한 절대적 복종은 도덕적이고 윤리적인 문제에 대해 인간을 운명론적이며, 수동적으로 만든다. 복종은 효과적인 진보를 막고 개혁을 방해한다. 예를 들면, 이란의 테헤란에 있는 아파트의 발코니 난간은 낮게 설치되어 있어서 어린아이들이 그 위로 올라가 떨어져 죽는 사건이 자주 발생한다. 그러나 이러한 상황을 개선하기 위해 신속하게 대처하지 않는다. 이 아이들의 죽음은 알라의 뜻이고 모든 것을 받아들여야 한다고 생각하기 때문이다. 이러한 운명적인 세계관은 도덕적, 윤리적인 문제에 있어서 도덕적인 책임감의 부재를 가져온다.

알라는 만물의 근원이며 그 어떤 일도 그의 섭리 없이는 발생할 수 없다. 결과적으로 그는 선뿐만 아니라 악의 근원이기도 하며, 인간의 모든 행위는 이미 운명 지어진 계획에 불과하다. 따라서 무슬림은 항상 "알라는 나를 이렇게 만들었다. 나는 그저 알라가 이미 계획한 길을 따라 가는 것뿐이다."라고 말한다.

3) 원죄의 부정

꾸란에서 인간은 하얀 백지장처럼 태어난다고 가르친다. 인간에게는 선천적인 순수한 본질이 부여되었고 인간은 연약하게 창조되었지만, 이러한 연약함에 의해 알라로부터 분리되지는 않았다고 한다. 모든 사람들은 죄를 범하지만, 범죄가 죄성이 있는 인간 본질에 의한 것이 아니라, 알라를 망각하기 때문에 발생한다고 주장한다.

기독교는 인간이 거룩과 함께 신실한 하나님의 형상으로 만들어 졌다고 본다.[76] 이러한 하나님의 형상은 여전히 우리 안에 존재하지만 아담과 하와가 죄로 인하여 하나님으로부터 떨어져 타락하였으며, 하나님으로부터 분리되었을 때 손실되었다. 이 원죄가 여전히 전 인류를 지배하며 모든 사람들의 죄 안에서 나타난다. 아담과 하와의 죄가 인간을 비극적으로 변하게 했고 죄가 개인적으로, 집합적으로 우리를 지배한다는 기독교적 교리는 이슬람과 대조적이다.

꾸란은 비록 아담이 알라에게 불순종했지만, 그는 회개하여 용서를 받고 인류를 위한 지침을 부여 받았다고 가르친다. 사람들은 죄인으로 태어나지 않았고 개인의 죄성에 대한 교리는 이슬람에는 없다. 그러므로 이슬람은 대속의 교리가 필요 없다.

이슬람은 모든 인간이 근본적으로 죄인이며, 하나님에게 대항한다는 원죄에 대한 기독교적인 신앙을 거부한다. 따라서 이슬람에서 원죄는 존재하지 않는다.

4. 기독교와 이슬람의 죄에 대한 개념의 차이

1) 죄의 근원

이슬람은 죄의 본질에 대해서는 침묵하고 죄의 기원, 결과 또는 치료에 대해 아무런 설명도 하지 않는다. 꾸란의 죄 개념은 금지된 것을(haram) 행하는 것과 의무적인 임무(farde 또는 wajib)를 하지 않는 것이다.

이슬람의 죄에는 대죄와 소죄가 있다.[77] 7가지 대죄(kebira)는 우상숭배, 살인, 간음에 대한 거짓 고발, 고아를 괴롭히는 것, 성전(지하드)에서 이탈하는 것, 부모에 대한 불순종이다. 대죄를 범하지 않으면, 알라는 소죄를 용서하고 천국에 들어가도록 허락한다.[78] 가장 악하고 용서받지 못할 죄는 알라를 다른 신과 연관 짓는 것이다. 다른 대죄의 예로는 무함마드가 받은 계시가 거짓이라고 말하는 것이다.

대조적으로 기독교인들은 죄가 마음속의 욕구에서 비롯된다고 이해한다. 죄의 행위는 타락한 마음, 성향, 의지의 표현이다. 모든 인간은 원래부터 부패하였다. 사탄은 유혹의 근원이지만, 우리는 자신의 행위에 대한 책임이 있다.

2) 죄의 결과와 구원

꾸란은 인간의 타락성과 죄의 진정한 본질을 말하지 않는다. 이슬람과 기독교 둘 다 죄라는 단어를 사용하지만 죄의 개념은 서로 다르다. 만약 하나님이 얼마나 거룩한지를 모른다면, 인간이 얼마나 죄인인지도 알 수 없고 그 결과 구원이 없는 종교가 된다. 이것이 이슬람과 기독교의 근본적인 차이점이다. 이슬람에서 인간은 스스로 노력하여 알라의 인정을 받으려고 하지만, 기독교에서는 하나님이 인간을 의롭게 만들고 예수의 희생적인 속죄를 통해서 인간을 받아들인다.

죄가 사랑의 하나님에게 잘못을 저지른 것이라는 개념을 이슬람에서는 이해하기 어렵다. 알라를 완전하게 초월적인 존재로 생각하기 때문이다. 알라는 자기 기분대로 하고[79] 인간은 단순히 알라의 노예이다. 인간의 범죄조차 이미 운명 지어져 있다.

이슬람은 죄인을 성자로 만들기 위한 그 어떤 방법도 제시하지 않는다. 삶을 변화시키는 지식을 얻기 위해 무슬림은 단순히 개인적인 노력과 집단적인 교육에 의지한다. 이슬람은 믿는 자 안에서 거룩한 삶을 살고 하나님을 기쁘게 하고 죄를 사하는 성령의 권세를 전혀 알지 못한다. 죄는 단순히 외적으로 율법을 위반하는 것이 아니다.

하나님은 우리가 어떻게 그의 거룩함을 위반하였는지 아신다. 하나님의 공의로 인해 그의 법이 지켜지지 않은 곳에는 사망과 정죄가 있고 이곳이 바로 은혜가 반드시 필요한 곳이다. 하나님은 우리가 거룩함을 위반함에 따라 공정하게 다룬다는 조건하에 이 은혜를 제공한다. 예수 안에서 유일하신 하나님이, 죄 없이, 십자가에서의 죽음으로써 우리의 벌을 대신 받으셨다. 예수님에 대한 믿음과 십자가에서의 대속을 통해 우리는 의롭다 여김을(하나님과 바른 관계 성립) 받는다.

"그가 빛 가운데 계신 것같이 우리도 빛 가운데 행하면 우리가 서로 사귐이 있고 그 아들 예수의 피가 우리를 모든 죄에서 깨끗하게 하실 것이요"(요한일서 1:7).

예수는 우리를 위해 죽은 것만 아니라, 죽음으로부터 부활하여 다시 사셨다. 이 부활을 통해, 우리는 믿음으로 살 수 있다. 그의 부활 없이는 신앙도 기독교도 없다. 우리는 여전히 죄 속에 죽어 있을 것이다.[80]

5. 기독교와 이슬람의 계시관의 차이

1) 최후의 계시

기독교와 이슬람은 비록 인간에 대한 상이한 개념을 가졌지만, 양쪽 다 인류가 구원이 필요하다고 믿는다. 무슬림은 계시가 법의 형태로 인간을 위한 신성한 지침으로 구성되어 있다고 믿는 반면에, 기독교인은 계시가 하나님과의 관계를 회복시키기 위한 구원에 있다고 믿고 있다. 무슬림들은 인간의 이성은 불완전하며 알라의 본질이나 현실 전체를 이해할 수 없다고 믿는다. 그러므로 절대적인 선과 악은 선지자의 명상을 통한 계시에 의해서만 알 수 있다. 알라의 섭리 속에서 인류가 지상에서 존재하기 시작한 후로 아담에서 모세까지 선지자의 계승이 있었다고 믿는다.

무슬림들은 비록 인류의 진보에 따라 점진적인 발전이 있었지만 모든 선지자들에게 주어졌던 계시는 동일하다고 주장한다. 꾸란은 이슬람이 마지막이며 가장 완벽한 종교임을 명백히 하고, 성스럽고 숭고하며 영광스러운 꾸란은 폐지될 수 없으며, 선지자 무함마드는 선지자들의 인(seal)이라고 주장한다.

무슬림들은 알라가 104권의 책을 주었다고 한다. 무함마드는 이 세상 모든 나라와 세대에게 보내진 12만 4,000명의 선지자 중 가장 마지막 선지자인데, 이 선지자 중 25명의 이름이 꾸란에 명시되어 있다. 무함마드는 새로운 계시를 받은 것이 아니라 이전 선지자들의 계시를 재언급하였으며, 물질의 본질 속에 내재되어 있는 진리, 즉 원초적 관습을 재정립했다고 주장한다.

이슬람에서는 무함마드가 문맹이었다는 점을 강조한다.[81] 이 점은 꾸란의 기적적 본질을 보여주기 위한 것이다. 그렇기 때문에 꾸란은 알라의 계시일 수밖에 없다는 것이다. 글을 모르는 사람이 어떻게 그 아름다운 시와 고전 아랍어로 완벽한 책을 쓸 수 있었겠는가? 따라서 꾸란이 이슬람교의 유일한 기적이라고 말한다. 그들은 꾸란 10장 38-39절을 인용하며, 꾸란이 복제할 수 없는 문학 형태이며 순수한 아랍어임을 강조한다.[82]

2) 꾸란의 의미

꾸란은 이슬람의 계시의 책이다. 꾸란의 본래 의미는 낭송(Recitation), 읽을거리 혹은 낭송할 텍스트를 가리키며, 무슬림들의 궁극적인 종교지식의 근거이다. 꾸란은 무슬림 공동체를 인도하는 책이기에, 무슬림들은 꾸란을 읽고 해석하는 능력을 가져야 한다. 꾸란은 무슬림들에게 모든 것의 절대적 기준이 되어왔다.[83]

꾸란은 이슬람의 라마단 달에(꾸란 2:185) 천사 가브리엘을 통해 무함마드에게 계시되었다고 믿는다(꾸란 26:193,194). 꾸란은 무함마드가 23년 동안 받은 계시로서 메카(610-622) 계시와 메디나(622-632) 계시로 구분된다. 메카에서는 13년 동안 받았으며 메디나로 이동한 후 메디나[84]에서는 10년 동안 24장[85]의 계시를 받았다.

꾸란은 전체 114장으로 되어 있고, 길이는 3절에서 286절까지 다양하다. 꾸란의 첫 계시는 96장 1절 '이끄라'(읽으라)라는 단어로 시작한다.

"만물을 창조하신 그대 주님의 이름으로 읽으라 그분은 한 방울의 정액으로 인간을 창조하셨나니 읽으라. 그대의 주님은 가장 은혜로운 분으로 연필로 쓰는 것을 가르쳐 주셨으니 인간이 알지 못하는 것도 가르쳐 주셨느니라"(꾸란 96:1-5).

무슬림들은 천사 가브리엘이 천국에 있는 영원한 책인 꾸란을 직접 무함마드에게 구술했다는 관점으로 계시를 받아들인다. 무함마드는 스스로 선지자가 되려고 하지는 않았지만, 천사의 강요로 인해 알라의 선지자가 되었다고 한다. 따라서 무함마드는 자기가 받은 계시가 위에서 주어진 것이기에 자신의 경험이나 자신의 생각을 전한 것이 아니라고 주장한다.

3) 꾸란의 역사적 발전

무함마드가 사망한 당시에는 현재와 같은 완성된 꾸란은 존재하지 않았다. 꾸란은 무함마드의 동료들의 기억에 의해 작성되었고 꾸란의 각 장은 뼈, 가죽, 평평한 돌, 잎 등에 흩어져 있었다.[86]

이슬람 전통에 따르면, 최초의 칼리프(후계자)인 아부 바크르(Abu Bakar, 573-634)가 꾸란을 최초로 집필했다. 현재 형태의 꾸란은 3대 칼리프(후계자)인 우스만(Uthman b. Afan, ?~656)의 지시 아래 자이드 빈 타빗(Zaid ibn Thabit)에 의해 646년경에 작성되었다.

꾸란을 조금이라도 암송하는 무함마드의 추종자들이 꾸란이 기록된 뼈, 가죽, 평평한 돌, 잎 등을 모아 전체 꾸란을 작성하기 위해 모였다. 오마르(Umar, 586-644)의 딸이 소유하던 원고가 공식적 꾸란을 만들기 위해 사용되었다. 우스만은 공인된 꾸란을 일곱 부를 복사하여 메카, 메디나, 발사, 다마스커스 등의 이슬람교 학습 센터에 배포하였다.

646-650년 후에는 다른 모든 사본은 불태워서 공인된 꾸란에 도전할 수 없게 하였다. 따라서 당시의 다른 꾸란은 현재 남아 있지 않다. 현재 우리가 가지고 있는 꾸란은 무함마드의 꾸란이 아니고 우스만의 간행본인 것이다. 따라서 시아파[87]는 오랫동안 현재의 꾸란 원본이 왜곡된 것이라고 주장하였다.[88]

4) 성경은 변질되었는가

이슬람에는 기독교의 성경이 변질되었다는 타흐리프(Tahrif) 교리가 있다.[89] 구약은 유대인들에 의하여 변질되었고 신약은 기독교인들로 인하여 변질되었다고 가르친다. 따라서 변질된 성경은 읽어서는 안 되고 변질된 내용 가운데 꼭 필요한 부분은 올바르게 정리되어 꾸란에 기록되어 있다고 가르친다.

이슬람 학자들이 성경이 변질되었다고 주장하는 핵심을 세 가지로 살펴보면 다음과 같다.

첫째, 꾸란에는 무함마드라는 예언자가 올 것이라고 예수가 예언했는데, 지금의 성경에는 그 내용이 없다.[90] 둘째, 꾸란에는 예수에게 신성이 없다고 가르치는데 성경에는 예수의 신성이 기록되어 있다. 셋째, 꾸란에는 예수가 십자가에서 죽었다가 부활했다는 내용이 없는데 성경에는 예수의 죽음과 부활 사건이 기록되었다. 따라서 지금의 성경은 변질되었다는 것이다. 성경의 원본에는 꾸란과 일치하는 내용들이 있었지만, 유대인과 기독교인들이 타락하여 그 내용을 변질시켰기 때문에 알라께서 하늘에 있는 원본인 꾸란을 무함마드를 통하여 직접 계시했다는 것이다.

그렇다면 이슬람에서 주장하듯이 성경은 정말 변질되었을까? 만일 성경이 변질되었다면, 성경이 변질되었다는 내용이 꾸란에 있어야 한다. 꾸란에는 기독교인들과 유대인들이 타락했다는 기록은 있어도 성경이 변질되었다는 이야기는 나오지 않는다.

오히려 꾸란에는 계시에 의심이 생기면 성서의 백성들[91]에게 물어보라고 말하고 있다.[92] 꾸란에는 꾸란 이전에 계시된 모세와 예수와 예언자들에게 내려진 율법을 믿으라고 기록되어 있다. 무함마드 이전에 성경이 변질되었다는 내용이 꾸란에 없는데, 언제 변질되었다는 것일까?

성경은 변질되지 않았다. 구약성경은 A.D. 90년에 팔레스타인의 얌니아 종교회의를 통하여 확정되었다고 하지만, 이미 B.C. 400년경에 말라기서가 기록된 이후에 하나님의 말씀으로 인정되었으며, 수백 년 동안 유대인들에 의하여 사용되었다. 무엇보다도 구약의 권위를 예수께서 인정하셨다(마 4:4; 막 14:27). 기독교에서도 구약 39권을 하나님의 말씀으로 인정하여 사용되었다. 신약성경은 최종적으로 A.D. 397년 기독교 3차 카르타고 회의에서 공식적으로 인정되었다. 무함마드가 태어나기 약 200여 년 전까지 성경은 이미 오늘날 교회가 사용하고 있는 것과 동일한 경전으로 확정되어 사용되었다. 1947년 이스라엘의 사해 근처에 있는 쿰란 동굴에서 발견된 사본은 늦어도 A.D. 1세기에 만들어진 사본임에도 오늘날의 성경과 동일하다. 오히려 꾸란도 무슬림들이 성경을 믿어야 한다고 가르친다.[93]

5) 꾸란의 변질

꾸란은 알라에게 불변성을 부여하지 않는다. 이것은 알라가 그가 만든 어떤 결정에 대해 구속되지 않음을 의미한다. 그러므로 그는 상황에 따라

망설이지 않고 새로운 계시가 믿는 이들에게 주어진 특별한 명령과 지침을 포함하는 이전의 계시를 변경하고 폐지한다.

"우리(알라)가 원하사 우리(알라)가 그대에게 계시한 것을 거두어 갈 수 있나니 그때에 그대를 보호할 어느 것도 발견치 못하리라"(꾸란 17:86).

무함마드는 자신이 천국에 있는 영원하며 불변하는 판에 쓰인 신성한 말씀을 전달하는 자라고 주장했기 때문에, 이것은 무함마드에게 문제를 가져다주었다. 상황이 변함에 따라 꾸란은 알라가 이전의 계시를 폐하고 새로운 것으로 대체했다고 주장하기를 망설이지 않았다.

"우리가 취소하는 그 어떤 말씀도 폐기하지 아니하며 망각케 하지 아니하되 네가 잊도록 하는 구절은 우리가 더 나은 것으로 또는 비슷한 것으로 대체하는 것이니라. 알라가 모든 것에 대해 권세를 가지신 것을 네가 모르느뇨?"(꾸란 2:106).

꾸란의 계시 내용은 수시로 바뀐다. 꾸란 53장에서 무함마드의 관점이 더 강력한 일신교로 변화됨에 따라 그가 메디나의 신들과 관련한 그의 계시를 어떤 방식으로 수정하였는지 볼 수 있다. 상황과 시대에 따라 의식에 대한 율법과 같은 알라의 도덕적 율법이 변경되었다. 꾸란에서 알라는 이전에 공표한 것을 변경할 수 있을 뿐만 아니라 무함마드에게 계시한 모든 계시를 취소할 수도 있다(꾸란 17:86). 이것은 성경의 하나님이 불변하는 신리라는 기독교적 관점과 완전히 대립된다. 변하는 것은 진리가 아니다. 진리가 진리인 까닭은 변하지 않기 때문이다.

나중에 받은 계시에 의하여 먼저 받은 계시가 취소된다는 교리가 이슬람의 나시크(Naskh) 교리다. 예를 들면 과부의 재혼에 대한 내용 가운데 꾸란에는 과부가 된 지 1년 안에 재혼이 금지되어 있었다(꾸란 2:240). 그런데 같은 꾸란 안에 과부가 된 지 4개월 10일 안에 재혼이 금지된다는 기록이 있다.[94] 또한 무슬림 남자에게 4명의 아내를 허용하였지만, 무함마드에게는 어떤 여자라도 결혼할 수 있다는 계시가 내렸다. 심지어 친족과 결혼이 허락되었다.

"예언자여 실로 알라가 그대에게 허용하였나니 그대가 이미 지참금을 지불한 부인들 알라께서 전쟁의 포로로써 그대에게 부여한 자들로 그대의 오른손이 소유하고 있는 이들과 삼촌의 딸들과 고모의 딸들과 외삼촌의 딸들과 이주하여 온 외숙모의 딸들과 예언자에게 스스로 의탁하고자 하는 믿음을 가진 여성들과 예언자가 결혼하고자 원할 경우 그대에게는 허용되나 다른 믿는 사람들에게는 허용되지 아니함이라"(꾸란 33:50).

따라서 무함마드는 적어도 12명 이상 22명의 여성들과 결혼하였다.[95] 어떻게 그런 일이 가능한가? 이러한 계시의 변화를 보완하기 위하여 나시크(Naskh) 교리가 생겨났다. 꾸란에 기록된 계시는 바뀔 수 있으며 계시가 바뀔 때는 나중에 받은 계시가 먼저 받은 계시를 취소시킨다는 것이다. 따라서 먼저 받은 계시는 이슬람 신학에 의하면 취소된 구절이 된다. 이에 대하여 꾸란은 다음과 같이 기록한다.

"알라가 그대에게 계시한 것을 거두어 갈 수 있나니 그때에 그대는 보호할 어느 것도 발견치 못하리라"(꾸란 17:86).

"알라가 말씀을 다른 것으로 대체할 때 그 계시함이 무엇인가는 알라가 아심이라. 이에 그들(불신자)이 위조자라고 말하나 그들 대다수는 알지 못하는 이들이매"(꾸란 16:101).

또한 꾸란은 메카에서 12년 동안 받은 계시와 메디나로 옮겨서 받은 메디나 계시로 나뉜다. 메카에서는 무함마드가 포교를 위해 무력을 사용하지 않았다. 예를 들면 이렇다.

"종교에는 강요가 없나니"(꾸란 2:256).

종교는 강요되어서는 안 된다는 내용 등이다. 그런데 이 내용이 메디나로 오면서 바뀌게 된다. 메디나로 온 무함마드는 2년 7개월이 지난 후, 나클라 전투에서부터 칼을 사용하기 시작한다. 그리고 계속하여 메카로 가는 대상들을 공격했다. 그 후에 종교에 강요가 없다던 평화의 계시는 칼의 계시로 바뀌어 가기 시작했다.

"금지된 달이 지나면 너희가 발견하는 불신자들마다 살해하고 그들을 포로로 잡거나 그들을 포위할 것이며……"(꾸란 9:5).

"내가 불신자들의 마음을 두렵게 하리니 그들의 목을 때리고 또한 그들 각 손가락을 때리라 말씀이 있었으니"(꾸란 8:12).

유대교인과 기독교인에 대해서도 마찬가지이다. 메카에서는 종교의 다름을 인정하였고 평화를 이루는 내용으로 되어 있다. 무슬림은 성서의 백성들과 같은 하나님을 섬기고 있다고 주장(꾸란 29:46)했다. 그러나 메디나에 오면서 다음과 같이 바뀐다.

"알라와 내세를 믿지 아니하며 알라와 메신저가 금기한 것을 지키지 아니하고 진리의 종교를 따르지 아니한 자들에게 비록 그들이 성서의 백성이라고 하더라도 항복하여 인두세를 지불할 때까지 성전하라. 그들이 스스로 저주스러움을 느끼리라"(꾸란 9:29).

"박해가 사라지고 종교가 온전히 알라만의 것이 될 때까지 성전하라"(꾸란 8:39).

이 구절들에 의하여 기독교인과 유대인에 대한 태도가 바뀐 것이다. 꾸란의 계시는 상황에 따라 계속 바뀌어 갔다. 꾸란 안에 20개 정도는 서로 모순되는 계시들이거나 이전의 계시를 폐기하는 것들이 있다.[96] 이슬람 초기에 무함마드가 사탄의 계시를 받았다는 하디스의 기록이 있다.[97] 그것은 메카의 쿠라이쉬 부족과 타협하기 위하여 메카의 부족 신이었던 알라에게 세 명의 딸들이 있다는 것을 인정한다는 계시였다. 그러나 그 계시가 돌연 취소되었다. 그 이유는 무함마드 자신이 사탄의 계시를 받았기에 알라로부터 혼이 나

무함마드가 12살 때, 시리아 남부 보스라에서 만났던 네스토리안기 독교 사제 부히리가 사역하던 수도원

고 그 계시가 취소되었기 때문이다.[98] 이 내용을 가지고 인도계 영국인 작가였던 살만 루시디(Salman Rushdie)가 『악마의 시』(The Satanic Verses)라는 책을 썼는데, 그로 인하여 무슬림들로부터 20년 이상 살해의 위협 속에 지내게 되었다. 또 그 책을 번역한 사람들은 일본과 이탈리아에서 암살당했다.

6. 이슬람의 형성에 영향을 끼친 기독교 이단들

기독교인으로서 이슬람에 대하여 처음 연구하였던 사람은 앞에서 언급한 시리아의 수도 다마스커스에서 살았던 요한네스(Johannes)였다. 그의 아버지는 이슬람 군주 무아위야 1세 아래에서 재무부 장관을 지냈다. 새로 등극한 왕이 기독교에 적대적인 정책을 펴자, 요한네스는 예루살렘 근처의 마르사바(Mar Saba)수도원에 은신하였다.[99]

그는 자신의 신학적 저술인 『지식의 근원』, "제2부 이단에 관하여"에서 이슬람을 이단으로 간주하였다. 그 이유는 무함마드가 이단이었던 아리우스파 수도사로부터 정보를 받아서 이슬람을 시작하였으며, 꾸란에서 예수는 비록 알라의 말씀이며, 영으로 언급되지만, 그리스도의 신성을 부인하기 때문에 이단이라고[100] 했다.

삼위일체에 대한 꾸란의 견해는 당시에 아라비아 지역에서 영향력이 컸던 컬리리디아니즘(Collyridianism)이란 종파에 의하여 영향을 받았다.[101] 이 종파의 가장 두드러진 특징은 하나님께 어울리는 숭배와 경배를 마리아에게 드리는 등 마리아를 여신으로 대우하는 것이다.[102] 컬리리디아니즘이 5세기에 성행했던 지역은 공교롭게도 '네네베브'와 '레아' 같은 그리스 여신들을 숭배하던 지역과 일치한다.[103]

또한 꾸란의 예수에 대한 묘사는 당시 아라비아 지방에 상당한 영향을

끼친 본질상 도세티즘(Docetism)에 속한 영지주의적 기독론의 영향을 받았다.[104]

이슬람에 의하면, 무함마드가 12살 때 시리아의 보스라를 방문했을 때 네스토리안(경교) 수도사 부하리(Buhari)를 만났다. 그 수도사는 처음으로 무함마드가 선지자임을 무함마드의 삼촌에게 알렸다.[105] 그 후 25세 때, 카디자의 총무로 대상을 인도하던 무함마드는 다시 네스토리안 수도사를 만나기 위하여 보스라를 방문하였으나 만나지 못했다. 이는 무함마드가 네스토리안의 영향을 받았다는 증거이다. 무함마드는 기독교 세력에 의하여 둘러싸여 있었다.

아비시니아(Abyssinia)는 단성론자(예수 그리스도가 단성 즉 신성만을 갖는다고 함)들이었다. 갓산 왕조도 단성론자들이었다. 그런가 하면 무함마드의 부인 가운데 마리암은 이집트의 콥트 교인이었다. 무함마드는 마리암과의 사이에 아들 이브라힘(Ibrahim)을 낳았지만, 그가 18개월 되었을 때 심한 병으로 죽었다.[106]

무함마드에게 영향을 끼쳤던 또 하나의 중요한 이단은 에비온(Ebionites)파였다.[107] 이슬람에서 예수님을 선지자 가운데 한 명으로 평가하는 것은 에비온파의 특성이다.[108] 에비온파는 그들만의 경전을 가지고 있었다.[109] 에비온파가 초기 교회사에서 이단이 된 것은 기독교와 유대교가 혼합된 종파였기 때문이다.[110]

무함마드 당시에 메카에는 약 200-300명의 에비온파 신자들이 살고 있었다. 무함마드의 첫 번째 부인이었던 카디자는 에비온파 신자였으며, 무함마드에게 종교적인 영향을 끼쳤던 카디자의 사촌, 와라까 빈 나우팔 역시 에비온파의 사제로 메카에서 영향력 있는 종교지도자였다.[111] 무함마드의 언행록 하디스에 의하면, 무함마드가 히라(Hira)산 동굴에서 신비한 경험을 하고 돌아왔을 때, 그것이 모세에게 나타났던 천사라고 알려준 것도 와라까 빈 나우팔이었다.[112] 이러한 영향은 무함마드에게 확신을 가져다주었고 새로운 종교를 세워가는 원인을 제공하였다.

이슬람을 연구할수록 이슬람의 교리의 구조가 기독교와 비슷하다는 것을 알게 된다. 그럼에도 불구하고 이슬람은 정통 기독교와는 전혀 다른 교리적 구조를 가지고 있다.

16세기에 오랫동안 이슬람을 연구했던 종교개혁자들은 이슬람에 대하여 명확한 결론을 내렸다. 존 칼빈은 데살로니가후서 2장 3절을 주해하면서, 이슬람의 창시자 무함마드는 배교자요, 이단자[113]라고 하였다. 마르틴 루터는 이슬람이 얼마나 해로운 종교인지 기독교인들이 알고 그리스도 신앙 안에서 더욱 강건해지도록 1542년 꾸란의 라틴어 번역을 찬성하였다. 루터는 반이슬람 논쟁의 선두에 섰다.

4장

꾸란의 형성 과정에서 살펴본 꾸란의 오류들

 ISLAM

1. 꾸란이란 무엇인가

꾸란은 이슬람에서 최고의 권위를 갖는 경전이다. '꾸란'은 아랍어로 '읽다' 또는 '암송하다'는 의미를 가진 '까아라'(qara'a)에서 파생된 단어로 '읽히는 것' 또는 '암송해야 하는 것'이라는 뜻이다. 무슬림들은 꾸란을 알라가 인간에게 주는 마지막 계시라고 믿는다. 알라가 천사 '지브릴'(가브리엘)을 통해 이슬람의 예언자 무함마드에게 23년 동안(610-632) 한 구절 한 구절씩을 계시해준 내용이라는 것이다. 따라서 꾸란은 전적으로 무함마드의 어록이다.[1]

꾸란은 모두 114장으로 이루어졌으며, 무함마드가 처음 이슬람을 시작했던 메카(Mecca)에서 받은 계시(A.D. 610-622)와 메디나(Medina)로 이주한 이후에 받은 메디나 계시(A.D. 622-632)로 나누어 있다. 총 114장 가운데 90개는 메카에서 계시된 것이고, 24개는 메디나에서 계시된 내용이다.[2]

| 꾸란

기본적으로 꾸란은 알라에 대한 신앙, 경배 행위, 무슬림의 도덕과 인간의 생활을 지배하는 법률 등 이슬람의 기본 바탕을 기록한 책이다. 무함마드는 그에게 계시되는 내용을 기록하기 위하여 필사를 담당하는 서기를 두고 있었는데, 그들은 대추야자 잎, 돌, 나무껍질과 동물의 가죽 등에 기록을 남겼다. 그리고 이슬람은 단순히 꾸란을 암송만 해도 그 자체를 경배의 행위로 인정하였기에 계시된 구절들은 많은 사람들에 의하여 암기되어졌다.

꾸란은 각 장마다 분량이 긴 것에서 짧은 것까지 다양하다. 가장 긴 장인 2장은 286개의 절로 구성되어 있고, 짧은 장은 108장인데 3절로 구성되어 있다. 꾸란의 모든 장은 '자비롭고 자애하신 알라의 이름으로'(Bismilla-hirrahmani-rahim)라고 시작한다. 그러나 9장만은 이 내용으로 시작하지 않는데, 그 이유는 9장은 알라를 믿지 않는 사람들에 대한 최후의 경고가 담겨 있기에 그들에게는 알라의 자비가 필요 없기 때문이다.[3] 꾸란 1장(개경장)은 전 세계 무슬림들이 이슬람 사원에서 기도할 때마다 아랍어로 배워서 암송하는 장이다.

꾸란에 사용된 언어는 그 당시 아라비아반도의 히자즈 지역 유목민들이 사용하던 언어인 아랍어다. 따라서 이슬람에서는 반드시 아랍어로만 기록된 것을 꾸란이라고 한다. 아랍어로 쓰여 있지 않고 다른 언어로 번역된 꾸란은 아무리 완벽한 번역이라도 계시 언어인 아랍어가 아니기 때문에 '꾸란 해설서'라고 하지 꾸란이라고 하지 않는다. 따라서 무슬림들에게 꾸란은 지난 1,400년 동안 변형되지 않고, 계시 상태로 완벽한 형태로 유지하고 있다는 긍지를 준다.

2. 꾸란의 형성 과정

무함마드가 살아 있을 때, 꾸란은 한 권으로 구성된 책이 아니었다. 무함마드 사후 1년 무함마드의 1대 후계자인 아부 바크르(Abu Bakr, 632-634년 사망)는 초창기 서기들 중의 한 사람인 자이드 이븐 타빗(Zaid ibn Thabit)에게 꾸란의 필사를 한군데 모으는 일을 맡겼다. 그 이유는 634년에 치러진 얌아마(Yamamah)전투에서 꾸란 암송자들이 죽음으로써 위기의식을 느꼈기 때문이다.

무함마드의 언행록인 하디스 부카리(Bukhari)에는 이렇게 기록되어 있다. 아부 바크르가 자이드에게 "너는 배운 젊은이기 때문에 우리는 너를 믿는다. 알라의 선지자에게 주어진 계시를 적고 꾸란을 찾아서 모으라"고 말했다.[4] 자이드는 모든 꾸란 구절들을 찾기 시작하였으며, 꾸란 4장 12절을 마지막으로 모든 꾸란을 찾았다고 기록되어 있다. 즉, 여기서 우리는 아부 바크르가 꾸란을 하나로 모으라고 말하기 전에는 꾸란이 하나의 온전한 형태가 아니었다는 것을 알 수 있다.

자이드는 수집된 꾸란을 아부 바크르에게 건네주었고, 그가 보관하다가 이 원본(manuscript)을 2대 후계자인 우마르(Omar b. al-Khattab, 634-644)에게 맡겼고, 우마르가 죽은 후에 무함마드의 부인이자 우마르의 딸인 하프사(Hafsah)가 보관하였다.

그런데 꾸란이 계속 암송되면서 오류 혹은 변형이 생기기 시작하였다. 그 당시 아랍어에는 많은 사투리가 있었는데, 꾸란에 기록된 사투리로 인히여 혼란이 생겼다. 따라서 3대 후계자였던 우스만(Othman b. Affan, 644-656)은 하프사에게 원본을 달라고 명령했고, 그 원본을 가지고 자이드에게 의뢰하여 무함마드의 부족인 쿠라이쉬 부족에서 선출된 3명과 함께 교정본을 만들게 하였다. 우스만은 세 명의 쿠라이쉬 위원들에게 다음과 같이 말하였다.

만일 꾸란의 내용에 대하여 각 개인의 의견이 다르거나 너희 3명과 자이드와의 의견이 다르다면 반드시 쿠라이쉬 방언으로 기록하라. 알라로부터 온 계시는 쿠라이쉬 방언으로 받았기 때문이다.[5]

여기서 우리는 그들이 꾸란 원본의 순수성을 지키려고 했음에도 불구하고, 원본에서 교정본이 만들어지기까지 어느 정도 고쳐졌다는 사실을 알 수 있다.

교정본을 만드는 과정에서 자이드는 원본에 기록되지 않은 구절을 생각해냈다. 그 구절은 무함마드로부터 직접 들었던 내용이다. 그러나 자이드는 자신의 권위로 그 구절을 삽입하지 않았고, 그 구절을 기억하는 사람을 찾았을 때 비로소 추가했다고 한다. 그 후에 우스만은 원본을 하프사에게 돌려보냈고 교정본을 이슬람제국 곳곳에 보냈다. 그러면서 다른 꾸란은 모두 불태우도록 하였다.

그러나 모든 사본이 불태워진 것은 아니었다. 남겨진 사본들을 살펴보면 오늘날의 꾸란과는 차이점이 있다는 것을 알 수 있다. 하프사가 가지고 있던 원본은 마르완(Marwan) 시대(683-685)에 불태워졌다.[6] 우스만의 주도로 이루어진 우스만본 꾸란은 아랍어의 자음과 장모음이 쓰였으나 단모음은 표기되지 않아 꾸란 읽기와 해석에 애매모호함이 있었다.

성경은 여러 저자들이 있지만, 꾸란은 오직 무함마드만이 유일한 저자이다. 비록 후기 계시의 일부는 그의 서기에 의하여 한꺼번에 기록되기도 했지만 대부분의 꾸란 내용은 무함마드에게 들었던 사람들에 의하여 암송되었다. 꾸란이 처음 정경으로 인정된 시기는 무함마드가 처음 꾸란을 전파한 지 163년이 지난 뒤인 A.D. 773년이었다. 기독교인들이 오늘날 가지고 있는 구약성경은 A.D. 90년에 팔레스타인의 얌니아 종교회의를 통하여 확정되었다. 또 27권의 신약성경이 모두 정경으로 채택된 시기는 A.D. 397년 카르타고 회의(Council of Cartage)에서였다.[7]

3. 꾸란의 형성에 영향을 끼친 다양한 요소들

1) 고대 아라비아의 신앙과 관습의 영향

무함마드의 생각 속에서 서서히 발전하던 이슬람을 이해하기 위해, 또 그가 어떤 요소들을 차용하여 이슬람을 만들어 갔는지 알기 위해서는 먼저 그가 태어났던 아라비아 반도 지역의 종교에 대한 이해가 필요하다.

그리스의 역사가 헤로도토스(B.C. 480-430)는 그가 살던 시대 아랍인들은 하나의 남신과 여신을 숭배한다고 표현하면서, 이를 그리스 이름으로 '디오니소스'와 '우라니야'라고 했다. 헤로도토스는 이들의 아랍어 이름을 '타알라'(Taala)와 '알라투'(Allatu)라고 칭하였다. '알라투'는 확실하게 꾸란에 나오는 알라의 세 딸 중의 한 명인 '랏트'(Al-lat)[8]이고, '타알라'(Taala)는 '알라'(Aaala)인데 '알라'(Allah)의 오역일 것이다.[9] '알라'(Allah)는 '알일라'(Al Ilah)를 축약한 말로서, 이는 셈족어의 신을 의미하는 단어이다. 정관사 '알'(Al)이 붙어 있는 형태이기 때문에, 알라(Allah)는 헬라어의 '데오스'(Theos) 즉 하나님을 의미한다.

따라서 무함마드는 새로운 신의 이름을 만든 것이 아니었다. 또한 처음으로 유일신 개념을 도입한 것도 아니었다. 알라(Allah)라는 단어가 정관사를 포함하고 있다는 것은 이 단어를 사용했던 사람들의 개념 속에 이미 유일신 개념이 있었다는 증거이기 때문이다.[10]

메카의 카바 신전은 360개의 신을 섬기는 아랍 부족들의 만신전이었다. 또한 카바 신전에는 검은 돌이 있는데, 이는 무함마드 이전부터 아랍인들이 숭배하던 것이다. 이슬람 전통에 의하면, 이 돌은 천국에서 내려왔으며 원래는 순수하고 하얀색이었으나 인간의 죄로 인하여 검게 변했다고 한다. 무함마드 시절에도 아랍 사람들은 신전을 방문하여 자기의 우상에게 절을 하고 검은 돌에 입을 맞추는 것이 관례였다. 헤로도토스는 아랍인들이 맹세를 할 때 일곱 개의 돌을 사용했다고 언급하고 있다.[11] 현재 이슬람에서 행하고 있는 이러한 관습들이 아라비아반도에서 전통적으로 해왔던 관습과 동일하다고 해도 과언이 아니다.

2) 사비교 및 유대교의 영향

무함마드 당시에 아라비아반도에서 이슬람에게 영향을 미친 종교로는 유대교, 기독교, 조로아스터교, 마니교, 마르키온, 에비온파 그리고 사비교(sabian)이다. 이 내용은 꾸란 22장 17절에 언급되어 있다. 이제 우리는 각각의 종교가 초기 이슬람에 어떤 영향을 미쳤는지를 살펴볼 것이다.

사비교는 이 중에서도 가장 미미한 영향을 미친 종교였다. 먼저 꾸란 2장 62절에 기록되어 있는 사비교부터 살펴보자.

사비인들의 종교는 셋과 에녹으로부터 왔다고 생각되며, '셋의 책'이라는 경전을 가지고 있었다. 그 책에는 훌륭한 윤리적인 내용들이 담겨져 있다. 예를 들어, 진실을 말하고 용감하게 행동하며 약자들을 보호하라는 명령이 적혀 있다. 또한 악한 관습들과 이를 금하라는 명령도 있다. 또 종교적 규율에 대한 내용도 있는데, 하루에 일곱 번씩 정해진 시간에 기도하는 내용이다. 이들의 기도는 무슬림처럼 엄청난 부지런함을 필요로 했다. 이슬람에서는 하루에 다섯 번씩 기도하지만, 두 차례는 더 선택적으로 기도할 수 있다. 이는 사비교의 기도와 같다. 사비교의 일곱 번 중에 다섯 번은 이슬람의 기도시간과 같다. 사비교인들은 죽은 사람에 대하여 엎드려 절하는 대신에 기도하면서 30일 동안 금식하였다. 초승달이 뜨는 달이 짧다면 29일 동안 금식하였다. 그리고 사비인들은 메카의 카바 신전에 영광을 돌리는 행위를 하였다. 이슬람에서도 라마단 금식(30일)이 끝나면 3일 동안 이드 알 피트르(Eid al-Fitr) 축제를 여는데, 이는 사비교에서 온 것이다.[12] 지금까지는 이슬람의 이러한 관습들이 천사 가브리엘로부터 받은 계시에서 온 것이라고 생각했다. 그러나 세상에 잘 알려지지 않았던 사비교로부터 무함마드가 이 관습을 가지고 온 것이다.

이슬람은 유대교로부터 많은 내용을 차용하였기에, 후기 유대교 이단이라고 불러도 무방하다. 당시의 유대교는 아라비아반도에 큰 영향력을 행사하였다. A.D. 70년 로마의 디도(Tito) 장군에 의하여 예루살렘이 함락되고 많은 유대인들이 예루살렘을 떠나야 했다. 그들 중 다수가 로마의 손길이 닿지 않는 아라비아반도로 이주했고, 가장 컸던 3개의 유대인 부족은 메디나에 살았다.[13]

이슬람의 라마단 중에 금식을 시작하는 일출과 금식을 마치는 일몰의 정확한 기준은 유대교로부터 왔다. 유대인들은 의심할 여지없이 아브라함으로부터 내려오는 경전을 가지고 있었다(무함마드가 속해 있는 쿠라이쉬 부족도 자신들의 조상이 아브라함이라고 생각했다).

따라서 이 지역의 전설은 유대인의 역사 및 전통과 동화되는 과정을 거치게 되었다. 이 내용을 요약하면, 카바 근방 지역은 하갈이 고통을 겪었던 장소로 신성시되었으며, 신성한 우물 잠잠(Zamzam)은 하갈이 평안함을 얻는 근원이었다. 순례자들이 사파(Safa)와 마르와(Marwa) 사이를 앞뒤로 뛰어다니는 행위를 하는 것은 물을 찾아 바삐 돌아다녔던 하갈을 기념하기 위한 것이다. 카바 신전을 지은 것은 아브라함과 이스마엘이며, 그곳에 검은 돌을 끼워 넣었고 성지순례에 오는 모든 아랍사람들을 위하여 신전을 세웠다는 것이다.[14] 순례자들은 사탄에게 돌을 던지는 것처럼 벽에 돌을 던지며, 아브라함의 희생제사를 따라 미나(Mina)에서 제사를 지낸다.

비록 토착적인 내용이 들어가 있다고 하더라고 모든 것들은 유대인의 전설을 바꿔서 차용한 것이며, 대부분 다른 측면에서 이를 수용한 것이다. 이는 하나님의 친구인 아브라함에 대한 아랍인들의 상상력과 연관시켜 변형한 것이다.[15] 이 전통을 바탕으로 무함마드는 그의 추종자들과 아라비아 반도 사람들이 반응할 수 있는 새로운 종교를 창설하고 믿음, 회개, 천국과 지옥, 사탄과 타락한 천사, 천국의 천사, 하나님의 메신저 가브리엘과 같은 테마들을 유대교 자료에서 차용하여 이슬람에 알맞게 왜곡하여 사용한 것이다. 또한 문서화된 자료를 통해서가 아니라 구전으로 내려오는 것을 편집한 것이다.[16]

아랍의 시인들에 의하면 무함마드가 등장하기 전에 유대인들은 메시아의 출현을 기다리고 있었고, 메시아가 자신들을 위하여 복수할 것이라고 믿었다. 이러한 배경 위에서 '무함마드의 등장'이 예언된 것이라고 받아들여지게 된 것이다. 따라서 무함마드는 유대인들을 자신의 편으로 만들려고 노력하였다. 그러기 위해서 무함마드는 '아브라함의 믿음'을 상기시키라는 성스러운 명령을 받은 자라고 스스로를 선포했다. 때때로 그의 노력은 성과가 있는 것처럼 보이기도 하였다.

그 무렵 무함마드가 취했던 한 가지 노력은 이런 그의 목적을 잘 보여준다. 처음에 그는 '예루살렘'을 믿음의 성지로 받아들였다. 자세히 말하면 그의 제자들에게 유대인의 관습에 따라 기도할 때 예루살렘을 향하여 기도하라고 지시하였다. 그러나 후에 유대인들과의 관계가 틀어지고 아랍인들을 회유하는 것이 더욱 효과적이라고 판단했을 때는 기도 방향을 메카[17]로 선택했고, 그 전통은 지금까지 내려오고 있다. 또 무함마드는 메디나에 도착하여 유대인들이 대속죄일[18]을 지키는 것을 보고, 그의 추종자들에게 똑같은 관습을 지키도록 지시했다. 그러면서 유대인이 부르던 이름과 똑같은 이름 '아슈라'(Ashura)를 제정하였다.

'아슈라'는 일출부터 일몰까지 금식하는 날로 정한 것이다. 이는 유대인의 속죄일인 '욤 키푸르'(Yom Kippur)를 그대로 차용한 것이다. 그러나 유대인들과의 사이가 나빠지자 무함마드는 아슈라 금식을 수니파에서 행하듯이 자발적으로 지켜야 할 관습으로 남겨놓고 라마단 달을 이슬람의 금식월로 제정했다. 또한 유대인과의 관계가 뒤틀리면서 A.D. 624년 4월에 아브라함이 이스마엘(아랍인들은 이삭이 아닌 이스마엘을 바치려 하였다고 주장한다)을 제물로 바치려는 사건을 기념하는 축제인 이들 '알 아드하'(Eid-al-Adha)를 제정했다.

이를 통해서 우리는 꾸란의 많은 부분이 유대인의 탈무드나 구전을 많이 인용했다는 것을 알 수 있다.[19] 아랍에 살고 있는 유대인들이 구약성경의 사본을 가지고 있다는 것은 사실이지만, 그들 사이에 성경을 배우는 행위가 일반적이지 않기 때문에 이들은 구약성경보다 랍비의 전통에 더 많은 관심을 기울였다. 따라서 꾸란에서 정확한 구약의 지식을 찾을 수 없다는 것은 결코 이상한 일이 아니다. 꾸란 해석이 성경의 해석과 다른 이유는 무함마드가 성경에 나오는 인물들의 역사가 아니라 그 당시 유대인들의 전설을 따랐고, 때때로 전설을 오해하거나 상상 또는 다른 요소들로 과

장했기 때문인 것이다.[20]

3) 기독교와 성경의 영향

이슬람이 시작될 때, 기독교는 아랍인들 사이에서 크게 인식된 종교는 아니었다. 무함마드는 12살 무렵 삼촌을 따라서 시리아 대상에 참여하게 되었다. 그때 시리아 남부 보스라(Bosra)에서 '부하리'(Buhari)라는 네스토리안 수도사를 만났다. 부하리는 무함마드의 삼촌에게 무함마드에게는 선지자적 증표가 있다는 것을 알려 주었다고 한다.[21]

하지만 그가 교회에 대하여 보고 들었던 것은 좋은 인상으로 남지 않았다. 이삭 테일러(Isaac Taylor, 1787-1865)에 의하면 "무함마드가 젊은 시절에 경험한 미신은 너무나 절망적이었고, 우상숭배는 심각하고 수치스러웠으며, 교회 교리는 교만하였고, 교회 행위들은 방탕하고 유치했다. 이로 인하여 마음이 강직한 아랍인들은 세상의 잘못을 꾸짖고, 변질된 기독교 국가들에 대하여 자기 스스로 하나님의 선지자가 되어 변절자들을 징벌하고자 하는 생각을 갖게 되었다."고 한다.[22]

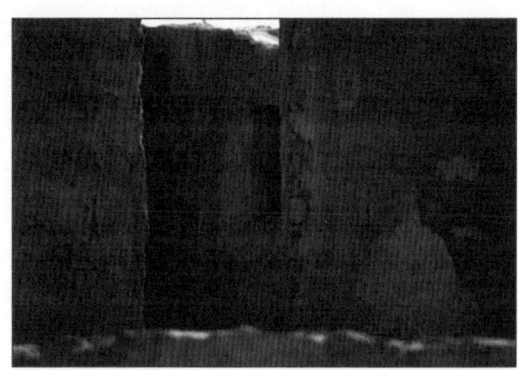
사우디아리비아에 있었던 기독교회, 교회 입구에 선명한 십자가를 볼 수 있다.

이 당시 참된 기독교는 몰지각한 다수의 미신들 아래 묻혀서 머리를 들 수 없었다. 초기 기독교인들은 하나님과 그의 아들 예수님만 경배했다. 그러나 이 시대의 기독교인들은 나무 십자가, 성자의 초상화, 그 출처가 의심스러운 성인들의 뼈를 신봉하였다. 초기 기독교인들은 천국과 지옥을 보는 것처럼 행동하였다. 그러나 이 시대의 기독교인들은 천국과 지옥은 없고, 미신적으로 불이 영혼을 완전하게 만든다고 믿었다. 초기 기독교인들은 예수님의 보혈로 모든 죄 사함을 받는다고 가르쳤지만, 이 시대의 성직자들은 교회와 성직자에게 헌금하지 않는 자들은 천국에서 멀어질 것이라고 가르쳤다. 초기 기독교인들은 성스럽고 거룩한 생활을 지키기 위하여 순결하고 경건함을 유지했다. 반면 이 시대의 기독교인들은 종교의 실체를 의식 자체에 두었다.[23]

무함마드의 인생이 끝날 무렵, 즉 A.D. 632년에 자신들이 정통 기독교인이라고 주장했던 나즈란 왕국(아라비아반도 남쪽)은 메디나에 있는 무함마드에게 사절단을 보냈다. 이븐 이샤크(Ibn Ishaq)에 의하면, A.D. 632년 나즈란 기독교인들은 무함마드에게 "하나님, 마리아, 예수님으로 구성된 삼위일체 하나님 중에 예수님은 세 번째이다."라고 했다고 한다. 하지만 삼위일체에 대한 무함마드의 생각은 달랐다. 그의 생각을 명확하게 보여주는 것이 꾸란에 기록되어 있다.

"알라를 셋 중의 하나라 말하는 그들은 분명 불신자이더라 알라 한 분 외에는 분명 신이 없거늘 만일 그들이 말한 것을 단념하지 않는다면 그들 불신자들에게는 고통스러운 벌이 가해지리라"(꾸란 5:73).

"알라께서 마리아의 아들 예수야 네가 백성에게 말하여 알라를 제외하고 나(예수)와 나의 어머니를 경배하라고 하였느냐? 하시니 영광을 받으소서 결코 그렇게 말하지 아니했으며 그렇게 할 권리도 없나이다……"(꾸란 5:116).[24]

여기서 우리는 무함마드가 단 한 번도 성경적인 기독교 복음을 접하지 못했다는 사실을 결코 잊어서는 안 된다. 잘못된 형태의 기독교 교리는 무함마드로 하여금 복음에 담긴 진정한 의미를 찾지 못하도록 막았고, 반기독교적인 이슬람이 탄생할 수 있는 거름이 되었다.

아랍어로 된 신약성경은 A.D. 837년에 번역되었다. 그러나 번역만 되었지 읽을 수 있도록 출판된 때는 A.D. 1516년이다. 따라서 무함마드 당시 아랍어 성경은 대중에게 존재하지 않았다. 초대교회의 성경적 복음은 성인들을 향한 숭배와 전설로 무시되었고, 신비로운 것을 좋아하는 대중들의 입맛에 맞게 변질되었다. 아라비아반도는 비잔틴 기독교제국에서 이단으로 정죄되어 피난을 온 다양한 이단들의 도피처였다.

이제부터 살펴보겠지만, 출처 불명의 많은 문서들과 이교도의 시각에서 기록된 수많은 신화들이 무함마드에게 전달되었고, 무함마드는 이런 것들을 진실이라고 받아들였다. 이슬람으로 개종한 사람들 가운데 기독교에 대하여 잘 아는 사람들도 없었다. 이로 인하여 무함마드는 기독교보다는 유대인의 탈무드에 관심이 더 많았다. 그래서 꾸란에 복음이라는 말이 자주 등장하지만 그것이 진정한 복음이 아닌 것은 이상한 일이 아니다.

동시에 무함마드는 자신이 만든 종교로 유대교는 물론 기독교까지 이기기를 원했다. 아라비아반도에서 기독교는 유대교에 비하여 열세였지만, 비잔틴 기독교제국의 공인된 종교로서의 영향력은 무시할 수 없었다. 어쨌든 무함마드는 언제나 복음이 자신의 신성한 의무에 대한 증거라고 말했으며, 심지어 예수는 자신의 임재를 예언한 사람일 뿐이라고 말하였다.[25] 무함마드는 비록 예수를 '하나님의 말씀'[26]이라고 불렀지만, 예수의 신성과 그가 십자가에 못 박혀 돌아가셨다는 것은 받아들이지 않았다. 이처럼 표면적으로 무함마드는 기독교를 받아들인 듯했지만, 조금만 그 속을 살펴보면 예수 그리스도의 신성과 십자가의 부활을 부정하였고, 성경의 핵심인 구원의 복음을 철저하게 거부하였다.

에베소(Ephesus) 부근 동굴 동료들에 대한 전설

이 내용은 꾸란 18장 9절에서 26절 사이에 나오는 이야기로서 몇 개의 버전으로 만들어져서 무함마드 이전에 있었던 내용이다. 이 전설을 기록한 최초의 유럽 작가는 역사학자이며 사제인 그레고리(Gregory of Tours, 538-594)이다. 기독교인을 조직적으로 박해했던 로마의 데키우스 황제(Trajan Decius, 재위 A.D. 249-251) 시절에 일곱 명의 젊은 기독교인들이 박해를 피해서 에베소에서 근처의 동굴로 피신했고 데키우스 황제의 군인들은 그 동굴에 숨어 있는 기독교인들을 발견하고, 그들을 굶어 죽게 하기 위하여 동굴 입구를 폐쇄하였다. 196년이 지난 후에 데오도시우스 황제 2세(Theodosius II, A.D. 401-450) 때, 한 목동이 동굴을 발견하고 폐쇄된 문을 열었다. 그때 잠을 자고 있던 7명이 깨어났고, 그중 한 명이 음식을 사기 위해 에베소에 갔다. 그는 음식을 사러 갔다가 에베소에 기독교가 번성한 것을 보고 놀랐다. 그리고 그가 데키우스 황제 때의 돈을 상점 주인에게 지불하였고, 상점 주인은 감춰진 보물을 찾았다고 그의 동료들에게 이야기해서 많은 사람들이 함께 동굴로 갔다. 사람들이 동굴 가까이 갔을 때, 동굴 안에 있던 사람들이 하늘의 빛으로 빛나는 것을 보고 물건을 사러 왔던 사람의 이야기가 사실인 것을 알았다. 곧 황제가 이 소식을 듣게 되었고 동굴로 사람을 보냈다. 동굴에 사는 사람들은 왕이 보낸 사신에게 하나님께서 영혼의 불멸성을 증명하기 위하여 자신들을 남겨둔 것이라는 말을 마치고 사라졌다.[27)]

이 이야기는 교훈을 주기 위하여 만들어졌을 가능성이 크다. 또 많은 기독교인들이 순교를 하였음에도 불구하고 기독교가 빠르게 전파된 데 대한 종교적인 로맨스를 표출한 것일 수도 있다. 하지만 무함마드 이전에 중동에 퍼져 있던 이 황당한 이야기가 당시에는 사실로 받아들여졌고, 무함마드는 이 이야기를 자신이 받은 계시로 꾸며냈다.

꾸란에 기록된 이 계시도 원래의 내용과 다르게 되어 있다. 꾸란에는 이들이 동굴에 있던 기간이 309년[28]이라는 것이다. 또한 동굴에 있었던 정확한 인원도 알지 못했다.[29] 꾸란에 나와 있는 이 이야기가 허무맹랑한 소리라는 것을 증명할 필요는 없다. 다만 이 이야기를 통해서 우리가 알아야 하는 것은 무함마드가 이 이야기에 대해서 정확한 정보를 줄 수 있는 문헌이나 믿을 만한 정보원을 가지고 있지 못했다는 것이다. 무함마드는 단지 구전으로 내려오는 이야기들을 인용하여 꾸란의 상세한 부분까지 기록했던 것이다. 이는 무함마드가 말한 것처럼 꾸란이 성스러운 계시로 쓰인 것이 아니라는 것을 보여주는 증거이다.

동정녀 마리아에 대한 이야기

꾸란과 무함마드의 전통과 연관된 마리아에 대한 이야기는 출처불명의 복음서와 지어낸 이야기를 토대로 쓰인 것이다. 이러한 이야기 위에 무함마드는 오류가 있는 새로운 이야기를 혼합하였다.

마리아 이야기를 살피기 전에 우리는 먼저 꾸란의 오류에 대하여 살펴볼 필요가 있다. 꾸란 19장 28절에서 마리아가 예수를 낳은 후에 사람들에게 도움을 요청하러 갔을 때 사람들이 마리아에게 이렇게 말하였다.

"아론의 누이여! 너의 아버지는 나쁜 사람이 아니었고 네 어머니도 부정한 여자가 아니었느니라."

이 문장에서 알 수 있듯이 무함마드는 마리아가 모세와 아론의 누이인 미리암이라고 알고 있었다. 이는 꾸란 66장 12절에 더 확실하게 나타난다. "또한 순결을 지킨 이므란의 딸 마리아가 있었느니라……"(꾸란 66:12). 하지만 마리아는 이므란(Imram)의 딸[30]로 묘사되어 있으며, 이므란은 아므람(Amram)의 아랍식 표현이고 구약성경에서 이 사람은 '아론과 모세와 미리암의 아버지'(민 26:59)라고 말하고 있다. '아론의 누이'[31]라는 호칭은 미리암을 부를 때(출 15:20) 사용되는 호칭이다.

예수의 어머니 마리아를 예수가 태어나기 1,570년 전의 인물과 동일시할 수 있었던 것은 마리아와 미리암을 혼합해서 마리얌(Maryam)이라고 표현하기 때문이다. 즉, 여기서 무함마드는 연대를 착오한 것이다. 이러한 착각은 계시에서는 결코 용납될 수 없는 일이다.[32]

꾸란 3장 35절과 36절에 이므란의 아내가 예수의 어머니 마리아를 낳는 장면이 나온다. 그 후에 이므란의 아내는 마리아를 성전으로 가서 제사장들에게 넘겨주었으며, 세례요한의 아버지 사가랴(Zacharias)[33]는 마리아를 지성소에 두었고 아무도 그 방에 들어가지 못하게 하였다. 하지만 천사가 매일 마리아에게 음식을 가져다주었다고 한다.

이슬람 학자 아크바르(Jalal ud-din Akbar, 1542-1605)는 마리아의 어머니 이름을 한나라고 기록하고 있다.[34] 사가랴가 마리아의 보호자가 되어 성전에서 키웠다거나 마리아의 어머니가 한나라는 것과 마리아가 마구간이 아니라(눅 2:1-20) 야자 나무 아래에서 예수님을 낳았다(꾸란 19:21-26)[35]는 이야기는 위경[36]인 '야고보 복음서'(Protevangelium of James)에 나오는 이야기들이다.[37]

이처럼 꾸란의 마리아 이야기는 출처불명의 기록들과 지어낸 이야기를 토대로 쓰여진 것이다.

예수의 어린 시절에 대한 이야기

꾸란 3장 46절에 의하면 예수가 아기 때에 요람에서 말을 하게 될 것이라는 계시가 임한다. 실제로 꾸란 19장 29-30절부터는 요람에 있는 예수가 말하는 장면이 나온다. 꾸란을 그대로 옮겨보자.

"그러자 그녀는 그 애를 가르켰더라 이때 모두가 요람안에 있는 아기와 어떻게 말을 하란 말이뇨 라고 말하더라 아기가 말하길 나는 알라의 종으로 그분께서 내게 성서를 주시고 나를 예언자로 택하셨습니다."

이 내용은 당시에 아랍어로 번역되어 있었던 『시리아어로 기록된 예수의 유아기 복음서』(The Syriac Infancy Gospel, Injilu't Tufuliyyah)의 첫 번째 장에 기록되어 있는 내용이다.

첫 번째 장을 보면, 대제사장 요세프스의 책에 다음과 같은 내용이 기록된 것을 알 수 있다. 요세프스는 아기 예수가 요람에 있을 때, 그 어머니 마리아에게 "나는 진실로 하나님의 아들 예수이며, 가브리엘 천사가 당신에게 준 복음으로 인하여 낳은 말씀이다. 그리고 나의 아버지는 세상의 구원을 위하여 나를 보내셨다."고 말했다고 기록했다.

물론 무함마드가 이 외경에서 예수에 대하여 기록되어 있는 문장을 그대로 가져다 쓸 수는 없었다. 왜냐하면 꾸란에서는 예수의 신성을 부정하기 때문이다. 따라서 예수가 요람에 누워 있던 유아기 때에 말을 했다는 사실을 믿고 꾸란에 기록하였으며, 이슬람에 적합하도록 말을 바꾸었다는 것을 알 수 있다.[38]

또 한 가지 짚고 넘어갈 일이 있다. 꾸란에 예수가 유년기 때 진흙으로 참새를 만들었다는 이야기가 기록되어 있다.

"이스라엘 자손에게 선지자를 보내리라 나는 주님으로부터 예증을 받았 노라 내가 너희를 위하여 진흙으로 새의 형상을 만들어 숨을 불어 넣으면 하나님의 허락으로 새가 될 것이라"(꾸란 3:49).

이와 관련하여 2세기에 발견된 외경인 『도마가 쓴 예수의 유년기 복음서』(Thomas Gospel Of The Infancy Of Jesus Christ) 2장 4절에 이런 내용이 기록되어 있다.[39]

"예수가 5살 되던 해에 개울에서 놀고 있었다. 그는 깨끗한 진흙으로 열두 마리의 참새를 빚었다. 이날은 안식일이었다. 한 유대인이 예수가 안식일에 놀고 있는 것을 보고 요셉에게 달려가서 '자네 아들이 개울에서 놀고 있는데 진흙으로 12개의 참새를 만들었어. 자네 아들이 안식을 모독했어.' 그 말을 듣고 요셉은 개울로 달려가서 예수에게 '너는 왜 안식일에 율법에 위배되는 일을 하느냐?'라고 말했다. 그 이야기를 듣고 예수가 진흙으로 만든 참새를 향하여 손뼉을 치면서 '가라!'고 말하자 참새들이 지저귀며 날아가기 시작했다. 이를 본 유대인들이 놀라서 예수가 어떻게 했는지 제사장에게 가서 말하였다."

꾸란에 의하면, 어린 예수가 행한 기적 가운데 진흙으로 새를 만드는 장면이 두 번 나온다(꾸란 3:49; 5:110).[40]

꾸란에서 한 마리의 참새만을 언급하는 것이나 예수의 명령에 의해서 참새가 날아간 것이 아니라 숨을 불어 넣어서 날아간 것으로 표현되어 있는 것을 보면 무함마드가 『도마가 쓴 예수의 유년기 복음서』를 읽지 않았다는 것을 알 수 있다.

무함마드가 문맹이었기 때문일 것이다. 이 이야기는 무함마드 당시에 널리 퍼져 있었으며 일반적으로 알려졌던 내용이었다.

또한 이 이야기로 우리는 무함마드가 신약성경에 대한 지식이 얼마나 부족했는지를 알 수 있다. 왜냐하면 신약성경에서 예수는 요한복음 2장 11절에 가나 혼인잔치에서 첫 번째 이적을 행하고 30세 전후에 세례를 받기 이전까지 어떤 기적도 행하지 않았기 때문이다.

하늘로부터 내려온 식탁이야기

꾸란 5장을 마이다 장(Al-Maidah)이라고 부른다. 이 장의 명칭은 예수의 제자들이 예수에게 하늘로부터 식탁을 내려 달라고 요청한 데서 비롯된 것이다.[41] 즉 아랍어 '마이다'는 음식이 차려진 식탁을 의미한다. 꾸란 5장 114절에 나온 내용은 다음과 같다.

"마리아의 아들 예수 가로되 주여 하늘로부터 저희에게 음식이 마련된 식탁을 주어 우리에게 처음과 끝이 축제가 되도록 하여 주시며 당신으로부터 예증을 주옵소서 그리고 저희에게 일용할 양식을 주옵소서 당신은 가장 훌륭한 양식의 주인이십니다."

이 구절에 영감을 준 내용은 누가복음 22장 30절이며, 여기에서 예수는 "너희로 내 나라에 있어 내 상에서 먹고 마신다"고 말했다.[42] 그리고 식탁이 하늘로부터 내려왔다는 이야기는 사도행전 10장 9-16절에서 베드로가 본 환상에서 영감을 얻었을 것이다.

"이튿날 그들이 길을 가다가 그 성에 가까이 갔을 그때에 베드로가 기도하려고 지붕에 올라가니 그 시각은 제 육 시더라 그가 시장하여 먹고자 하매 사람들이 준비할 때에 황홀한 중에 하늘이 열리며 한 그릇이 내려오는 것을 보니 큰 보자기 같고 네 귀를 매어 땅에 드리웠더라……이런 일이 세 번 있은 후 그 그릇이 곧 하늘로 올려져 가니라."

신약성경에 대하여 읽어보았거나 들어본 사람이라면 베드로의 환상을 성찬식과 혼돈할 수가 없다. 예수가 살아 있는 동안 천국에서 음식이 담긴 식탁이 내려오는 것을 보았다는 사실로 착각할 수가 없다. 이 본문은 신약성경 이야기들이 서로 혼합된 것이라는 것을 보여준다.[43]

따라서 이것을 통하여 우리는 무함마드가 신약성경에 대하여 무지했다는 것을 알 수 있다.

예수의 십자가에 대한 부정

이슬람은 예수가 십자가에 못 박혀 죽었다는 것을 부정한다. 꾸란 4장 157절은 "'마리아의 아들이며 알라의 선지자의 예수 그리스도를 우리가 살해하였도다'라고 그들이 말하도다. 그러나 그들은 그를 살해치 아니하였고 십자가에 못 박지 아니했으며 그와 같은 형상을 만들었을 뿐이었느니라……"라고 기록되어 있다.

최초의 영지주의 이단인 바실리데스(Basilides, A.D. 140년 사망)는 A.D. 120년부터 140년까지 이집트의 알렉산드리아에서 학교를 세우고 그곳에서 제자들을 가르쳤다. 그는 "예수는 고난을 받지 않았다. 그 대신에 구레네 사람 시므온이 예수 대신에 십자가를 지도록 강요받았다. 그리고 시므온이 십자가형에 처형당했는데, 이로 인하여 십자가에 죽은 사람이 예수라는 이야기가 퍼지게 된 것이다."라고 말했다. 그는 가현설(docetisme)을 내세웠다.

가현설이란 예수가 실제로 인간이 되어 이 세상에 내려온 것이 아니라 내려온 것처럼 보였다는 것이다. 다시 말해서 예수는 몸이 없기 때문에 고난을 받을 수 없다는 것이다. 이는 꾸란의 내용과 완전히 상반된다. 꾸란에서는 비록 예수가 선지자이기는 하지만 단순히 인간에 불과하며 모든 인간들처럼 언젠가 죽을 운명을 지닌 존재로 본다.[44]

따라서 무함마드는 예수가 십자가에서 죽지 않았다는 것을 수용하지만, 바실리데스의 주장에는 반대한다는 것을 알 수 있다.

꾸란에서는 예수가 승천했을 뿐이다(꾸란 3:55). 그리고 예수는 반드시 모든 인간들처럼 죽어야만 한다(꾸란 19:33). 그래서 그는 죽기 위하여 재림할 것이며, 재림한 후에 40년 동안 살면서 그의 제자들로 하여금 모두 이슬람을 믿게 할 것이고, 모든 기독교인들은 이슬람으로 개종을 하든지 그렇지 않은 사람은 모두 죽일 것이라고 말한다.[45]

왜 예수가 반드시 재림하였다가 죽어야 하는지에 대한 근거는 위경에서 찾을 수 있다. 『성스러운 아버지 목수 요셉의 죽음』(The Decease of our holy Father the old man Joseph the Carpenter)이라는 위경으로서 아랍어로 쓰인 책 31장에서 에녹과 엘리야에 대한 기록을 찾을 수 있다. 이들은 죽음을 경험하지 못하고 하늘로 올라갔는데 이 책에서 이들은 마지막 날 세상이 어지럽고 공포에 차고 어려움과 반대가 심할 때, 다시 세상에 내려와 죽음을 맞이해야 한다고 기록되어 있다. 콥트[46] 문헌인 『잠든 마리아의 역사』(The History of the Falling Asleep of Mary)라는 책에서 비슷한 구절을 찾을 수 있는데, "이들(에녹과 엘리야)은 죽음을 맛보기 위하여 다시 땅에 내려와야 한다."[47]라고 기록하고 있다.

무함마드는 이런 비슷한 표현을 들었던 것이 분명하다. 꾸란에 두 번(꾸란 3:185; 29:57)이나 "모든 영혼은 죽음을 맛보아야 한다."라고 기록되었기 때문이다. 무함마드는 예수가 살아있는 채로 승천하였다고 믿는다(꾸란 3:55). 그래서 그의 생각에 따르면 에녹과 엘리야와 마찬가지로 예수 역시 이 땅에 재림한 후에 죽음을 경험하는 것이 자연스러운 것이다. 따라서 이슬람의 제2의 성지인 메디나에 무함마드의 무덤과 무함마드의 후계자 아부 바크르의 무덤 사이에 예수를 위한 무덤이 준비되어 있다.

이슬람 전통은 예수가 재림한 후에 아내를 취할 것이라고 말한다. 이는 요한계시록 19장 7-9절을 오해함으로 생겨난 생각이다. 재림한 예수가 땅에서 40년을 살 것[48]이라는 언급은 사도행전 1장 3절에 부활한 예수가 다시 승천하기까지 40일 동안 있었다는 내용을 오해한 것에서 비롯되었을 것이다.

무함마드가 올 것이라는 예수의 예언

이슬람에서는 꾸준하게 성경이 무함마드가 땅에 올 것이라는 예언을 했다고 주장하면서 수많은 성경구절을 제시하여왔다. 그러나 여기에서는 짧은 한 구절만 다루도록 하겠다.

실은 꾸란 한 구절만 분명하게 예수가 그의 제자들에게 무함마드가 올 것을 예언하고 있다고 말하기 때문이다. 꾸란 61장 6절에 다음과 같이 기록되어 있다.

"또 마리아의 아들 예수가 이스라엘 자손들이여! 실로 나는 너희에게 보내진 선지자로서 내 앞에 올 구약과 내 후에 올 아흐맏이란 이름을 가진 한 선지자의 복음을 확증하느니라. 그러나 그가 분명한 예증으로 그들에게 임하였을 때 이것은 분명 마술이라 라고 하였더라."

아랍어로 '아흐맏'(Ahmad)은 무함마드와 어원적으로 관련이 있다. 그 둘 모두 '칭송을 받을 자'라는 뜻이다. 또한 '아흐맏'을 고유명사로 간주하여 당연히 그를 무함마드와 동일시하고 있다. 그래서 무슬림들은 예수가 보혜사가 온다고 말씀하셨던 요한복음 14장 16절 말씀을 무함마드가 오는 것으로 이해했다. 하지만 우리는 이미 무함마드가 그 자신이 원했거나 혹은 정보 전달자에게 왜곡된 성경의 내용을 들어왔다는 것을 알고 있다.[49]

성경에 나온 보혜사는 헬라어 '파라클레토스'(παράκλητος, parakletos)의 '상담가'라는 뜻에서 왔다. 이 단어를 '페리클리토스'(περικλιτος, periklytos)라고 읽으면, 아랍어 '아흐맏'(Ahmad)과 비슷한 의미이다. 이는 헬라어의 '유명한' 혹은 '명성 있는'이라는 뜻이다.

그러나 예수는 '아흐맏'(Ahmad)이란 단어를 사용하지 않았다. 왜냐하면 요한복음을 읽어보면, 이 내용이 앞으로 올 선지자에 대해서 어떠한 언급도 하고 있지 않으며, 어떤 인간도 이 내용에 대한 대상이 될 수 없음을 알 수 있다. 더욱이 모든 기독교인들은 이미 어떤 방법으로 이 약속이 성취되었는지(행 2:1-11) 알고 있다. 그러나 무슬림 학자들은 원래는 페리클리토스(periklytos)였는데, 무함마드를 증오했던 기독교인들이 이 단어를 파라클레토스(parakletos)로 바꿨다고 주장한다. 그러나 신약성경 어디에도 페리클리토스(periklytos)라는 단어는 등장하지 않는다.[50] 요한복음 14장 16절, 15장 26절, 16장 7절도 모두 파라클레토스(parakletos)이다.

이 주제를 떠나기 전에 우리는 무함마드가 자신이 예언된 선지자라고 주장하는 첫 번째 사람이 아니었음을 짚어볼 필요가 있다. 페르시아에서 시작된 마니교의 창시자 마니(Mani, 216-276) 혹은 마네스(Manes)도 오직 자신만이 "신의 중재자"라고 말했는데, 아마 무함마드처럼 지식이 부족한 기독교인들을 자신의 편으로 끌어들이려는 시도에서 그랬을 것이다. 마니가 역사적인 예수를 부인하고 인간을 위하여 고난 받지도, 죽지도 않는 예수를 만들어냈다는 점은 놀랍다.

무함마드와 또 다른 공통점은 자신이 마지막이며 가장 위대한 선지자라고 주장했다는 점이다. 그러면서 자신을 "빛의 사도"라고 했으며 이를 자신의 신성을 나타내는 데 썼다. 그러나 그는 무함마드보다 운이 나빴는데 기원후[51] 276년경 페르시아의 바흐람 1세(Bahram I, 재위 273-276)의 명령으로 감옥에 수감되어 죽음을 맞이하였다.

마니는 자신이 마지막 구세주라고 주장하였다. 그가 예수의 고난을 부정하는 것도 모든 악의 바탕인 영지주의를 받아들임으로써 나타난 현상이며, 이로 인하여 예수가 인간의 몸을 입고 이 땅에 왔다는 것을 부정하게 만들었다. 그런 면에서 무함마드보다 더 논리적으로 바실리데스를 따랐다고 볼 수 있다.

아담의 창조와 천사들에 의하여 찬양을 받는 아담
꾸란 3장 59절은 다음과 같이 기록되어 있다.

"알라께서 아담에게 그랬듯이 예수에게도 다를 바 없도다. 알라는 흙으로 그를 빚어 그에게 말씀하셨다. 있어라 그리하여 그가 있었느니라."[53]

아담을 흙으로 만드셨다는 것에 대한 이슬람의 전통은 '가장 높으신 하나님'이 아담을 만들기를 원했고, 천사장들을 땅에 보내어 한 줌의 흙을 가져오라고 시켰다고 말한다. 따라서 아즈라일은 흙을 알라에게 가져갔고,

"오 알라여! 당신은 아십니다. 나는 흙을 가져왔습니다."라고 말했다.

아담의 창조와 관련하여 꾸란은 반복적으로 알라가 천사들에게 아담을 예배하라고 명했다고 주장한다. 다음의 구절들로부터 우리는 이러한 사실들을 찾을 수 있다.

"알라가 천사들에게 명하여 아담에게 엎드려 절하라 하니 모두가 엎드려 절을 하나 이블리스만 거절하며 거만을 부렸으니 그는 불신자들 중에 있었노라"(꾸란 2:34).

"우리(알라)가 천사들에게 일러 아담에게 부복하라 하니 그들 모두가 부복하였으되 이블리스는 그렇지 아니하고 '당신이 흙으로부터 창조한 인간에게 부복하란 말이요?'라고 하면서 거역하였더라"(꾸란 17:61).

"우리(알라)가 천사들에게 명하여 아담에게 부북하라 하였을 때 그들은 부복하였으나 이블리스는 그렇게 아니했으니 그는 「진」의 분류로서 주님의 명령을 거역한 자라 그런데 너희는 나(알라) 아닌 그와 그의 자손을 보호자로 하려함이뇨 그들은 너희의 적이니 알라가 아닌 우상을 숭배하는 그 죄인들에게 재앙이 있으리라"(꾸란 18:50).

"그 때 우리(알라)는 천사들에게 명하여 아담에게 부복하라하매 이블리스를 제외한 그들 모두가 부복하였더라"(꾸란 20:116).

위에서 살펴보았듯이 모두 비슷한 말이 반복되어 꾸란에 기록되어 있다는 것을 알 수 있다. 이러한 개념은 무함마드가 성경의 히브리서 말씀을 잘못 이해한 것으로 보인다.

"또 그가 맏아들을 이끌어 세상에 다시 들어오게 하실 때에 하나님의 모든 천사들은 그에게 경배할지어다 말씀하시며"(히 1:6).

무함마드는 이 구절을 보면서 '맏아들'[55]을 예수가 아닌 아담으로 생각했고, 이러한 생각을 꾸란에 반영한 것 같다. 이는 예수에게 경배하는 것을 반대하는 주장으로 인용되었을 수도 있는데, 무함마드는 예수가 아버지를 두지 않았다는 점에서 예수나 아담이나 동일하고, 아담과 동일하게 예수에게도 신성이 없다고 말한다.

심판 날의 저울

꾸란의 여러 군데에서 심판의 날에 선행과 악행을 비교하는 저울에 관한 언급이 있다. 그 가운데 가장 주된 부분은 바로 다음과 같다.

"그날 저울이 공평하니 선행으로 저울이 무거운 자가 번성하리라 저울이 가벼운 자는 알라의 말씀을 거역한 것으로 그들의 영혼을 잃으리라"(꾸란 7:8-9).

"알라는 심판의 날 공정한 저울을 준비하나니 어느 누구도 불공평한 대우를 받지 않도록 함이라 비록 겨자씨만한 무게일지라도 그분은 그것을 드러내 계산하리니 계산은 알라만으로 충분하니라"(꾸란 21:47).

"진리와 저울로써 성서를 계시한 분은 알라시니라 그런데 내세가 가까웠음을 무엇이 그대로 하여금 알게 하리요?"(꾸란 42:17).

"그날 그의 선행이 무거운 자는 안락한 삶을 영위할 것이나 그의 선행이 가벼운 자는 불지옥의 함정에 있게 되리라"(꾸란 101:6-9).

이슬람 학자들은 이 구절들이 우리에게 부활의 날 하나님이 천국과 땅 사이에 눈금이 있는 저울을 세우실 것을 알려주는 것이라고 주장한다. 이 저울은 사람의 선행과 악행 혹은 그것들이 기록된 것을 정확히 계산하기 위하여 마련된 것이다. 참된 신자들은 선행이 악행보다 무거워지는 것을 볼 것이다. 작은 선행도 덜어지지 않을 것이며 어떠한 악행도 더해지지 않을 것이다. 선행이 더 무거운 사람은 천국에 들어갈 것이지만 악행이 더 무거운 사람들은 지옥 불에 던져질 것이다.

성경에서 사람의 행위를 저울질한다는 개념은 다니엘 5장 27절 "데겔은 왕을 저울에 달아보니 부족함이 보였다 함이요"에서 생겨난 개념이다. 그러나 이 경우 언급된 저울은 상징적인 것이며 벨사살(Belshazzar)에 대한 '저울질'은 실제로 심판의 날에나 그가 죽은 후에 행해진 것이 아니라 그가 살아 있을 동안에 행해졌다.

그렇다면 심판 날에 저울에 달아보는 이슬람의 개념이 어디에서 시작되었는지 살펴볼 필요가 있다. 이 내용은 위경인 『아브라함의 성서』에서 찾아볼 수 있다. 이 문헌은 이집트에서 기록된 것으로서 유대교에서 기독교로 개종한 저자가 2세기 혹은 3세기에 집필한 것으로 알려져 있다. 이 문헌은 오리겐을 통해서 알려졌고 두 개의 그리스 개정판이 존재하며 아랍어로 번역된 것도 있다. 이 책의 본문내용과 꾸란 구절이 비슷하다. 특히 저울에 대해서는 매우 유사하다.[56]

『아브라함의 성서』에 나오는 내용은 다음과 같다. 죽음의 천사가 신의 명령을 받아 아브라함의 영혼을 취하러 왔을 때, 아브라함은 그에게 죽기 전에 천국과 땅의 놀라움을 보여 달라고 부탁한다. 이에 대한 허락을 받은 아브라함은 천사의 도움으로 하늘에 올라가 모든 것을 보았다. 그가 두 번째 천국에 이르렀을 때, 그는 한 천사가 사람의 행위를 측정하는 저울 옆에 있음을 보았다. 다음은 이에 대한 본문이다.

"두 개의 문 가운데 왕좌가 있었다……그리고 그 곳에는 놀라운 남자가 앉아 있었다……그리고 그 앞에는 크리스탈과 금으로 된 탁자가 있었다. 그리고 그 위에는 책이 있었는데 그 두께는 여섯 규빗이었으며 그 넓이는 열 규빗이었다. 그리고 탁자의 오른쪽과 왼쪽에는 두 천사가 서 있었는데 종이와 잉크와 펜을 들고 있었다. 그리고 테이블 정면에는 빛을 들고 있는 천사가 앉아 있었으며 그의 손에는 저울이 들려져 있었다. 그리고 그 왼쪽에는 맹렬한 천사가 무자비하고 강건하게 트럼펫을 들고 있었으며 죄인들을 심판할, 모든 것을 태워버릴 불을 들고 있었다. 그리고 왕좌에 앉아 있던 놀라운 사람은 영혼을 심판하고 증명하며 그 양옆에 있는 천사들은 그 사실들을 기록하고 있었다. 오른쪽에 있는 천사는 옳은 행실을 기록하고 있었으며 왼쪽의 천사는 악행을 기록하고 있었다. 그리고 탁자 앞에서 저울을 들고 있는 천사는 영혼의 무게를 재고 있었다. 그리고 불을 들고 있던 맹렬한 천사는 영혼들을 시험하고 있었다. 아브라함이 보편적으로 리더라고 여겨지는 미가엘 천사장에게 '저것들이 무엇입니까?'라고 물었다. 그러자 미가엘은 '아브라함아 네가 보는 것은 심판과 징벌이다.'라고 답했다."

이 이야기는 아브라함이 모든 영혼들의 선행과 악행이 동일한 사람은 구원받지도, 지옥으로 가지도 않고 그 중간 지점에 있게 된다고 말하는 내용이다.

이와 같은 연옥의 개념은 이슬람의 전통적인 개념이기도 하다. 이는 꾸란 7장 46절과 47절에 언급되어 있다.

"그들 사이에 베일이 있고 천국의 사람과 지옥의 사람들을 상징으로 아는 이들이 높은 곳에 있으니 이들은 천국의 사람들에게 '그대들 위에 평온함이 있으리라' 말하나 그들은 천국에 들지 않고 그들도 들어가길 원하더라 그들이 지옥의 사람들을 볼 때 '주여! 저희를 죄지은 백성들에게 보내지 마옵소서'라고 말하더라."

무함마드가 직접적으로나 간접적으로 저울에 대한 그의 가르침을 위경으로부터, 혹은 그 당시 이집트로부터 전래되어 그 지역에서 잘 알려져 있던 개념으로부터 빌려왔다는 것은 의심의 여지가 없다. 무함마드가 자신의 콥트교 부인 마리암으로부터 이를 배웠을 수도 있다. 사람의 선행과 악행을 저울질한다는 개념은 원래 고대 이집트에서 가지고 있던 개념이다.[57]

B.C. 2500년경에 그려진 이집트의 무덤에서 발견된 삽화인 '사자의 서'(Book of Dead)의 심판 장면에 저울이 등장하고 있다. 심판 날 왕좌에는 '선한 존재'인 오시리스(Osiris)가 앉아 있으며, 한 손에는 왕권을 상징하는 홀을, 다른 한 손에는 채찍을 들고 있다. 그는 재판관처럼 앉아서 저울의 결과를 기록한 토트신(Thoth)의 두루마리에 적힌 내용에 따라 죽은 자의 영혼을 다룰 준비를 하고 있다.

이 삽화와 『아브라함의 성서』와 꾸란에서 보았던 내용을 비교하면, 꾸란과 하디스 그리고 이슬람의 전통에 언급되어 있던 '저울'에 관한 내용이 이집트 지역에서 구전으로 전해져 오던 고대 이집트 신화로부터 가져온 내용임을 알 수 있다. 이는 『아브라함의 성서』에 기록된 콥트 기독교인들의 생각을 통해 무함마드에게 전해졌다는 것을 알 수 있다.[58]

밤하늘의 여행

꾸란 17장 1절에 무함마드가 천국을 다녀왔다는 내용을 읽을 수 있다.

"알라의 종을 밤중에 하람사원[59]에서 아크사 사원[60]으로 밤하늘 여행을 시킨 그분께 영광이 있으소서 그곳은 알라가 축복을 내린 이웃으로 알라의 일부 표적들을 보여주고자 함이라 실로 알라는 들으시며 지켜보고 계시니라."

꾸란에는 무함마드가 메카에서 천사 가브리엘과 함께 밤에 노새보다 작고 당나귀보다 크며 하얀색으로서 날개가 달린 부라끄(Buraq)라는 동물을 타고 시내산을 거쳐서 예루살렘의 알 끄사 사원(Al-Aqsa Mosque)까지 날아갔으며, 그곳에서 천사 가브리엘의 도움으로 7층 천을 다니면서 각층에서 서로 다른 선지자들을 만났다는 내용이 나온다. 세례요한과 예수는 두 번째 하늘에 거하고 있었고, 아브라함은 가장 높은 일곱 번째 하늘에 있었다. 여러 선지자를 만나고 다시 그날 밤에 메카로 돌아왔다는 것을 밤하늘의 여행(Miraj)이라고 부른다. 무함마드가 7층 천 여행 중에 가장 낮은 천국에 들어가서 본 내용은 다음과 같다.

"그리고 그가 우리에게 가장 낮은 천국을 열어주었을 때, 한 남자가 앉아 있었다. 그의 오른 손에는 검은 물체들이 있었고 그의 왼손에도 검은 물체가 있었다. 그는 그의 오른쪽을 쳐다보며 웃었고 그의 왼쪽을 보면서는 울었다.…… 나는 가브리엘에게 '저 사람은 누구입니까'라고 물었고, 그는 '저 사람은 아담이다. 그의 오른손과 왼손에 있는 검은 물체들은 그의 자녀들의 영혼이다. 그리고 오른 손에 있는 사람들은 천국에 있는 자들이며 왼손에 있는 사람들은 불에 던져질 사람들이다. 따라서 그가 오른쪽을 보면서는 웃고, 왼쪽을 보면서는 우는 것이다.'라고 답했다."[61]

이 밤하늘의 여행은 『아브라함의 성서』라는 위경에 그 뿌리를 두고 있음을 추적을 통해 알 수 있으며, 다음과 같은 본문이 이 사실을 증명한다.

"미가엘은 전차를 돌려 아브라함을 동쪽에 있는 천국의 첫 번째 문으로 데려갔다. 거기서 아브라함은 두 가지 길을 보았다. 한 길은 좁았으며 다른 길은 넓었다. 또한 아브라함은 두 개의 문을 보았다. 한 문은 넓은 길과 같이 넓었고, 한 문은 좁은 길에 대응되게 좁았다. 그리고 그 두 문 밖에서 나는 한 남자가 황금으로 된 왕좌에 앉아 있는 것을 보았다. 그 사람의 겉모습은 처참했으며, 주님과 비슷했다. 나는 많은 영혼들이 천사에게 인도되어 넓은 길로 가는 것을 보았다. 그리고 나는 다른 소수의 영혼들도 보았는데 이들은 좁은 길로 인도되었다. 그리고 그 황금 왕좌에 앉아 있던 놀라운 남자는 소수는 좁은 문으로 들어가고 다수는 넓은 문으로 들어가는 것을 보면서 자신의 머리와 수염을 잡아 뜯으며 울며 슬퍼했다. 그가 많은 영혼들이 좁은 문으로 들어가는 것을 보았을 때 그는 다시 땅에서 일어나 기쁘고 즐겁고 환의에 찬 왕좌에 다시 앉았다. 아브라함은 미가엘에게 물었다. '나의 주여, 이 같은 광채로 영광 받으면서 한

때는 울고 한때는 기뻐하는 자는 누구입니까?' 미가엘은 '저 사람은 아담이다. 가장 먼저 창조되어 그만한 영광을 받았고 세상을 보았으며 모든 사람들이 그로부터 태어났다. 그리고 그가 많은 영혼들이 좁은 문으로 들어가는 것을 보면 그는 그의 왕좌에 앉아서 기뻐하고 즐거워한다. 왜냐하면 좁은 문은 정의로운 문이며 생명으로 이어지므로 그곳으로 들어가는 사람들은 곧 천국에 들어가는 것이기 때문이다. 그리고 그는 넓은 문으로 들어가는 사람들을 보면 머리를 잡아 뜯고 땅에 뒹굴며 운다. 넓은 문은 죄인들을 위한 문이며 이들을 파멸과 영원한 형벌에 처하게 하는 곳으로 이끌기 때문이다.'라고 대답했다."[62]

이 두 이야기가 얼마나 유사한지 우리는 알 수 있다. '밤하늘의 여행'에 대해서는 조로아스터교의 영향에서 좀 더 다룰 것이다.

신약성경에서 빌려온 내용들

지금까지 살펴본 것처럼 무함마드는 꾸란의 많은 내용을 성경의 정본이 아닌 외경과 위경에서 차용하였다. 그렇다면 무함마드가 신약성경의 정경을 인용한 내용은 없을까? 이에 대한 해답은 정말 적은 부분만을 정경에서 인용하였다는 것이다.

무함마드는 예수가 동정녀에게서 태어났으며, 성스러운 사명을 가지고 이 땅에서 많은 기적을 행하였으며, 많은 제자를 두었고 천국으로 승천했다는 것을 간접적으로 배웠다. 무함마드는 예수가 하나님의 아들이라는 것을 부정하였고, 예수가 죄를 대속하기 위하여 죽었다는 것도 부정했다. 따라서 부활도 부정한다. 또한 신약성경이 제시하는 복음의 주요한 교리들과 반대되는 교리를 가르쳤으며, 예수를 대신하여 자신이 하나님의 마지막 선지자이며 가장 위대한 사도임을 주장하고 인정받으려고 하였다.

꾸란과 이슬람 전통에서 신약성경이 얼마나 많이 왜곡되었는지는 '하늘에서 내려온 식탁'이나 '예수가 무함마드의 탄생을 예언했다'는 내용들을 보면 알 수 있다. 그러나 신약성경을 인용한 것이 전혀 없는 것은 아니다. 꾸란에서 신약성경을 직접 인용한 부분을 찾을 수 있다.

꾸란 7장 40절에 "우리(알라)의 말씀을 거역하며 오만하고 거만한 자 그들에게는 하늘의 문이 열리지 아니하며 그들이 천국에 들어가는 것은 낙타가 바늘구멍을 들어가는 것과 같으니"라는 내용은 누가복음 18장 25절의 말씀을 거의 그대로 옮겨 놓은 것이다. 이와 비슷한 구절들이 마태복음 19장 24절과 마가복음 10장 25절에도 기록되어 있다.

또한 꾸란 75장 22절과 23절의 "그날 일부는 그들의 얼굴에 빛을 발산하며 그들의 주님을 향하고 있고." 같은 내용은 신약성경에서 하나님 나라가 실현되는 것을 나타내는 요한일서 3장 2절과 고린도전서 13장 12절을 떠올리게 한다. 아마 이 구절들은 무함마드에게 영향을 주었을 것이다.[63]

우리는 정통 기독교의 가르침이 꾸란과 이슬람에 미친 영향력은 미미하지만 대신 외경과 위경 그리고 기독교 이단들의 교리가 이슬람교도들의 믿음 형성에 지대한 영향을 미쳤음을 알 수 있다.

4) 조로아스터교의 영향

역사가 말해주듯이 페르시아가 무함마드 시대 이전에 사우디아라비아 반도와 주변국가에 미친 영향은 대단했다. 무함마드가 속해 있던 쿠라이쉬 부족과도 페르시아는 연관이 있었다. 무함마드의 증조할아버지의 형제인 나우팔(Naufal)과 누탈랍(Nuttalab)은 그들이 쿠라이쉬 부족장으로 있을 때, 페르시아 사람들과 조약을 맺고 메카의 상인들이 페르시아의 영향 아래에 있던 이라크와 고대 페르시아 지역인 파르스(Fars)와 무역을 할 수 있는 허가를 받았

| 7세기까지 페르시아의 지배를 받았던 오만의 무스카트 무트라 (Muscat Muttrah) 해안의 성벽

다. A.D. 606년에는 아부 수피안(Abu Sufyan)을 리더로 하는 쿠라이쉬 부족이 페르시아의 수도에서 페르시아 왕을 만나기도 하였다.[64] 무함마드가 이슬람을 시작할 무렵인 A.D. 610년 페르시아는 메소포타미아 지역 전체와 시리아, 그리고 팔레스타인과 소아시아를 지배하고 있었다. A.D. 622년 무함마드가 이슬람 신도들을 데리고 메디나로 이주(Hijrah)했을 때, 비잔틴 제국의 헤라클리우스 황제(Heraclius, 재위 A.D. 659-681)는 비잔틴 제국의 국운을 되찾았고, 페르시아는 황제에게 평화를 요청해야만 했다.

무함마드가 죽자, 이슬람 군대는 페르시아를 정복하여 많은 페르시아인들을 무력을 사용하여 이슬람으로 개종시켰다. 한 국가가 발전된 문명을 가지고 있고 다른 국가가 비교적 무지한 상태일 때, 두 국가 간에 교류하게 되면 전자가 후자에게 큰 영향을 미치기 마련이다. 무함마드 당시에 아랍은 상당히 무지한 상태였다. 이러한 이유 때문에 아랍의 역사학자들은 이슬람 이전의 시대를 '무지의 시대'라고 부른다. 반면에 페르시아인들은 고대부터 고도로 발전된 문명을 가지고 있었다. 따라서 페르시아가 아랍과의 교역을 통해서 그들에게 영향을 끼쳤다는 것은 자연스러운 것이다.

별들의 층

이슬람에서 꾸란 17장은 승천(이스라)의 장이라고 부른다. 무함마드의 몸과 마음이 카바 신전에서 예루살렘으로 가서 일곱 개의 하늘을 지나서 가장 성스러운 권좌에 올라감으로써 시간과 공간 속에서 인간의 정신적 신비가 시작되었다고 믿는다.[65]

일부 사람들은 무함마드가 단순히 꿈을 꾼 것이라고 말하지만 이슬람에서는 문자 그대로 받아들이면서 이슬람 전통의 다른 구체적인 사실을 추가하여 믿는다. 꾸란은 거듭 무함마드가 7층 천에 갔다 온 것을 확증하고 있다.

"그래도 너희는 그(무함마드)가 본 것에 관하여 논쟁을 하느뇨 실로 그(무함마드)는 다시 한번 그(천사)를 보았으니 마지막 시드라 나무[66] 옆에 있었더라. 그곳 가까이에는 영주할 천국이 있으니 보라! 시드라 나무가 가리워지매 그(무함마드)의 시선은 흩어지지 아니하고 한계를 넘지 않더라. 실로 그(무함마드)는 가장 위대한 알라의 예증들을 보았도다"(꾸란 53: 12-18).

이슬람에서 무함마드가 승천했었다는 밤하늘의 여행은 많은 이야기를 포함하고 있지만, 큰 흐름은 조로아스터교의 경전인 『아르다 비라프』(The Book of Arda Viraf)에서 가지고 온 내용이다. 조로아스터교에 따르면 이 경전은 이슬람이 시작되기 약 400년 전에 페르시아 왕인 아르다쉬 바바간(Ardashir Babagan, 재위 A.D. 226-241) 때 만들어진 책이다.

이 문헌을 작성하게 된 동기는 페르시아 사람들이 조로아스터교에 대한 믿음이 흔들리자 조로아스터교의 성직자들은 믿음을 회복시키기 위하여 성스러운 삶을 살았던 한 성직자를 골라서 다양한 정결의식을 통해서 천국에 올라갈 준비를 시켰다. 그가 천국에 있는 것들을 보고 또 자기들이 사용하고 있는 경전이 맞는지를 확인하고 오기를 바랐다. 그들은 젊은 성직자인 아르다 비라프를 선정하여 정결의식을 통해서 무아지경에 빠지게 했고, 그는 대천사장인 샤로쉬(Sarosh)의 인도 아래 한 층 한 층 천국을 돌아 다녔다. 그러다가 마침내 아후라 마즈다(Ahura Mazda, 조로아스터교의 최고신)가 있는 곳에 이르게 되었다. 아후라 마즈다는 그에게 다시 지구로 돌아가서 천국에서 본 것들을 조로아스터 교인들에게 그대로 전하라고 말했다. 그가 본 것들이 그의 이름을 딴 경전에 그대로 기록되어 있다. 이 내용을 모두 담을 수는 없지만, 무함마드의 승천에 어떻게 영향을 미쳤는지 살펴보자.

『아르다 비라프』의 경전 7장 '별들의 층'(The Star Track)에는 다음과 같이 기록되어 있다.

"나는 휴마트(Humat)가 있는 별들의 층을 향해 첫 번째 걸음을 내딛었다.……그리고 나는 성스러운 영혼들을 보았는데 그들의 빛은 밝은 별처럼 퍼졌다. 그리고 그곳에는 왕좌가 있었으며 매우 빛나고 고상하고 칭송을 받아 마땅해 보였다. 나는 성스러운 샤로쉬(Sarosh) 천사와 아자르(Adhar) 천사에게 '이곳은 뭐하는 곳이며 이들은 누구입니까?'라고 물었다."[67]

이 본문을 해석하기 위해서 '별들의 층'이 조로아스터교 천국의 가장 낮은 곳임을 알아야 한다. 샤로쉬(Sarosh)는 대천사장이며, 아자르(Adhar)는 불의 천사이다. 이 내용을 처음부터 살펴보면 천사장인 아메샤 스펜타(Amesha Spentas)가 아르다 비라프를 천국까지 데리고 갔는데, 이는 '밤하늘의 여행'에서 가브리엘이 무함마드를 인도한 것과 같다. 각층에 도달하여 가장 높은 층에서 조로아스터교의 최고의 신인 아후라 마즈다(Ahura Mazda)를 만나게 된다. 아르다 비라프는 천국과 지옥을 방문하였으며 지옥을 방문한 후 마지막 장인 101장에 다음과 같이 기록했다.

"마지막으로 성스러운 샤로쉬(Sarosh)와 아자르(Adhar) 천사는 나의 손을 끌고 어둡고 무섭고 끔찍한 곳으로부터 데리고 나왔다. 그들은 나를 밝고 아름다운 아후라 마즈다(Ahura Mazda, 조로아스터교의 최고신)에게로 데리고 갔다. 그는 나를 향하여 '오! 믿음 좋고 성스러운 아르다 비라프야 아후라 마즈다의 예배자이며 사도여, 물질세계에 가서 네가 이곳에서 보고 알게 된 것을 나의 피조물들에게 말하라. 나는 이곳에 존재하는 아후라 마즈다이다.' 아루다 마즈다가 이렇게 말하자 나는 놀란 채로 있을 수밖에 없었다. 나는 그의 몸도 보지 못했고 빛만 보고 들었는데 그가 아후라 마즈다인 줄 알았다."[68]

이 이야기는 '밤하늘의 여행'과 매우 비슷하다. 기원후 13세기에 집필되었을 것으로 추정되는 조로아스터교의 책인 자루드시트-나마(Zardusht-Namah)에 의하면 조로아스터는 천국에 올라갔고, 그 이후에 지옥도 방문할 허락을 받게 된다. 그 지옥에서 그는 아리만(Ahriman, 마귀)을 보았는데, 이는 꾸란에서 이블리스(Iblis, 루시퍼와 동격인 타락한 천사)를 본 것과 대응된다.

또한 『아브라함의 성서』에도 이렇게 기록되어 있다. "그리고 대천사장 미가엘이 땅으로 내려와 아브라함을 데리고 병거에 태운 후 하늘로 올라가 구름 위에 있는 60천사에게 그를 데리고 갔다. 그리고 아브라함은 그 병거를 타고 사람이 사는 지구 전체를 둘러보았다."[69]

여기에서 나오는 천사들의 병거는 '밤하늘의 여행'에 나오는 무함마드가 부라끄라는 짐승을 타고 다녔다는 내용과 같다. 아랍인들은 짐승을 탔다고 보기보다는 운전했다는 개념으로 받아들였다. 부라끄(Buraq)라는 단어는 아마도 번개를 뜻하는 단어인 히브리어 "바라끄"(Baraq)에서 가져온 것이라는 추측이 가능하다.

후리스(Huris)가 있는 이슬람의 천국

꾸란의 55장은 라흐만(Rahman, 은혜로운) 장이라고 부른다. 라흐만 장은 무함마드의 언행록인 하디스에 의하면, "모든 것의 진수가 있나니 꾸란의 진수는 라흐만이라"[70]라고 기록되어 있다. 그러니까 꾸란은 전체 114장으로 구성되었는데 그 가운데 진수가 55장이다. 이 장에서는 천국에 대한 묘사가 주를 이루고 있고 그 가운데에서도 여성에 대한 묘사가 많이 있다. 꾸란에는 천국에 오는 남자들을 위하여 기다리고 있는 여성을 후리스(Huris)라고 부른다.

| 이슬람에서는 회화나 조각은 우상숭배로 금한다. 그러나 꽃은 천국을 상징하기 때문에 허용한다.

"그러나 주님 심판대 앞에 서게 될 그 때를 두려워한 자들에게는 두 개의 천국이 있나니……그들은 융단 위에 놓여진 안락한 침대 위에 금실로 장식된 침대에 기대게 될 것이며 두 천국의 과실이 가까이에 있노라 너희는 너희 주님의 은혜 중 어느 것을 거역하겠느냐 그 안에는 눈을 내려 감은 어떤 인간과 영마도 접촉하여 보지 못한 배우자가 있나니……눈을 내

려 감은 배우자가 정자에 있나니……인간과 영마가 스쳐보지 아니한 배우자들이라……그들은 초록색 방석과 아름다운 융단에 몸을 기대노라"(꾸란 55: 46-76).

다시 한 번 꾸란 56장에서 천국의 즐거움에 대한 내용을 찾을 수 있다.

"이들은 알라 가까이 가서 축복의 천국에서 기거하노라. 그곳에는 옛 선조들도 있으나 후세 사람들은 소수더라. 그들은 금으로 장식된 금좌에 앉아 서로가 서로에게 얼굴을 마주 보며 기대니 영원히 사는 소년들이 그들 주위를 돌며 술잔[71]과 주전자와 깨끗한 물 그리고 가득 찬 잔들로 봉사하도다. 그것으로 그들은 두통을 앓지도 그리고 취하지도 아니하며 그들은 취향에 따라 과일을 선택하노라 그들이 원하는 조류의 고기를 즐기며 눈이 크고 아름다운 배우자가 있으매 잘 보호된 진주 같노라.[72]…… 알라는 그들을 위해 새로운 배우자들을 두시고 그녀들을 순결케 하였으며 나이가 같으며 사랑받게 하셨나니"(꾸란 56:11-37).

그런데 후리스(Huris) 개념은 고대 페르시아의 전설에서 온 개념이다. 조로아스터인들은 천국에서 사는 여성을 후리스(Huris)라고 불렀다. 그녀들은 너무나 아름다워서 남자들의 마음을 사로잡았다. 천국의 배우자를 뜻하는 후르(Hur)라는 단어는 꾸란에 나타나며, '검은 눈'이라는 뜻이다. 이 단어는 페르시아에서 왔을 것이다. 페르시아에서 3세기부터 사용된 언어가 팔라비(Pahlavi)어인데 팔라비어로 후르(Hur), 현재 페르시아 언어로는 쿠르(Khur)이다. 이는 원래 '빛', '밝음', '햇빛', 그리고 '태양'을 가리키는 말이었다. 아랍인들이 페르시아인들로부터 밝음에 대한 개념과 '햇빛과 연관된' 처녀들에 대한 개념을 빌려왔을 때, 이를 가장 잘 설명할 수 있는 단어로 빌려온 것으로 본다.

지옥에서부터 올라온 아즈라일

이슬람의 전통에 따르면 아즈라일(Azazil)은 원래 사탄 혹은 이블리스(Iblis)라고 불렸다. 아즈라일이라는 이름은 원래 히브리어이며 레위기 16장 8절, 10절, 26절에 나오는 이름이다. 이슬람의 『예언자 이야기』(Stories of the Prophets)에는 이렇게 기록되어 있다.

"지극히 높으신 알라께서 아즈라일을 만드셨다. 아즈라일은 씻진[73]에서 지극히 높으신 알라를 천 년 동안 예배했다. 각층[74]에서 지극히 높으신 알라를 천년동안 예배했고 드디어 땅의 표면에 도달하였다. 이 층은 지구의 층 중에서 가장 높은 곳이며 사람들이 살던 곳이었다. 알라는 그에게 에메랄드로 된 한 쌍의 날개를 주셨고, 그는 날개를 통해서 첫 번째 천국으로 갔다. 그곳에서 그는 천 년 동안 알라를 경배했고 두 번째 천국에 들어갈 수 있었다. 계속해서 그는 각 층마다 주거하는 천사들로부터 특별한 이름을 부여받았다. 다섯 번째 천국에서 처음으로 '아즈라일'이라는 이름을 얻었다. 그리고 그는 여섯 번째, 그리고 일곱 번째 천국으로 올라갔다. 그가 했던 경배는 너무나 엄청난 것이어서 그가 엎드려 경배하지 않은 곳은 손바닥만큼도 찾을 수 없었다. 그 후에 그는 아담을 경배하라는 명령을 거부하고 천국에서 쫓겨났다."

이와 같이 이슬람의 전통과 조로아스터교의 전통에서 비교해 보았듯이 아즈라일에 대한 이야기의 기원은 조로아스터적이지 않다면 유대적이라고 할 수 있다.

죽은 자들의 다리

이슬람 전통에서 아스 시라트(As Sirat, 지옥의 다리) 또는 시라트 알 자힘(Sirat al-Jahim)은 머리카락보다 가늘고 칼날보다 더 날카로운 다리로서 지옥 위에 놓여 있다.

이 다리는 심판의 날에 땅과 천국을 이어주는 유일한 길이며, 모든 사람들은 이 다리를 건너야 한다. 꾸란 1장 7절에 의하면, '올바른 길'을 의미할 때, 아랍어로 '슈라틀 무스타김'(As Suratul Mustaqim)이란 단어를 사용한다.

'슈라트'(Surat)라는 단어는 아랍어가 아니고 페르시아어로서, '친바트'(Chinvat)를 아랍어로 쓴 것이다. 'Ch'를 나타내는 글자가 아랍어에 없기 때문에, 이를 대신하여 'S'를 사용하였으며, 이는 시라트(Sirat, 다리)의 첫 자이기도 하다.

조로아스터교의 경전인 아베스타(Avesta)에서는 친바트 다리(Chinvat Peretum)로 나온다. 이 다리는 선행과 악행을 합산한 다리이다. 이 다리는 지옥 위로 뻗어 있는 다리로서 각 사람의 영혼은 장례가 끝나자마자 다리 위에 도달하게 되며 천국을 가기 위하여 다리를 건너야 한다. 다리를 건넌 후에는 미트라(Mithra), 라슈누(Rashnu), 스라오샤(Sraosha)에게 자신의 행위에 따라서 심판을 받는다. 선행이 악행보다 많으면 천국 문이 열릴 것이고, 악행이 더 무겁다면 그는 지옥에 떨어질 것이다. 그러나 만약 선행과 악행이 똑같다면 그는 최후의 심판 날까지 기다려야 한다. 이와 같이 이슬람의 죽음의 다리 개념이 조로아스터교에서 영향을 받았다는 것을 자세하게 살펴보았다.

페르시아에서 빌려온 다른 개념들

이슬람의 전통에 따르면 한 명의 선지자는 자신이 죽기 전에 다음에 올 선지자를 예언하고 죽는다고 한다. 성경에서는 단지 메시아가 올 것이라고만 예언되어 있기에 이런 전통은 성경에서는 찾을 수 없는 개념이다. 이 개념은 다사티르 아스마니(Dasatir-i-Asmani)라는 조로아스터교의 문헌으로부터 영향을 받은 것이다. 이 문헌은 너무 오래되어서 번역할 수가 없다. 근대 이란인들은 이 문헌이 천국의 언어로 되어 있어서 번역이 어렵다고 말한다. 그러나 페르시아의 고대 다리(Dari)어로 번역된 것이 18세기에 발견되었다.

이 내용은 봄베이의 뮬라 피르즈(Mulla Firuz)에 의하여 번역이 되었다. 이 문헌은 15개의 논평을 담고 있는데, 열다섯 명의 연속된 선지자를 예언하는 것으로 추정한다. 첫 번째 선지자는 마하바드(Mahabad)이고 마지막 선지자는 사산(Sasan)이었다. 페르시아의 사산왕조(Sasanian)는 사산이 자신들의 가문이라 여겼다.

이 다리어 번역은 A.D. 590년에서 595년 사이에 만들어진 것이기에 원본은 그보다 훨씬 오래되었을 것이다. 각 논평의 결론은 다음에 올 선지자를 예언하는 내용으로 이루어져 있다. 많은 페르시아인들은 이 내용을 받아들이지 않지만, 이슬람에서는 자신들의 믿음의 체계에 이것을 끼워 넣었다.

무함마드 시대에 페르시아는 아라비아반도에서 많은 영향력을 행사하였다. 그로 인하여 꾸란과 이슬람의 전통 속에는 수많은 조로아스터교의 개념과 전통이 들어 있다는 것을 확인하였다. 무함마드는 다른 나라에서 온 사람들에게 그들의 말로 몇 마디 하는 것이 취미였다는 증언이 있다. 무엇보다도 무함마드는 다른 언어는 몰라도 페르시아어에는 대해서 알고 있었다.

또 다른 루트는 개종자들 가운데 페르시아인이 있었다. 살만(Shlman)이라는 남자는 무함마드를 도와주었던 사람이다. 그는 교육을 많이 받았고 능력도 있었다. 그의 경험과 군사적 조언을 통하여 무함마드가 쿠라이쉬 부족과 전투를 벌이던 A.D. 627년 2월에 참호를 파서 메디나를 방어했는데, 참호를 파고 요새를 만드는 전투 방법은 아랍인들 사이에 처음 있는 일이었다.

또한 무함마드는 살만을 통해서 타이프(Taif)를 공격할 때(A.D. 630년) 투석기를 만들어서 공격하였다. 따라서 무함마드를 비난했던 사람들이 꾸란을 집필할 때 도움을 주었다는 사람은 바로 살만일 것이다.

"한 인간이 그(무함마드)를 가르치고 있을 뿐이라고 말하는 그들을 우리(알래)는 알고 있나니 그들은 외래인이 그(무함마드)를 가르친 것이라 하더라 그러나 이것은 순수한 아랍어이라"(꾸란 16:103).

만약 살만이 아니더라도 무함마드를 따르는 무리 중에는 분명히 꾸란에 삽입된 내용을 가르쳐 주었다고 믿어지는 페르시아인이 있었다는 것을 보여준다.

우리는 무함마드가 계시를 받을 때, 페르시아의 전설이나 전통들이 아라비아반도에서 잘 알려진 상태라는 것을 살폈고, 무함마드가 기독교이단들이나 유대인들의 전통을 빌렸다는 것을 확인하였다. 또한 조로아스터적인 요소를 빌렸다는 것도 확인하였다.

4. 꾸란에 나타난 오류와 모순들

1) 꾸란에 나타난 숫자의 불일치

창조는 며칠만에 이루어졌는가? 6일인가, 8일인가?

꾸란은 인간에게 계시된 가장 중요한 설명 중 하나인 세상을 창조한 기간에 대해서 숫자적인 모순을 보인다. 여러 곳에서 꾸란은 6일 만에 세상이 창조되었다는 성경의 말씀에 동의한다(꾸란 7:54; 10:3; 32:4). 그러나 꾸란이 말하는 창조의 부분을 자세히 살펴보면 6일이 아니라 8일 만에 세상이 창조되었다고 설명한다. 땅이 만들어지는 데 2일, 산과 식물이 만들어지는 데 4일, 하늘과 칠층천이 만들어지는 데 2일(꾸란 41:9-10, 12), 모두 8일 만에 세상을 창조하였다고 기록되어 있다.

그러나 이것이 문제가 되자, 유명한 꾸란 주석가 요세프 알리(Yusuf Ali)는 그의 주석에서 다음과 같이 고백했다.

> "이는 우리를 둘러 싼 물리적인 땅과 물리적인 하늘이 만들어지는 것을 묘사한 어려운 본문이다. 만약 우리가 여기서 언급된 2일과 10절에서 언급된 4일 그리고 12절에서 언급된 2일을 더한다면 우리는 총 8일이라는 결과를 얻게 된다. 하지만 다른 많은 구절에서는 창조가 6일 만에 이루어졌다고 말한다."[75]

그는 다음 해석에서 이를 조정하기 위한 설명을 덧붙인다. "주석가들은 10절에서 말하는 4일이 9절에서 말하는 이 2일을 포함한다고 이해한다. 따라서 우주 창조에 걸린 총 시간은 여전히 6일이 된다."[76] 그러나 이런 계산 방법은 변명일 뿐이다. 어떤 경우에도 4와 2가 같은 숫자일 수는 없다.

하루가 몇 년의 시간과 같은지에 대한 문제

꾸란은 '알라의 하루'는 '사람의 천 년'과 같다고 한다. "그분은 하늘에서부터 땅에 이르기까지 만사를 주관하시며 심판의 날에는 모든 것이 그분에게 귀의하니 그 기간은 너희가 헤아리는 천 년과 같으니라"(꾸란 32:5). 그러나 꾸란의 다른 구절에서 '알라의 하루'는 '사람의 5만 년'과 같다고 한다. "오만 년과도 같은 하루 동안에 천사들과 가브리엘 천사가 오르도다"(꾸란 70:4). 이는 4만 9천년이라는 엄청난 숫자의 불일치를 보일 뿐 아니라 신학적인 중요성에서도 불일치를 보이는 부분이다. 알라가 직접 자신을 계시했다고 하는 꾸란에 기록된 '계시의 불일치'를 인정해야 한다.

2) 과학적인 오류들

알렉산더 대왕 이야기

꾸란에 있는 가장 치욕적인 과학적 오류는 '꾸란에 기록된 두 뿔 가진 줄까르나인(Zul-qarnain) 왕은 알렉산더 대왕(Alexander, B.C. 356-323)을 말하며 그가 해를 따라가다가 진흙 우물을 발견했다는 내용'(꾸란 18:86)이다. 이 내용은 알렉산더의 로맨스에서 유래한 것이다. 더욱이 알렉산더는 무슬림이 아니었다.[77]

아기의 출생 기간

꾸란 31장 14절과 2장 233절에 의하면 아이가 태어나면 2년 동안 즉, 24개월 동안 모유를 먹이라고 한다. 그런데 다른 구절에 의하면, "우리(알라)는 부모에게 효도하라 인간에게 의무화하였도다. 어머니는 고통으로 잉태하사 고통으로 출산하며 임신한 기간과 양육 기간이 삼십 개월이라……"(꾸란 46:15)라고 되어 있다. 30개월에서 24개월을 빼면 6개월인데 6개월 만에 아기가 출생한다는 것은 수학적으로 전혀 타당성이 없는 것이다.[78]

3) 역사적 오류들

메카에 대한 아부라하(Abraha)의 공격은 어떻게 중단되었나

무함마드가 태어난 A.D. 570년을 이슬람에서는 '코끼리의 해'라고 부른다. 아브라하(Abraha) 장군이 메카를 침공하여 카바를 파괴하려고 결단한 해이기도 하다. 내용은 이렇다. 6세기 초에 예멘의 힘야르트왕 누 누와르가 유대교로 개종하여 기독교인들을 박해하자[79] 홍해 건너 아비시니아(Abyssinia, 현재 에티오피아) 기독교 왕국에서 아브라하(Abraha) 장군을 보내서 예멘을 정복한다. 그는 또한 코끼리 부대를 이끌고 메카를 침공했다가 알라가 카바신전을 지키기 위하여 수천 마리의 새들로 하여금 아브라하의 군대 머리 위에 구운 진흙으로 된 돌을 떨어뜨리게 해서 많은 군인들이 죽었으며 군대는 패배한 채 후퇴해야 했다.

"그대 주님께서 코끼리의 무리를 어떻게 하셨는지 그 소식이 이르지 아니했느뇨? 그들의 음모를 파멸시켜버리지 아니했는가? 알라는 그들에게 새 떼를 보내어 노래와 흙으로 된 돌멩이를 던지셨나니 그들은 다 깊아먹어버린 마른 잎과도 같았더라"(꾸란 105:1-5).

그러나 역사적인 자료들에 따르면 아브라하 군대는 천연두로 추정되는 전염병으로 인해 후퇴한 것이었다.[80]

모세 때에 사마리아인들이 있었는가

꾸란은 이스라엘 자손들이 광야에 있을 때 사마리아인들의 제안으로 황금 송아지를 만들었다고 기록하고 있다.

"그리하여 그가 그들에게 송아지 한 마리를 형상화하니 소의 울음소리 같더라 그리고 말하길 이것이 너희들의 신이며 모세의 신이었는데 그(모세)가 잊었노라"(꾸란 20:88).

"또 그(모세)가 사마리아인의 목적이 무엇이뇨라고 말하니"(꾸란 20:95).

두 번이나 모세와 사마리아 사람들과의 관계를 말하고 있다. 그러나 송아지를 만든 것은 아론이다(출 34:1-6). 또한 사마리아인들은 모세 때 존재하지 않았다. 그들은 이스라엘이 앗시리아의 침공을 받아서 많은 유대인들이 포로로 잡혀갔을 때, 이스라엘에 남아서 앗시리아인(Assyria)들과의 통혼으로 생겨난 자손들이다. 즉, 사마리아인들은 모세가 죽고 5-7세기 이후에나 이스라엘에 등장한 사람들이다.[81]

파라오 궁전에 있던 하만

꾸란에는 하만(Haman)이 모세가 있을 당시 파라오의 친구로서 이집트에 살았다고 기록되어 있다.

"이때 파라오가 말하길 족장들이여 나 외에는 너희를 위한 어떤 신도 내가 아는바 없나니 하만아 진흙으로 벽돌을 구워 내가 모세의 신을 볼 수 있도록 높은 궁전을 짓도록 하라 실로 나(파라오)는 그(모세)가 거짓말하는 자라 생각하니라"(꾸란 28:38).

모세와 하만이 함께 있는 모습은 꾸란의 다른 구절에서도 찾을 수 있다.

"이 때 파라오가 말하였더라 하만이여! 내게 높은 궁전을 지어다오. 내가 길과 방법을 얻고자 함이라"(꾸란 40:36).

그러나 성경에서 하만은 메데(Media)와 파사(Persia)의 아하수에로 왕의 대신이다(에 3:1-2). 그러나 꾸란은 그를 천 년이나 앞서 이집트 파라오의 대신으로 만들어서 출애굽의 이야기와 에스더의 이야기를 혼합시켰다.[82]

무함마드 때에 있었던 알악사(Al-Aqsa) 모스크

무함마드는 '밤하늘의 여행'에서 가브리엘 천사에 의하여 그의 몸과 영혼이 예루살렘에 있던 알악사(Al-Aqsa) 모스크로 데려가졌고, 그곳을 본 후에 승천하여 칠층천을 방문하고 돌아왔다고 한다.

"알라의 종을 밤중에 하람사원[83]에서 아크사 사원으로 밤하늘 여행을 시킨 그분께 영광이 있으소서……"(꾸란 17:1).

하지만 알악사 모스크는 무함마드 당시에 존재하지도 않았다. 알악사 모스크는 십자군에 의해 교회로 처음 지어졌으며, A.D. 1187년 무슬림 지도자 살라딘(Saladin, 1137-1193)이 예루살렘 수복 후 모스크로 바꾼 건물이었다. 또 무함마드가 하늘로 승천했다고 하는 황금돔 모스크는 A.D. 691년이 되어서야 지어지기 시작했는데, 이는 A.D. 632년 무함마드가 죽고 59년 후에 일어난 일이었다.[84]

4) 신학적 오류들과 성경의 변형들

신학적 오류들

꾸란에 기록된 신학적 오류들은 다음과 같다.

1. 천사들이 알라에게 반대함

꾸란에는 알라가 사람을 만들었을 때, 알라가 천사들과 상의했고, 천사들은 그들의 지식을 기반으로 인간이 이 세상을 해하고 살상할 것이라고 말하며 반대했다고 기록되어 있다(꾸란 2:30). 하지만 언제부터 알라가 천사들과 상의를 하고 일하기 시작했으며, 언제부터 천사들이 태어나지도 않은 인간이 저지를 죄악들을 예측할 수 있었나? 천사들이 알라보다 더 정의롭고 지혜로운 것인가?

또한 이 이야기는 알라가 인간들에게 모든 것의 이름을 가르쳐주고 천사들에게도 이름을 만들라고 말한 후, 천사들이 이름 짓기에 실패하자 알라가 인간들의 지혜를 자랑했다고 기록하고 있다. 마치 알라가 천사들에게 그들이 알지 못했던 인간의 능력을 자신은 알고 있었다고 증명해야 하는 것처럼 보인다. 알라는 무엇도 증명할 필요가 없는 존재이다. 그리고 만약 알라가 아담을 선택하여 가르치고 천사들에게는 그 지식을 숨기려고 했다면, 왜 자랑해야 했겠는가? 아담의 지혜와 천사들의 무지 역시 알라의

뜻대로 이루어진 것일 텐데 말이다.[85]

2. 천사들이 아담을 경배함

알라는 천사들로 하여금 아담 앞에서 엎드려 경배하라고 명령하였다. 그리고 꾸란에 따르면 사탄을 제외한 모든 천사들이 아담을 경배하였다(꾸란 2:34; 7:11-12; 15:28-35; 20:116; 17:61). 이는 오직 알라만이 엎드려 경배 받으실 수 있다는 꾸란의 주된 가르침에 모순되는 부분이다. 이것뿐만 아니라 알라 앞에서 천사들이 사람보다 더 높다는 꾸란의 가르침에도 모순되는 부분이다. 알라는 다른 구절에서 아담이 천사보다 낮은 존재임을 분명하게 말하고 있다.

"그대의 주님께서 이 나무를 금기함은 너희가 천사가 되지 아니하도록 함이거나 영원히 사는 존재가 되지 못하도록 하셨다."(꾸란 7:20).

그럼에도 그들이 여전히 아담 앞에서 엎드려 경배해야 했으며 더 높은 존재들이 낮은 존재들 앞에서 절을 했다는 것이다.[86]

3. 사람을 유인원이나 백조로 바꿈

꾸란에 따르면 알라가 안식일을 지키지 않은 유대인들을 원숭이와 백조 그리고 돼지로 변화시킴으로써 그들을 벌하셨다.

"너희 가운데 안식일을 위반한 자가 있음을 너희는 알고 있으며 우리(알라)가 그들에게 말하기를 '그대들은 원숭이가 되어 저주를 받을지어다'"(꾸란 2:65).

"일러 가로되 '내가 너희에게 그것보다 사악한 것을 일러주사 알라로부터 벌이 있으니 알라의 저주와 분노를 초래한 그들과 그들 가운데 일부가 원숭이나 돼지가 되었다. 우상을 숭배한 그들은 가장 나쁜 곳에서 올바른 길을 벗어나 방황하리라"(꾸란 5:60).

이러한 내용은 꾸란 7장 166절에도 나와 있다. 이는 심각한 오류인데, 하나님의 형상을 지닌 인간을 무시함으로써 인간의 격을 떨어뜨리고 결과적으로는 하나님을 모욕하는 것이 되기 때문이다. 만약 인간이 동물로 변할 수 있다면, 더 이상 인간은 동물보다 더 나은 존재가 아니며 영원히 살 수 있는 존재도 아니게 된다. 또한 하나님의 형상을 가지고 있는 존재도 아니게 된다. 더욱이 그것은 하나님을 자비로운 존재가 아니라 복수심에 불타는 마법사처럼 보이게 한다. 뿐만 아니라 성경은 안식일을 범하는 대가가 죽음이라고 하나님께서 말씀하셨음을 분명하게 보여준다(출 31:14).[87]

4. 알라가 죄를 짓도록 명령하고 실행함

꾸란 17장 16절에 "우리(알라)가 한 도시의 인구를 멸망시키려고 결정했을 때, 안위한 생활을 영위하던 그들에게 명령을 내렸으되 그들에게 실현되어 우리(알라)는 그들을 멸망케 했느니라."고 기록되어 있다. 한국어와 영어 번역에서는 의도적으로 이를 바꾸어 알라가 그들에게 경고하시는 것처럼 보이게 하며, 그럼에도 인간들이 죄를 짓는 것처럼 보이게 해놓았다. 이 문장에 대한 정확한 아랍어 표현은 "알라가 한 도시와 사람들을 파괴하고 싶을 때, 성욕에 찬 거주자들에게 명령하여 그들로 하여금 죄를 짓도록 한다."이다.

따라서 알라가 하는 일은 그것을 정당화하는 일이며, 알라는 이런 방식으로 모든 사람들을 멸망하게 할 수 있다. 이는 꾸란에서 말하는 주장과 극명하게 대조되는 것이다.

"……알라께서는 부끄러운 일을 명하지 아니하셨도다. 너희가 알지 못하는 것으로 알라께 거짓하려 하느뇨?"(꾸란 7:28).[88]

그래서 한국어와 영어 번역이 원어의 의미를 감추기 위하여 의도적으로 바뀐 이유이기도 하다.[89]

성경에 있는 신학적 요소의 변형들
꾸란은 성경에 있는 일부 신학적 요소들을 변형시켰으며 다음과 같다.

1. 에덴동산에서의 타락

타락에 대해서 꾸란은 사탄이 아담과 하와 두 사람을 동시에 유혹했고, 그들이 천사와 같이 되어 영원히 살게 될 것이라고 유혹했다(꾸란 7:20). 그러나 성경은 하와가 먼저 사탄에 의해 타락했고, 그다음에 아담이 하와에 의해 타락했다고 말한다(창 3:1-6). 또한 뱀은 하와에게 그녀가 '하나님과 같이 될 것'이라고 말했지 천사와 같이 될 것이라고 말하지 않았다(창 3:5). 뿐만 아니라 꾸란은 아담과 하와가 알라 앞에 섰을 때 취했던 행동에 대해서도 성경과 다른 내용을 담고 있다. 아담과 하와는 알라에게 용서와 자비를 구했다(꾸란 7:23). 성경에서처럼 하나님으로부터 도망쳐 두려움과 수치심에 숨었다고 기록되어 있지 않다(창 3:7-8, 10).

그리고 꾸란에서 아담과 하와는 타락으로 인해 에덴동산이 있던 천국에서 쫓겨나 땅으로 떨어졌다.[90] 그로 인하여 죄에 대한 대가는 이미 치렀기 때문에 원죄를 부정한다(꾸란 7:24). 꾸란에서의 타락은 에덴과 영적인 잃어버림을 의미하는 것이 아니다.[91]

2. 남자 갓난아이를 죽이라는 파라오의 칙령

꾸란은 이스라엘의 남자 갓난아이를 죽이라는 파라오의 명령이 모세의 사역 도중 내려졌다고 말한다.

"파라오 백성들의 우두머리들이 말하더라. '폐하(파라오)는 모세와 그의 백성들이 지상에 해악을 퍼트려 폐하와 폐하의 신들을 우롱하도록 둘 것입니까?'라고 말하니 그(파라오)가 대답하였더라. '그들의 아이가 남아이거든 우리(파라오)는 살해하여 단지 그들의 여자만 살아남게 하여 그들을 지배할 것이니라.'"(꾸란 7:127).

그러나 성경은 이 명령이 모세가 태어나기도 전에 발령된 것이라고 말한다(출 1:16; 2:1-2).[92]

3. 이집트에 내린 재앙들

꾸란은 하나님이 이집트에 내리신 재앙들에 대해서도 성경과 다르다. 꾸란은 첫째로 10가지 재앙 중 일부만을 언급하고 있다. 둘째로 언급된 일부의 재앙들마저 성경과는 다른 순서로 등장한다. 셋째로 성경에 언급되지 않은 재앙인 홍수를 언급하고 있다. 아랍어 '타와판'(tawafan)은 문자 그대로 홍수를 의미하며 다른 어떤 뜻도 담고 있지 않다.[93]

4. 모세가 내리 친 바위와 열두 개의 우물들

꾸란은 모세가 돌을 치자, 열두 개의 우물이 터져 나왔다고 한다. 이는 열두 지파의 숫자와 상응하는 수의 우물이다(꾸란 2:60; 7:160). 무함마드가 엘림에서 있었던 일을 호렙에서 있었던 일과 섞어 놓은 것이 분명하다. 그러나 무함마드가 제시하는 정보가 대부분 소문을 들은 것에서 비롯되었다는 점에서, 무함마드가 이스라엘 자손들이 광야 여정 중 어디에서 어떻게 쉬어 갔는지 상세한 내용들을 기억하기란 불가능한 일이었을 것이다. 이스라엘 백성은 먼저 엘림에서 묵었고, 그곳에서 그들은 12개의 우물과 70그루의 야자나무를 발견했다(출 16:1). 그리고 그들은 신광야에 도착할 때까지 여정을 계속했다. 그곳은 엘림과 시내산 사이에 있는 곳이었다(출 16:1). 그들은 르비딤에 도착할 때까지 여행을 계속했다. 그리고 바로 이곳에서 그들은 물이 필요했다(출 17:1). 그들은 목이 말랐고 모세에게 물을 달라고 했다. 모세는 하나님으로부터 호렙이라는 돌산에서 조금 떨어진 곳에 서라는 명령을 받았다. 그리고 모세가 그 바위를 쳤을 때, 그 돌은 물을 뿜어냈다(출 17:5-6). 열두 개의 우물은 엘림에 있었고, 바위에서 물이 솟아난 것은 호렙에서 일어난 사건이었다.[94]

5. 언약궤

꾸란은 언약궤에 대해서 모호한 설명만을 남겨 놓았다(꾸란 2:248). 먼저, 꾸란에는 언약궤 안에 '사키나'(Sakinah)가 있다고 말한다. 한국어 꾸란은 '평안'을 가지고 있다고 번역되었다. 이는 '사키나'라는 아랍어와 같은 의미를 지닌 단어이다. 그러나 이 아랍어 단어는 히브리어 '쉐키나'(Shekinah)를 그대로 음역한 것일 뿐이다. '쉐키나'는 언약궤 위에 분명하게 드러난 하나님 영광의 임재를 일컫는 단어이다. 아랍어로 된 꾸란의 구절들에는 이 단어가 아무런 설명도 없이 실려 있다.

둘째로 꾸란은 언약궤가 모세와 아론의 가족들로부터 남겨진 유품들도 담고 있었다고 말한다. 하지만 성경에 의하면 언약궤는 십계명이 적혀 있는 두 개의 돌판을 담고 있었다(왕상 8:9). 또한 히브리서 9장 4절을 보면 "금 향로와 사면을 금으로 싼 언약궤가 있고 그 안에 만나를 담은 금 항아리와 아론의 싹 난 지팡이와 언약의 돌 판들이 있고"라고 기록되어 있다. 셋째로 꾸란은 언약궤가 천사들에 의해 운반되었다고 말하는데, 이는 성경의 내용과 다르다.[95]

5) 꾸란 안에서 서로 모순되는 내용들

부활과 심판의 날에 대해

꾸란은 심판의 날 심판받는 자들이 인간을 방황하게 만드는 알라(꾸란 37:32)에 의하여 심판대에 이끌려왔는지(꾸란 37:27), 아니면 자신의 행위에 의하여 심판을 받게 되는지(꾸란 23:101), 아니면 자기가 왜 심판을 받는지에 대하여 다른 사람들에게 물어볼 것인지에 대해서 확실한 답을 제시하지 않는다. 이로 인하여 꾸란의 구원관은 인간이 알 수가 없는 것이다. 때문에 무슬림들은 구원의 불확실성으로 인하여 늘 불안할 수밖에 없다.[96]

사람이 어떤 물질에서 창조되었나

꾸란은 사람이 어떤 물질로 만들어졌는지에 대하여 모순이 있다.

"알라는 흙에서 너희를 창조하사 다시 정액에서 너희를 재창조하셨으니 ……"(꾸란 35:11).

어떻게 알라가 인간을 먼저 흙으로 만든 후에 정액으로 다시 만드신단 말인가? 그리고 이 내용은 다음과 같이 변한다: "우리(알라)가 인간을 창조하사 검고 묽은 진흙으로 만드셨고"(꾸란 15:26).

그런데 다른 구절은 이렇게 기록되어 있다. "……우리(알라)는 그들을 진흙으로부터 창조하였느니라"(꾸란 37:11). 그런데 진흙에서 추가된 다른 구절에는 "그분(알라)은 도기를 만들 듯 인간을 흙에서 창조하였으며"(꾸란 55:14)라고 기록되어 있다. 인간이 한 방울의 정액 또는 응혈로 만들어졌다는 내용도 있다. "또한 인간을 한 방울의 정액으로 창조하셨으며 보라! 아직도 그(인간)는 논쟁하고 있도다."(꾸란 16:4), "또한 인간이 물로 만들어졌다."(꾸란 25:54).[97]

그렇다면 꾸란에 의하면 인간은 흙으로 만들어졌는가? 아니면 정액으로만 만들어졌는가?, 흙으로 만든 다음에 다시 정액을 혼합해서 만들었나? 진흙으로 만들었는가? 아니면 묽은 진흙으로 만들었는가? 아니면 물로 만들어졌는가?[98]

파라오는 바다에서 익사했나, 아니면 살았나

꾸란은 이스라엘 백성을 따라 바다로 간 파라오에게 무슨 일이 생겼는지에 대해 스스로 모순에 빠져 있다. 어떤 구절들에서 꾸란은 파라오가 그의 군대와 함께 수장 당했다고 말한다(꾸란 17:103; 28:40; 2:50).

반면 어느 한 구절에서는 이상하게도 파라오가 알라에 의해 살았으며 다른 이들에게 알라를 증거하는 사람이 되었다고 기록되어 있다.

"오늘 우리(알라)가 너를 구해줌으로써[99] 네 이후에 오는 자들에게 예증이 되도록 함이라……"(꾸란 10:92).

그러나 사실상 꾸란에 기록된 이 두 가지가 동시에 발생한다는 것은 불가능한 일이다.[100]

꾸란은 아랍어로만 기록되어 있는가

꾸란은 꾸란이 순수한 아랍어로만 작성되어 있다고 주장한다.

"한 인간이 그를 가르치고 있을 뿐이라 라고 말하는 그들을 우리(알라)는 알고 있나니 그들은 외래인이 그(무함마드)를 가르친 것이라 하더라 그러나 이것은 순수한 아랍어이라(꾸란 16:103).

"우리(알라)는 꾸란을 아랍어로 계시하나니"(꾸란 12:2).

그럼에도 불구하고 꾸란은 많은 비아랍어를 담고 있다(꾸란 16:103; 12:2; 41:44). 여러 예를 들 수 있다. '파라오'(Pharaoh, 이집트어); '아담, 이브'(Adam and Eve, 아카드어); '아브라함'(Abraham, 시리아어); '하루트'(Haroot), 마르트(Marroot), 시라트(Sirat), 후르 안인(Huwariyeen), 진(Jinn), 피르다우스(Firdawa)'(모두 페르시아어); '히버(Heber), 투라트(Turat), 게한님(Gehannim)'(모두 히브리어); '인질'(Injeel, 그리스어) 등의 아랍어가 아닌 외래어가 이외에도 꾸란 안에 많이 기록되어 있다.[101]

5. 기독교에 대한 꾸란의 견해

꾸란에서 기독교와 기독교인을 어떻게 규정하고 있는지 살펴보자. 꾸란에 '기독교인'이라는 단어는 나타나지 않는다. 기독교인은 '성서의 백성'으로 일컬어지는 사람들 가운데 나타나는데, 이 명칭은 54번 정도 나타나며 유대인과 기독교인을 의미한다. 또한 '복음서의 백성'이란 특별한 명칭이 단 한 번 나온다(꾸란 5:47). 흥미롭게도 꾸란에서 14번 정도 사용되며, 오늘날 '기독교인'으로 번역되는 단어는 '안 나싸라'(an-Na, sara)이다. 이 꾸란의 '안 나싸라'는 7세기의 기독교인을 말한다.

꾸란의 기독교 이해는 이중적이다. 한편으로는 기독교인에 대하여 긍정적인 평가를 내린다. 무슬림들은 유대인과 다신교인을 만날 때보다 기독교인을 만날 때 더 우호적인 대접을 받는다. 왜냐하면 기독교인 중에 오만하지 않은 성직자와 수도사들이 많기 때문이다(꾸란 5:82). 이와 대조적으로 꾸란 5장 51절에 따르면 무슬림들은 기독교인으로부터 더 나은 환대를 기대할 수 있지만, 유대인이나 기독교인을 친구나 보호자로 삼지 말아야 한다. 그 이유는 기독교인들이 자신의 신앙을 따르라고 권유할 것이기 때문이다(꾸란 2:120).

더 나아가 꾸란은 직접적으로 기독교 신앙의 핵심을 공격한다. 삼위일체설을 말해서는 안 된다(꾸란 4:171)는 것이다. 하나님을 셋 중에 하나라고 말하는 것은 불경하며(꾸란 5:73), 그것은 다신교의 오류에 빠지는 일이다(꾸란 5:77). 꾸란은 예수가 메시아이며 동정녀 마리아의 아들인 것을 인정하면서도(꾸란 3:45-49), 성육신을 부인하고, 예수가 완전한 인간이라는 것을 강조한다(꾸란 3:59; 5:116-117). 또 예수의 승천을 받아들이지만(꾸란 5:117; 4:157-159), 유대인들이 예수를 십자가에 못 박지 않았다고 선언한다(꾸란 4:157-159).[102]

꾸란에서 기독교인들에 대한 평가는 이외에도 많이 있다. 무엇보다도 꾸란은 기독교와 대비하여 자신을 정의하고 있다. 이슬람은 메디나에서 유대인을 대항하여 싸울 때 기독교에 대하여 우호적이었다. 그러나 무함마드가 아라비아반도에서 지배력을 확보했을 때, 기독교인들을 신앙의 공동체에서 배제하였다. 이런 배제는 서구 쪽을 장악하려고 하는 그의 의지와 관련되어 있었다. 시리아에 있는 비잔틴 기독교의 전초기지에 군대를 보내겠다는 그의 군사적 결단은 기독교와 이슬람 사이에 불행한 대결의 시작이었다. 무함마드는 그것에 대한 신학적 정당성을 계시로 결정지었다.

"알라와 내세를 믿지 아니하며 알라와 선지자가 금기한 것을 지키지 아니하고 진리의 종교를 따르지 아니하는 자들에게 비록 그들이 성서의 백성이라 하더라도 항복하여 인두세를 지불할 때까지 성전하라. 그들이 스스로 저주스러움을 느끼리라"(꾸란 9:29).

이로써 무함마드는 군사적이고 정치적인 결단을 영구히 신학적으로 정당화했던 것이다.

모든 무슬림들이 기도할 때 꾸란의 첫 장을 기독교의 주기도문처럼 암송한다. 꾸란 첫 장(al-fatihah, 개경장)의 마지막 구절에는 "그 길은 당신께서 축복을 내리신 길이며 노여움을 받지 않는 자나 방황하는 자들이 걷지 않는 가장 올바른 길입니다"(꾸란 1:7)라고 기록되어 있다. 다시 말해 무슬림들은 예배 때마다 기독교인이 걷지 않는 올바른 길을 걷게 해달라고 기도한다는 것이다. 이에 대하여 꾸란을 번역한 최영길 씨는 '노여움을 받은 자'는 '유대인들'이며, '방황하는 자들'은 '기독교인들'이라고 분명히 말하고 있다.[103]

꾸란에서는 기독교인들을 물리적으로 공격하도록 명령하고 있다(꾸란 9:29). 꾸란은 무슬림들이 최고의 피조물이라고 말하며, 기독교인들을 대부분 사악한 자들이라고 말한다(꾸란 3:110). 꾸란에서는 기독교인들은 불신자들과 함께 지옥에 간다고 말하고 있다.

"비록 성서의 백성 중에서 그 진리를 거역한 자들과 불신자들은 불지옥에 있게 되리니 그들은 그 안에서 영주하매 그들은 가장 사악한 무리들이니라."(꾸란 98:6).

이슬람에는 7개의 지옥이 있는데, 그 가운데 유대인은 5번째 지옥에 가고, 기독교인은 6번째 지옥인 하비야(Haviya)에 간다고 가르친다.

무함마드는 종교적 관습, 믿음, 그리고 전설적인 많은 요소들을 다른 종교와 문화에서 빌려왔다. 그리고 이 모두가 혼합되어 이슬람이라는 종교가 만들어졌음이 분명하다. 다른 종교의 체계를 빌려왔기 때문에 이슬람의 한 면은 선하고 진실들이 포함되어 있기도 하다. 그러나 결코 이슬람은 새롭거나 고귀한 종교적 관념이 없으며, 이슬람의 믿음은 그 창시자의 관능적인 본성이 아주 많이 반영되어 있다.

역사적으로 이슬람에 대하여 기독교적 시각으로 체계적으로 연구했던 이들이 있다. 그들은 종교개혁자들이다. 종교개혁자 마르틴 루터는 이슬람에 대하여 면밀하게 연구한 끝에 요한복음 8장 44절을 인용하면서 무함마드와 이슬람에 대하여 다음과 같이 서술했다.

"무함마드는 거짓 영에 사로잡혔고, 사탄은 꾸란을 통해서 영혼을 죽이고 기독교신앙을 혼란시켰다. 나아가 인간을 죽이기 위하여 칼을 잡았다. 이슬람은 설교와 기적에 의해서가 아니라, 칼과 살육에 의해 발전했다."[104]

결국 이슬람은 이스라엘의 사해바다와 같다. 이는 자신의 품에 모든 물을 받아들여 사해를 형성하며 자신의 형태와 틀을 만들지만, 사해에서 나오는 더운 수증기는 주변의 많은 생물들에게 악영향을 끼칠 뿐이다. 이처럼 이슬람은 주변의 많은 종교와 문화를 받아들이고, 그로 인하여 어느 정도 수준의 진실한 요소를 중심으로 그 틀을 형성했다. 그러나 사해가 그러하듯 이슬람은 지구상의 좋은 땅들을 사막으로 만들고 있다. 이슬람은 많은 땅을 무고한 피로 물들여 가고 있으며, 이슬람이 성장하는 지역은 이슬람의 무자비한 횡포에 신음을 토하고 있다.

5장

종교개혁자들은 어떤 시각으로 이슬람을 바라보았나

: 종교개혁자들이 바라본 이슬람

 ISLAM

마르틴 루터(Martin Luther, 1483-1546)가 1517년 10월 31일 비텐베르크 대학교 정문에 95개 조항을 붙이면서 종교개혁의 불길은 전 유럽으로 번져나갔다. 바로 그 시기, 종교개혁이 시작될 무렵 강력한 오스만 터키 이슬람 세력이 유럽의 심장이었던 비엔나(Vienna)를 포위하였다.

이 절박한 상황에서 종교개혁이 일어난 것이다. 오스만 터키와의 전쟁이 종교개혁의 다양한 배경을 형성하였다는 것은 이미 잘 알려져 있는 사실이다.

1. 종교개혁의 시대적 배경

유럽에서 이슬람은 오랜 역사를 가지고 있다. 오늘날의 유럽의 경계는 이슬람에 의하여 정해진 것이다. 서구 기독교와 중동의 이슬람은 무함마드 이후부터 전쟁과 갈등의 역사였다. 아라비아반도를 제외한 오늘의 중동은 무함마드가 탄생하기 이전 4세기 동안 비잔틴 기독교 제국이었다.

이슬람의 예언자 무함마드가 죽기 전에 마지막 전투는 비잔틴 제국의 황제 헤라클리우스(Heraclius, 재위 610-641)와의 전투였다. A.D. 631년 아라비아반도를 통일한 무함마드는 당시 비잔틴 제국의 영토였던 아라비아 북서쪽의 타북(Tabuq) 지방으로 3만 명의 병력을 원정보냈다. 이슬람 내부에서 비잔틴 제국과의 전쟁을 반대하는 목소리가 높았지만, 무함마드는 알라에게 받은 계시를 제시하며[1] 원정을 단행하였다.

632년 무함마드가 사망한 이후 무슬림 세계는 아라비아반도를 넘어서 비잔틴 기독교 제국을 차례로 정복해 나갔다. 페르시아와의 오랜 전투에서 지친 비잔틴 군대는 밀려오는 이슬람 군대에게 무너져갔다. 10년 후에 이슬람 군대는 이집트와 메소포타미아, 페르시아 대부분을 점령하였다. 이후 70년 동안에 서쪽으로 진군하여 북부 아프리카 전체를 정복하였다.

북부 아프리카를 강화한 후에 711년 북부 아프리카의 이슬람 군대는 지브롤터 해협을 건너서 오늘날의 스페인과 포르투갈이 있는 이베리아반도에 상륙하였다. 당시 스페인의 서고트 족 왕국은 엄청난 기근과 왕족 사이에 분열을 겪고 있었다.

이슬람 군대는 과달레떼 전투(Batalla de Guadalete)에서 서고트 족의 마지막 왕을 살해하고 720년에 이베리아반도를 점령하였다. 이베리아반도를 점령한 후에 전열을 정비하여 그다음에는 프랑스의 피레네 산맥을 넘어 프랑스의 수도 파리를 공격하였다.

732년 파리 공격이 눈앞에 보이는 상황에서 유럽 전체는 공포와 경악에 사로잡혔고 급기야 프랑크 군주 샤를 마르텔(Charles Martel: 688-741)이 주도하는 유럽연합군이 결성되어 중부 프랑스의 투르(Tours)와 푸아티에(Poitiers) 전투에서 5만 이슬람군의 북상을 막았다. 이베리아반도로 후퇴한 이슬람은 1492년까지 781년간 이베리아를 통치하였다. 8세기부터 15세기 동안 이슬람 군대는 이베리아반도와 남부 이탈리아 그리고 남부 프랑스와 지중해 서부를 점령하였다.[2]

13세기에 몽고의 서진(西進)으로 말미암아 이슬람 제국의 형성이 와해되는 듯이 보였으나 오스만(Osman, 1258-1326)에 의하여 이슬람 세력들이 재정비되어 이후 그와 그의 후손들이 터키를 중심으로 오토만 터키(Ottoman Turks, 1299-1922)란 이름으로 기독교 국가인 유럽으로 진출하게 되었다.

1348년에 다르다넬스 해협을 가로질러 갈리폴리(Gelibolu)반도에 들어갔고, 거기로부터 그들의 발칸에 대한 정복이 시작되었다. 소아시아에서 그들의 주도권을 확립하였고, 동남유럽에서도 그와 같은 일을 시작했지만, 그들은 아직 콘스탄티노플을 점령하지는 못하였다.

그러나 오스만 터키의 술탄 메메드 2세(Mehmet II, 재위 1452-1481) 때인 1453년 3월 29일은 정교회 교인들에게 '세상의 마지막 날'로 기억된다. 오스만 터키에 의하여 고대 로마의 수도였던 콘스탄티노플이 함락되고 로마제국의 마지막 자취가 사라진 날이다.

그로 인하여 비잔틴 제국은 역사 속에서 사라졌다. 1480년 오스만 터키 군대는 이탈리아의 오트란토(Otranto) 도시를 파괴하는데 전쟁에서의 규제를 무시하고 대학살을 저질렀다. 1만 2,000명이 죽임을 당하였고 성직자와 지도자들은 톱질을 통해서 사형당했다. 이러한 학살에 대한 소식은 서유럽 전역에 퍼졌다.[3]

터키 군대는 콘스탄티노플을 발판으로 삼아 발칸반도와 헝가리에 진주할 수 있었으며, 그들의 힘을 다뉴브 강까지 강화하였다. 메메드 2세는 여세를 몰아 유럽의 중심부를 향하여 발칸반도 안으로 터키 제국의 경계를 넓혀 나갔는데, 1475년에는 크림반도(the Crimea)를 탈취하였다. 이 해는 루터가 태어나기 불과 8년 전이었다.

나아가 1500년에는 알바니아(Albania)를, 1512년에는 몰다비아(Moldavia)를, 1516년에는 루마니아(Romania)를, 1517년에는 몬테네그로(Montenegro)를 복속시켰는데, 이때가 루터가 34세의 나이로 종교개혁의 기치를 들었던 때이다. 1529년에는 드디어 오토만의 군대가 비엔나를 포위하게 되었다. 1529년 비엔나에서 그 걸음을 멈추게 되기까지 이들은 계속하여 유럽 중앙으로 전진해 들어왔던 것이다.

루터의 생애가 1483-1546년에 걸쳐 있으며 『터키를 대항한 전쟁에 대하여』와 『터키를 대항하는 군대 설교』가 1529년 작품인 것을 고려한다면, 이슬람의 도전이야말로 루터에게 심각한 자극을 주었을 것이 틀림없다. 특별히 그 때 그들이 직면한 문제는 이념적으로 고무된 폭력의 출현, 기독교와 무슬림 자각과 접촉 그리고 유대-기독교 문화의 붕괴 등이었다.

2. 마르틴 루터(Martin Luther, 1483-1546)

1) 이슬람에 대한 마르틴 루터의 이해

| 마르틴 루터

루터는 이슬람에 대한 많은 연구를 통하여 높은 식견(識見)을 가지고 있었다. 1542년 아랍어에 능통한 취리히 신학자 테오도르 비블리안더(Theodore Bibliander, 1506-1564)가 꾸란의 번역을 출판하려고 할 때, 바젤 시의회의 반대에 부딪히자 꾸란 출판을 적극적으로 찬성하였다. 루터는 "설교자가 꾸란을 읽게 되면, 자신의 신앙을 더욱 견실히 하게 될 뿐만 아니라 더욱 담대하게 기독교 신앙을 지키고 투쟁하도록 교인들에게 권고할 것" 이라고 확신할 정도였다.[4]

첫째, 이슬람은 하나님의 채찍

1518년 처음으로, 루터는 터키인들에 대한 전쟁 이외에 다른 것을 생각하고 있지 않은 대다수의 기독교인들과 다른 입장을 표명한다. 그에 따르면 그러한 전쟁은 우리가 스스로의 죄를 회개하지 않기 때문에 오스만 터키라는 채찍을 통하여 우리의 죄를 벌하시는 하나님의 징계일 수 있다는 것이다.[5]

루터는 이슬람의 침략에 대하여 이슬람과 싸우는 십자군에 대하여 반대했다. 루터가 유럽을 정복하려는 이슬람에 대항하는 십자군을 반대하는 이유는 하나님께서 이슬람을 허락하신 것은 기독교인들이 말씀대로 살기를 거부하고 하나님을 떠난 기독교인들을 징계하시기 위함이라고 이해하였기 때문이다. 따라서 이슬람을 향하여 칼을 들고 싸우는 전쟁은 하나님에 대항하여 싸우는 것이라고 이해하였다. 루터는 이슬람을 허락하신 하나님의 뜻을 징계하시는 것으로 보았다. 가나안에 입성한 이스라엘이 하나님을 떠났을 때 블레셋을 통하여 징계하시고, 북왕국 이스라엘이 앗수르에 망하고 남왕국 유다가 바벨론에 멸망했듯이 기독교의 타락이 이슬람의 징계를 불러왔다고 본 것이다.

둘째, 외적인 이슬람보다 내부적인 기독교의 회개 촉구

루터는 이슬람과의 외적인 전쟁보다는 먼저 내부의 적(敵)인 기독교인들의 부패와 타락을 회개할 것을 촉구하였다.[6] 왜냐하면 내부에서 영적인 전쟁에 패한다면 외부와 육신적인 전쟁을 하는 것은 의미가 없기 때문이다.

바티칸 사기꾼들은 몰염치한 터키전쟁을 위한 면죄부를 판매함으로써 독일인의 돈과 재산을 삼키고 있었다. 이슬람 군대와의 싸움보다 내부적인 부패와 거짓과의 싸움이 우선이라고 보았다. 어디 교황청뿐이겠는가?

기독교인의 부패와 타락에 대한 회개가 이슬람보다 더 시급한 문제라고 루터는 보았던 것이다. 루터는 하나님의 말씀과 계명을 갖고 있지 않은 이슬람교도들보다 더욱 사악한 것은 하나님의 말씀과 설교자들을 지니고 있었음에도 불구하고 사탄과 맘몬(Mammon)에 종노릇하는 기독교인들이라고 보았다.[7]

셋째, 이슬람과의 전쟁은 영적인 전쟁

루터는 1518년의 입장을 정죄한 교황 레오 10세의 칙서인 "주님, 일어나소서"(Exsurge Domine, 1520)에 대한 입장을 분명히 하지 않으면 안 되었다. 루터는 이슬람과의 전쟁은 영적인 전쟁이라고 보았다. 오스만 터키의 이슬람 군대와의 전쟁은 단순한 전쟁이 아니라 사탄과의 전쟁이라고 확신하였다. 루터는 이슬람의 신(神)을 사탄으로 보았고, 이 영적인 전쟁은 기독교인들이 회개와 기도를 통해서만 승리를 거둘 수 있으며, 징계하시는 하나님의 채찍에서 놓임을 받을 수 있다고 말했다.[8] 그러므로 루터는 기독교인들이 회개와 기도로써 이슬람과의 영적인 전쟁을 승리해야 한다고 생각했다. 이런 이유로 터키전쟁에서 중요한 서로 다른 두 차원의 전쟁이 병존함을 루터는 인식한 것이다.

넷째, 이슬람은 종말론적인 적(敵)

루터는 이슬람을 종말론적인 적(敵)으로 인식하였다. 1529년 이슬람 군대가 오스트리아의 비엔나(Vienna)를 포위했다는 소식을 들으면서 임박한 종말을 의식하며, 이슬람을 종말론적인 적으로 인식하고 있었다.[9] 『터키인에 대항하는 군대 설교』(Eine Heerpredigt wider den Turken)에서 루터는 말세에 예언된 두 폭군을 교황과 이슬람으로 해석하고, 다니엘서 7장의 4번째이

자 마지막 짐승을 로마제국으로, 열 뿔을 제국 내의 나라들로, 그리고 뿔들 사이에 있는 '작은 뿔'을 이슬람으로 이해하였다.[10] 교황은 위선의 가면을 쓰고 성전에 앉아서 하나님의 질서를 파괴하는 적그리스도로, 이슬람은 선하고 정결한 덕목을 지닌 광명한 천사로 가장한 사단의 계략을 가진 적그리스도로 이해했다. 그렇다고 해서 무함마드를 적그리스도로 보지는 않았다.

2) 루터의 이슬람 이해에 대한 적용

루터가 이슬람에 대하여 부정적으로 생각했던 것만은 아니다. 그는 이슬람 신앙을 진지하게 평가하였다. 루터는 무슬림들의 의식과 도덕성의 진지함과 철저함이 기독교인들이나 수도승, 성직자들보다 더 나아서 단지 3일 동안만 무슬림과 함께 살아도 기독교 대신 이슬람을 택할 가능성이 높다고 말할 정도로 무슬림의 도덕성을 높이 평가했다. 그러나 루터는 이슬람의 의식이나 도덕보다 훨씬 더 고귀한 것은 그리스도에 대한 신앙이므로 그리스도에 대한 신앙과 율법의 차이를 이해하지 못하면 무슬림으로 개종할 가능성이 있다고 생각하였다.[11]

루터가 염려했던 기독교인들이 이슬람으로 개종하는 일은 현실로 나타나고 있다. 유럽과 미국에서 이슬람으로 개종하는 사람들 가운데 약 80%가 기존에 교회에 출석했던 사람(Back Sliding Christian)들이다. 따라서 현대 기독교인들은 율법(律法)과 은혜(恩惠)의 차이를 잘 이해하여야 하며, 그리스도에 대한 신앙으로 무장되어야 한다.

루터가 이슬람의 공격을 하나님의 채찍으로 이해했다는 것은 놀랍다. 루터의 이슬람에 대한 최초의 신학적 입장인, 하나님은 이슬람이라는 채찍을 통해 회개하지 않는 기독교인들의 죄를 벌하신다는 것은 종교개혁 당시 기독교인들의 신학과 믿음의 타락만큼 영적으로 어두워진 현대교회를 향한 징계와 하나님의 채찍으로 이슬람이 사용되고 있다는 사실을 기독교인들은 알아야 한다. 오늘날 종교에 있어서 이슬람보다 타락한 기독교에 대한 반성을 촉구하는 것이다.

"우리가 싸워야 할 것은 이슬람이 아니라 기독교 내부적인 부패와 거짓과의 싸움이 우선되어야 한다."

루터의 종말론적 선교 이해와 선교의 긴박성을 가지고 종말이 오기 전에 무슬림들에게 복음이 전파되어야 한다고 생각한다. 또한 무슬림을 대할 때 형제 사랑으로 대할 것을 요구하였다. 현대 이슬람 선교에서 교만한 태도는 선교에 걸림돌이 되고 있다. 루터는 믿음, 순종, 경건, 용기, 인내 등과 같은 덕목이 무슬림을 능가할 정도가 될 때, 무슬림이 개종할 것으로 생각했다.[12] 이는 최근에 미국 풀러신학교가 이슬람에서 기독교로 개종한 사람들을 10년 동안 700명을 조사한 결과를 보면 알 수 있다. 가장 큰 회심의 이유는 기독교인 친구들의 영적이고 이타적인 삶 때문이었다.[13] 따라서 루터의 선교전략은 오늘날 선교에서도 그대로 적용될 수 있다.

3. 존 칼빈(John Calvin, 1509-1564)

존 칼빈(John Calvin, 1509-1564)은 종교개혁을 이끈 프랑스의 대표적인 기독교 신학자이다. 역사의 여명(黎明)기에 칼빈은 가톨릭 사제, 법률가, 기독교 인문주의자가 되고자 했다. 그러나 갑작스런 회심을 통해 그는 오직 성경만을 유일한 텍스트로 삼아 그것의 교사(doctor), 해석자(interpres), 수호자(custos)로서 자신에게 부여된 삶을 살았다. 그의 위대한 저서는 그의 나이

27세 때 라틴어로 출판된 『기독교 강요』이다. 그리고 그가 쓴 『칼빈 주석』은 많은 주석들 가운데 가장 이정표적인 저술로 평가받고 있다. 젊은 칼빈은 기독교 신학의 정수가 되는 교리들을 정리하고 심오하게 제시함으로써 교리사상 개혁신학이라는 큰 일가(一家)를 이루는 초석을 놓는다.

| 존 칼빈

루터(Martin Luther, 1483-1546)와 어거스틴(Aurelius Augustine, 354-430)에게서 물려받은 절대 주권적으로 죄인을 구원하시는 하나님에 대한 칼빈의 비전은 윌리엄 캐리와 같은 개척선교사들뿐만 아니라 리처드 백스터, 존 번연, 조지 휘트필드, 조나단 에드워즈, 찰스 스펄전, 그리고 마틴 로이드 존스와 같은 위대한 부흥 목회자들의 가슴에 불을 질렀다.

교회의 목회와 정부 통제로부터의 적절한 자유에 대한 칼빈의 비전은 장로교 설립을 낳았으며, 거기에서 생겨난 민주주의는 세속정치의 기초가 되었다. 1536년에 제네바에 정착한 칼빈은 영국, 프랑스, 스코틀랜드, 저개발국가들, 그리고 그 밖의 지역에 있는 개혁자들을 조언하고 격려하는 인물이 되었다. 1559년 이후에 기독교 대학으로 장식된 제네바 자체는 수천 명의 학생들과 난민들에게 하나님의 피난처이자 영감이었다. 칼빈주의는 초기 미국을 형성하였고, 서구 기독교는 칼빈주의에 대한 지식이 없이는 거의 이해될 수 없다.

1) 칼빈 시대의 이슬람

오스만 터키 군대는 1453년 비잔틴 제국의 수도였던 콘스탄티노플을 점령한 후에 유럽을 공격하였다. 1500년에는 알바니아(Albania)를 점령하였고, 1512년에는 몰다비아(Moldavia)를 점령하였는데 그 사이 1509년에 칼빈이 태어났다.

당시 유럽의 4분의 1은 이슬람에 의하여 정복당하였고, 칼빈이 태어난 이후에도 이슬람은 계속 유럽의 중심으로 이동하였다. 1517년에는 몬테네그로(Montenegro)를 복속시켰는데, 이때는 루터(당시 34세)가 종교개혁의 기치를 들었던 때이며, 1509년생인 칼빈은 불과 8살의 소년이었다.

이후 4년 뒤인 1521년 여름에 술레이만 2세(Suleiman II)가 세르비아의 수도인 베오그라드를 점령하였고 보스니아는 1527년에 함락되었다. 무슬림들은 신속하게 헝가리를 거쳐 오스트리아, 폴란드, 러시아 심지어 리투아니아를 향하여 나아갔는데, 1526년 헝가리의 왕 루이 2세(King Louis II)는 그의 군대가 다뉴브의 모학(Mohacs) 전투에서 패배했을 때에 죽임을 당하였다. 1529년에는 드디어 오토만의 군대가 비엔나(Vienna)를 포위하게 되었다.

비엔나가 이슬람 군대에게 포위당했을 무렵 칼빈은 보르게스 대학교에서 학위(B.A.)를 받았고, 회심한 후에 개신교도가 되었다. 루터가 죽던 1546년에는 몰다비아의 전부가 터키에 의하여 지배당하게 되었다. 이때 칼빈의 나이는 37세였다.

루터가 쓴 『터키를 대항한 전쟁에 대하여』와 『터키를 대항하는 군대 설교』가 1529년 작품인 것을 고려한다면, 이슬람은 루터에게 심각한 도전이 되었다. 그러나 칼빈은 이슬람에 대하여 책을 쓰거나 집중적으로 표현한

적이 없다. 왜냐하면 이슬람 세력이 물밀 듯이 밀려오던 시기의 루터와 이슬람 군대가 비엔나를 정복하지 못한 채 물러가고 나서 이슬람의 공격으로부터 어느 정도 안정된 때인 칼빈의 시기는 차이가 있었기 때문이다.

또한 지정학적으로 루터는 이슬람이 시시각각 다가오는 독일에서 사역하였고, 이슬람의 세력으로부터는 안정적인 제네바에서 사역했던 칼빈 사이에는 이슬람에 대한 긴장에 있어서도 어느 정도 차이가 있었기 때문이다. 그러나 칼빈은 이슬람에 대해서 그의 견해를 분명하게 드러내었다.

'터키(이슬람)'라는 단어는 『기독교 강요』에 세 번 나오지만 이슬람의 교리에 대한 칼빈의 태도는 그의 주석서들, 설교들 그리고 강의들 속에 방대하게 흩어져 있다.

2) 이슬람에 대한 존 칼빈의 이해

이슬람에 대한 칼빈의 태도의 가장 큰 특징은 신학적 오류를 지적하는 그의 엄격함이다. 5가지로 칼빈의 이슬람에 대한 이해를 정리하였다.

첫째, 참된 진리가 있는 교회로 돌아오기를 바라는 태도

칼빈은 초기 사역에서 대체적으로 이슬람에 대하여 아주 관용적인 태도를 보였다. 『기독교 강요』 어디에서도 칼빈이 이슬람에 대하여 배타적인 입장을 나타내고 있는 곳은 없다. 『기독교 강요』 초판[14]에서 칼빈은 출교의 의미를 설명하면서 "교회는 양 떼들로부터 단절된 자들이 구원의 희망 바깥에 내던져진 것이 아니라고, 다만 그들이 이 징계를 통해 그들의 이전 생활의 더러움을 떠나 올바른 길로 되돌아올 때까지 벌을 받고 있을 것이다."라고 말하고 있다. 또한 그는 궁극적으로 보아서 더욱 안전한 것이라고 말한다. 왜냐하면 징계를 통해서 다시 돌아올 수 있기 때문이다. 이것은 "터키인들과 사라센인들, 그 밖의 종교의 적들에 대해서도 같은 태도로 대하여야 한다."고 밝힘으로써 칼빈은 이슬람도 참된 진리가 있는 교회로 돌아오기를 바라는 태도를 보이고 있다.

이처럼 칼빈은 루터나 에라스무스와는 달리 교회의 권징에 의하여 출교된 사람들에 대해 어떤 태도를 취해야 할지를 설명하는 부분에서 출교된 사람이나 터키인들과 사라센인들, 그 밖의 종교의 적들에 대해서도 동일한 태도를 취할 것을 말하면서, 이슬람도 참된 진리가 있는 교회로 돌아오기 위하여 노력하되, 경제적 제재를 가한다든지, 비인간적 대우를 한다든지, 무기를 통한 협박 같은 것을 사용해서는 안 된다고 말한다. 자비와 부드러움으로 그리고 하나님께 기도함으로, 덕스러운 삶으로 돌아서게 해야 한다고 말했다.

하지만 칼빈 역시 루터와 마찬가지로 처음과는 달리 『기독교 강요』 최종판(1559)을 비롯하여 그의 설교와 주석을 살펴보면 시간이 흐를수록 이슬람에 대하여 강력한 태도로 변해가고 있다. 하지만 칼빈은 전쟁이나 무력을 통해 맞서는 것이 아니라 교리적, 신학적 입장에서 더욱 강경한 태도를 취했을 뿐이다.[15]

둘째, 무함마드는 거짓 선지자

칼빈은 무함마드를 '거짓 선지자'로 부르는 것을 주저하지 않았다. 신명기 13장 1절 이하에 관한 설교에서 "기독교 신앙은 [삼위]하나님에게로 나아가지 않는 자들이 반대하는데, 그들은 바로 무슬림들, 이방인들, 그리고 유대인들이다."라고 말하며, 그들은 신성모독을 하였으며, 교회로부터 마치 썩은 가지처럼 철저히 단절되었으며 그들이 복음에 대하여 저항하거나 기독교를 없애기 위하여 애쓰는 것은 우리들에게는 놀랄 일도 아니라고 하였다.

칼빈에 의하면, 이슬람은 비록 그들 종교에 대한 경외심을 가지고 있다 하더라도 가톨릭과 함께 그들의 오류로 말미암아 하나님의 교회로부터 떨어져 나간 자들로 보았다.[16] 한 걸음 더 나아가 칼빈은 무함마드를 '배교자'라고 부르기를 주저하지 않는다. 그는 데살로니가후서 2장 2절에 기록된 당대의 배교에 대하여 언급하면서 "무함마드가 배교자가 됨으로써 예수 그리스도를 떠나서 그의 추종자들과 함께 배신하였고, 이 배신은 더 넓게 확대되었다."[17]고 하였다.

칼빈이 무함마드를 배교자라고 한 데에는 이유가 있다. 무함마드는 메카에서 살면서 실제로 에비온파(Ebionite)의 영향을 받았다. 왜냐하면 무함마드의 부인 카디자(Khadija)가 에비온파 신자였기 때문이다. 또한 무함마드에게 가장 큰 영향을 끼쳤던 이븐 와라카 나우팔(Ibn Waraqua Naufal)은 메카에서 헬라어와 히브리어를 알고 있는 유일한 사람이었는데, 그 역시 에비온파의 사제였다. 에비온파는 A.D. 70년 로마의 디도에 의하여 예루살렘이 함락될 때 만들어진 종파로서 기독교인이면서도 유대교의 강조점을 보존하였다. 당시 메카에 에비온파 신자들이 살고 있었다. 따라서 무함마드는 에비온파에서 이슬람이라는 새로운 종교를 만들었기에 칼빈은 무함마드를 배교자라고 불렀던 것이다.

셋째, 삼위일체를 부인하는 일신론적 이단

이슬람은 이단 가운데 어떤 이단일까? 이슬람은 한 분 하나님을 강조하면서도, 예수 그리스도의 하나님 되심을 부인하고 성령의 하나님 되심을 부인하는 일신론적 이단이다.[18] 칼빈은 그의 『기독교강요』에서 타락한 인간은 마땅히 그리스도 안에서 구속을 구해야 한다고 하면서, 하나님께 대한 믿음은 곧 그리스도에 대한 믿음인데 이슬람은 이 믿음을 저버렸다고 비판한다. "무슬림들도 천지의 창조자는 하나님이라고 힘껏 외치지만, 그리스도를 부정하는 우상으로써 진정한 하나님을 대치하고 있다."고 하였다.

칼빈은 "아들을 부인하는 자에게는 또한 아버지가 없으되"(요일 2:23)라는 말씀을 언급한다.

"천지를 만드신 최고의 존엄하신 분을 경배하노라 하고 자랑하는 사람들이 많았지만, 그들이 중보자가 없었기 때문에 하나님의 자비를 참으로 맛보지 못했으며, 따라서 하나님을 자기 아버지라고 믿을 수 없었다. 따라서 그리스도를 자기의 머리로 모시지 않는 그들은 하나님을 안다고 해도 그 지식은 잠시적인 것과 불과했다. 또 그 결과로 그들은 드디어 유치하고 추악한 미신에 빠져 자기의 무지를 폭로했다."[19]

이슬람의 알라는 삼위일체를 부인한다. 또한 위격이 없이 단일하다. "알라와 선지자를 믿되 삼위일체설을 말하지 말라. 너희에게 복이되리라 실로 알라는 한 분이시니 그분에게는 아들이 있을 수 없다"(꾸란 4:171).

또한 꾸란에 의하면, 예수는 자신이 선지자일 뿐이라고 고백한다. "요람 안에 있는 아기와 어떻게 말을 하란 말이뇨 라고 말하더라. 아기가 말하기를 나는 알라의 종으로 그분께서 내게 성서를 주시고 나를 예언자로 택하셨습니다."(꾸란 19:29-30).

이슬람에서는 삼위일체를 부정할 뿐만 아니라 예수의 하나님 아들 되심도 부정한다. 따라서 예수를 통한 중보 또한 부정한다. 그리고 예수는 인류를 구원하기 위하여 이 땅에 온 것이 아니라 예수의 뒤에 올 선지자 무함마드를 소개하기 위하여 온 선지자로 의미한다.

"마리아의 아들 예수가……나는 너희에게 보내진 선지자로써……내 후에 올 아흐맏(무함마드의 다른 이름)이란 이름을 가진 한 선지자의 복음을 확증하노라"(꾸란 61:6). 따라서 칼빈은 삼위일체를 부인하는 일신론적 이단으로 이슬람을 이해했다.

넷째, 이슬람은 적(敵)그리스도

칼빈은 루터와 멜랑히톤, 불링거 등과 마찬가지로 이슬람을 적그리스도로 보았다.[20] 무함마드 배후에 사탄이 역사하고 있으며 그것이 적그리스도라고 하였다. 신명기 설교(13:6-11)를 통해서 그는 "무함마드는 투르크인들이 그들의 무함마드를 하나님의 자리"에 두고 있는데, "그런 자들은 그들 자신이 고안하여 만들어 내는 악마"일 뿐이라고 말한다.[21] 칼빈에 의하면 이슬람은 적그리스도이다.

1556-1557년에 낸 『신명기에 관한 설교』(18:15; 33:2)에서 칼빈은 다음과 같이 설명하였다. "무함마드는 그의 알 꾸란(Al Coran)이 절대적인 지혜라고 말하고, 교황은 그의 칙령이 절대적이라고 말한다. 왜냐하면 그들이 적그리스도의 두 뿔이기 때문이다."[22]

칼빈은 다니엘서의 예언들을 과거에 역사적으로 있었던 안티오쿠스 4세 에피파네스(Antiochus IV Epiphanes)와 고대 로마와 연관시켜 해석할 뿐만 아니라, 교황을 서방의 적그리스도요 이슬람은 동방의 적그리스도라고 말하면서 이 둘을 '두 뿔'로 언급하였다. 칼빈에 의하면, 이슬람 혹은 이슬람을 창도한 무함마드는 적그리스도 혹은 적그리스도의 뿔이다.[23]

하지만 칼빈이 이슬람을 적그리스도라고 표현했다고 해서 무조건 적대시한 것은 결코 아니다. 칼빈이 이슬람을 향해 적그리스도라고 표현한 것은 배후에 사탄이 역사하고 있다는 의미였다. 무슬림 자체가 적그리스도

라는 뜻이 결코 아니었다.[24]

다섯째, 무슬림에 대한 선교와 개종 가능성

칼빈은 이슬람을 교리적인 차원에서 예리하게 비판하였지만, 무슬림들이 도덕적으로 질이 낮다고 보지 않았다. 다시 말해, 이슬람에 대한 날카로운 비판의 소재는 교리적 차이였지, 윤리적, 도덕적 행위가 아니었다. 그렇다면 이슬람을 추종하는 무슬림들은 저주 받아 마땅한 버림받은 자들인가 하는 선교적인 문제가 제기된다.

물론 칼빈은 이슬람을 단지 유럽 기독교에 대한 위협으로만 아니라 전 세계의 잠재적인 기독교에 대한 위협으로 여겼다.[25] 하지만 칼빈은 이러한 교리적, 신학적 잘못을 단호히 배격하고 비판하면서도 이슬람 역시 구원의 대상이라는 사실을 잊지 않았다. 이슬람이 바른 진리로 돌아올 수 있도록 촉구하였고 기대하였다. 칼빈은 이슬람 역시 증오의 대상이 아니라 인격적으로 대우해 주어야 하며, 참된 진리의 말씀으로 돌아올 수 있도록 기도해야 하는 나눔과 섬김의 대상으로 인식하였다.[26] 칼빈은 무슬림들이 기독교인에 의하여 복음화될 수 있고 또 되어야 한다고 주장하였을 뿐 아니라, 하나님께서도 많은 무슬림들이 그런 방식으로 신구약성경의 참되신 삼위 하나님께로 나아오도록 정확히 예정하였다고 믿었다.

나이젤 리 교수에 의하면, 하나님께서 많은 무슬림들을 성경의 참되신 성경의 삼위 하나님께로 돌이키실 것을 예정하셨다는 것을 칼빈이 믿었다는 것을 이사야 19장 21-15절에 대한 칼빈의 이해에서 볼 수 있다고 한다. 나이젤 리 교수는 이런 표현을 이란과 사우디아라비아 같은 완강히 저항하는 나라들에게도 적용시켜 생각하였다. 이집트의 무슬림들과 이스라엘 유대주의자들과 신앗시리안인 이라크와 이란의 이슬람 민족들이 그리스도에게로 나아오게 되고 그의 교회에 가담하게 될 것을 생각하면서 "영광스러운 날이 오고 있도다!"라고 하였다.[27]

3) 이슬람에 대한 칼빈의 선교적 적용

칼빈은 무슬림들이 삼위 하나님 앞으로 돌아올 것이라는 확신이 있었다. 그럼에도 불구하고 기독교 역사 속에 나타난 서구 기독교는 무슬림들에게 복음을 전해야 하는 사명에 대한 인식이 부족하였다. 이러한 무관심으로 인하여, 성경이 아랍어로 번역된 것은 이슬람이 시작된 지 227년이 지난 837년이었고, 정작 아랍어 성경이 출판된 것은 1516년이었다. 이는 기독교의 중심이었던 서구가 이슬람에 대한 심리적 원수 관계로 인하여 이슬람 선교를 외면하였던 것이다. 따라서 전 세계 무슬림들의 80%는 복음을 들어보지 못하게 되었다.

앞으로 이슬람 선교는 더 많은 희생과 순교를 각오해야 할지 모른다. 초대교회의 교부 터툴리안(Tertulian)은 "교회는 순교자의 피 위에서 성장한다."고 했다. 이미 그런 징조들이 나타나고 있다. 그리고 분명한 것은 하나님은 무슬림들에게 복음을 선포할 것이라는 사실이다.

4. 하인리히 불링거(Johann Heinrich Bullinger, 1504-1575)

종교개혁자 불링거(Johann Heinrich Bullinger, 1504-1575)는 스위스 취리히의 종교개혁자로서 40년 이상 교회를 효과적으로 이끈 탁월한 지도자일 뿐 아니라 신학자요, 설교자요, 역사가였다. 그는 모든 면에서 상담과 위로를 베풀었고, 도시에 전염병이 창궐했을 때 헌신적 노력을 다했다. 아주 적은 수입으로 과부들, 고아, 이방인들과 망명자들에게 그들이 어떤 신앙을 가졌든지 상관치 않고 음식, 의복, 돈을 나누어 주었다. 뿐만 아니라 영국 여왕 메리의 폭정으로 대륙으로 피신해 온 개혁자들을 극진히 대접했다. 또한 돌아간 그들에게 지속적으로 영향을 주었다.

그는 동료로부터도 극찬을 받았다. 베자(Theodore Beza, 1519-1605)는 불링거를 '모든 기독교 교회들을 돌보는 만인의 목자'라고 했고, 글로스터의 주교 후퍼(John Hooper, 1495-1555)는 불링거에게 보낸 서신에서 '존경하는 아버지이자 안내자'라고 경의를 표하였다. 불링거는 일생 동안 1만 2,000통에 이르는 방대한 양의 편지를 썼으며, 편지를 통한 그의 교제권은 영국의 헨리 8세와 에드워드 6세, 에드워드식 개혁의 수많은 지도자들에게 미쳤다. 엘리자베스 시대에는 다수의 영국 고위 성직자들 사이에 자리를 가졌는데, 이는 그가 이전에 메리 여왕의 박해를 피해 대륙으로 왔던 다수의 개신교 지도자들을 환대하였기 때문이다. 엘리자베스 여왕 자신도 교회 일과 관련하여 보다 엄격한 칼빈주의자들보다는 불링거에게 더 많은 조언을 구하였으며, 1570년에 이르러 교황 피우스 5세(Pius V)가 영국교회와의 단절을 선언했을 때, 그에 대한 답을 불링거에게 준비하도록 요청하였다.[28] 영국은 불링거가 죽었을 때, 그날을 영국의 공공 재난일로 선포하고 애도할 만큼 그를 존경했으며 사랑하였다.

이슬람의 터키와의 전쟁이 종교개혁 시기의 다양한 배경을 형성하였다는 것은 잘 알려져 있다. 특히 합스부르크 왕가와 오토만 제국 사이의 다툼은 불링거의 목회 배경을 형성하고 있다. 8세기 초 시리아, 팔레스틴, 이집트, 그리고 대부분의 북부 아프리카는 이미 무슬림 정복자들에 의하여 함락 당했으며, 711년에는 스페인도 이슬람권에 편입되었다.

13세기에 칭기즈칸의 서진(西進)으로 말미암아 이슬람 제국의 형성이 와

해되는 듯이 보였으나, 오스만(Osman, 1258-1326)에 의하여 이슬람 세력들이 재정비되었다. 이후 그와 그의 후손들이 터키를 중심으로 오토만 터키란 이름으로 기독교 국가인 유럽으로 진출하게 된다. 이슬람 군대는 1500년에는 알바니아(Albania)를 정복하였는데, 그 후 4년 뒤에 불링거가 태어났다. 그리고 루터가 34세의 나이로 종교개혁의 기치를 들었던 때, 불링거는 13세 소년이었다.

1) 이슬람에 대한 불링거의 이해

첫째, 이슬람은 기독교 이단

불링거는 이슬람을 이방 전통이 아닌 기독교 이단으로 보면서, 꾸란에 담겨 있는 이단적인 요소들에 대해서 지적한다. 그는 "꾸란은 이단 사제의 도움과 타락한 유대인과 가짜 기독교인의 조언으로 조작되었다."라고 말하면서[29], 꾸란을 하나님이 아닌 무함마드의 저작으로 여겼고, 무함마드 자신이 선지자라고 주장하는 것에 대하여 받아들이지 않았다. 무함마드가 신에게 받았다고 하는 계시와 비전 역시 지어낸 것이라고 주장했다.

뿐만 아니라 꾸란은 그리스도의 인성과 사역, 성육신, 예수 그리스도 안에서의 구원, 삼위일체와 같은 기독교 신앙의 중심교리를 받아들이지 않으며, 특히 예수가 하나님의 아들이라는 사실을 부정할 뿐만 아니라, 예수의 죽음과 부활을 부정하고 유일한 중보자로서의 존재도 부정하는 이단이라고 생각했다. 또한 불링거는 무함마드의 금식, 기도, 선행, 투쟁, 성전(聖戰)에서의 죽음 같은 것을 통해 사람들이 죄의 용서를 얻는 길을 만들었다고 비난했다.

이슬람이 교황이 만들어낸 면죄부처럼 행위를 통한 구원을 가르치고 있는데, 이것은 펠라기안적인(Pelagianism) 이단이라고 하였다. 그리고 불링거가 볼 때 이슬람은 종교적 의무라고 하면서 성전(聖戰)을 내세워 폭력과 전쟁을 정당화한다고 생각했으며, 이러한 점은 이슬람이 뮌스터 재세례주의자들과 비슷하다고 보았다. 또한 그는 무함마드와 무슬림들을 교황주의자처럼 적그리스도라고 하였다.[30]

또한 그는 최초로 이슬람을 연구하여 이단으로 정리한 비잔틴의 신학자 다마스커스의 요한네스처럼, 무함마드가 아리우스파의 영향을 받은 이단이라고 간주했다.[31] 이런 면에서 불링거는 다마스커스의 요한네스와 같은 계열에 서 있다고 볼 수 있다.

둘째, 이슬람 지배 아래서의 기독교인의 태도

1526년 8월 29일 이슬람을 믿는 오스만 터키가 헝가리를 침략했을 때, 부다페스트 남쪽의 도나우(Donau)강 근교에 위치한 모하치(Mohacs)라는 지역에서 큰 전쟁이 발생했다. 당시 헝가리 국왕 러요시 2세(재위 1506-1526)가 지휘하던 2만 8,000여 명의 군대는 오스만 터키의 술레이만 1세(1494-1566)가 이끄는 6만 여명의 군대에게 완패하였다. 헝가리는 이슬람을 신봉한 오스만 터키에 큰 수치를 당하고 만다. 이런 고통스런 상황에서 종교개혁사상이 헝가리에서도 발생했다.

이러한 배경 속에서 스위스 취리히 교회를 대표한 신학자였던 불링거에게 1551년 어느 봄날에 편지 한 통이 도착한다. 이 편지는 어려운 상황 속에 놓여 있는 헝가리 목회자들이 불링거에게 질문하는 내용이었다.

불링거는 1551년 6월에 대략 50여 장이 되는 장문의 답변인 "헝가리 교회와 목회자들에게 쓴 서신"을 헝가리로 보냈다.[32]

개신교인들이 로마 가톨릭교회와 무슬림 같은 다른 종교들의 지배 아래서 어떻게 살아야 하는가에 대한 질문에 대해서 불링거는 선명하면서도 원론적인 답변을 하였다.

성경의 신자들은 사도시대에 우상을 숭배하는 로마제국 아래서도 살았으며, 이스라엘 백성들은 앗수르의 통치아래서 바벨론 포로가 된 상태에서도 살았다. 이러한 신뢰 속에서 불링거는 헝가리 신자들에게 예레미야의 가르침을 근거로(렘 29:7)[33] 평안 중에 삶이 유지될 수 있도록 교황주의자들과 터키인들을 위해서 기도할 것을 부탁하고 있다. 특별히 불링거는 헝가리와 동유럽에 대한 오스만 제국의 침략이 우리 모두의 죄악과 관련된 것임을 밝혔다.

"……우리의 죄악이 (하나님의) 회초리를 벌었다."

불링거는 헝가리 신자들로 하여금 고통스럽게 하는 다른 종교들을 탓하기 전에 그들 자신들을 먼저 살필 것을 요구한 것이다. 그리고 불링거는 헝가리 교인들에게 핍박이 올지라도 하나님이 금지하신 교황주의와 무슬림의 신앙과 의식에 참여하지 않아야 한다는 것을 분명히 하였다.[34]

불링거는 이 편지에서 이슬람의 침략을 하나님의 징계로 보았다. 불링거는 이 편지에서 마지막 신학적 주제로 적그리스도를 다루면서 하나님의 섭리에 의하여 헝가리 백성이 오스만 제국(이슬람)에 넘겨졌으며, 이와 관련하여 헝가리 백성의 회개와 경건 회복이 요청된다는 것을 언급하고 있다.[35]

셋째, 불링거의 저서 『터키』(Der Tuergg)

불링거는 1567년에 『터키』(Der Tuergg)라는 책을 출간하였다. 여기에서 터키란 당시 오스만 터키라는 의미와 함께 그들의 종교인 이슬람을 지칭하는 말이다. 따라서 이 책의 제목은 '이슬람'이라고 써도 무방하다. 이슬람에 관한 불링거의 가장 중요한 책이 바로 이 책이다.

그는 요한계시록 9장 16절과 17절을 그의 책 표지에 실었다. "마병대의 수는 이만만이니 내가 그들의 수를 들었노라. 이 같은 환상가운데 그 말들과 그 위에 탄 자들을 보니 불빛과 자줏빛과 유황빛 호심경이 있고 또 말들의 머리는 사자 머리 같고 그 입에서는 불과 연기와 유황이 나오더라."

그는 그 시대에 터키인들이 유럽으로 물밀 듯이 쇄도해 들어오는 모습을 보며 어떤 종말적인 분위기를 느꼈음에 틀림없다. 이슬람에 관한 불링거의 글과 그때의 언급에 관한 목록은 길지만, 가장 중요한 책은 바로 그가 1567년에 쓴 이 책이다.[36] 이 책의 첫 장 제목은 '터키인들의 신앙과 거짓 선지자 무함마드에 대하여'이다.

이 책의 첫 문장은 "터키인들의 신앙은 무함마드의 신앙이다."라는 말로 시작되는데, 바로 이어진 문장에서 그는 무함마드를 교활하고(listig), 비열하고(dueckisch), 위선적(glychssnerisch)이라고 특징지었다. 둘째 장의 제목은 "기독교 신앙만이 참된 신앙이다"인데, 첫 문장이 "한마디로 하나의 오래되고 참되고 거룩하고 의심할 여지없는 신앙이 세상의 시작부터 있었는데……"라며 기독교 신앙의 진리성을 천명하였다.[37]

넷째, 꾸란에 대한 이해

불링거에게 있어서 꾸란은 고대 교회의 모든 가능한 이단들의 거짓을 모은 것에 불과했다.[38] 그는 꾸란이 하나님이 아니라 무함마드에게서 시작된 것으로 본다. 그는 무함마드가 자신의 계시와 비전(vision)을 고안해 내었다고 주장하면서 그 자신이 선지자라고 하는 주장을 거절한다. 그는 꾸란에 대한 다마스커스의 요한네스를 따르면서, 이단적인 수도사의 도움과 완고한 유대인과 잘못된 그리스도인들의 잘못된 조언이 뒤섞였으며 아리안(Arians), 마케도니안(Macedonians), 네스토리안(Nestorians)과 같은 이단들에 의하여 부패된 것이라고 주장한다.

그는 어떻게 지성적인 사람이 꾸란을 믿을 수 있는가에 대하여 의아해 했는데, 그가 보기에 꾸란은 신적 진리의 왜곡, 우화, 꿈, 거짓말, 속임 등으로 가득 차 있는 무질서하고 무식하고 신성모독적으로 여겨지는 책이었다. 그러므로 불링거는 꾸란에 대한 신적 메시지로서의 권위를 인정하지 않았다. 꾸란적인 신앙에는 거짓, 쾌락 추구, 정복 충동과 같은 부정적인 특성만 있을 뿐이다.[39]

기독교 신앙이 대속의 은혜에 근거한 칭의인 것에 비하여, 이슬람은 선행에 근거한 칭의에 대한 이해를 갖고 있다. 특히 모든 세계에 이슬람을 퍼뜨리기 위하여 투쟁에 진력하는 것은 지상적이고 낙원적인 쾌락에 대한 약속에만 치우쳐 사랑의 계명에 대한 고려함이 없이 멈추지 않는 잔인한 정복으로 잘못 이끌리게 된다.[40]

그리스도의 아들 되심을 부인하는 무슬림들의 믿음에 항거하여, 불링거는 요한서신에 나오는 말씀을 인용한다. "아들을 부인하는 자에게는 또한 아버지가 없으되"(요일 2:23).

꾸란은 또한 그리스도의 죽음과 부활 그리고 그의 유일한 중보자 되심도 부인한다. 이 같은 그리스도의 사역에 대한 부인은 그리스도 안에 있는 믿음으로만 의롭게 된다는 기독교 신앙의 주된 교리를 부인한다는 것을 의미한다.

불링거는 무함마드에게 죄의 용서를 얻는다고 여기는 금식, 기도, 구제, 고상하게 싸우는 것, 이슬람 때문에 전부에서 죽는 것 등 그의 잘못된 가르침에 대한 책임을 묻는다.[41]

불링거는 영생, 예배, 결혼, 그리고 정부 등에 관한 꾸란의 이해를 근본적으로 기독교 신앙에 반대되는 것이라고 설명한다. 꾸란이 영생을 제시하기는 하지만, 이교의 우화들이 그러하듯이 육체적이고 향략적인 방식으로 제시한다. 꾸란은 이슬람을 따르는 사람들에게 영예와 성공과 부를 이 세상에서 받을 것이며, 나중에 육체적인 쾌락, 가장 좋은 음식과 아리따운 여자들을 받을 것이라고 약속한다. 꾸란의 중혼(重婚) 주장은 결혼을 파괴하며 무죄한 여인들을 남자들의 쾌락과 충동에 예속되도록 한다.[42]

김성봉 박사에 의하면, 불링거는 이슬람을 세 가지 관점으로 접근한다. 첫째는 윤리적인 관점(경건의 형식을 부인하는 것, 일부다처, 폭력과 지하드)이고, 둘째는 신학적 관점으로, 기독론적 주제와 구원론적 주제에 대한 분석에 초점을 맞춘 것이다. 그리고 셋째는 이슬람에 대한 그의 흥미와 관심이 개념에 있어서 대단히 역사적이란 점이다.[43]

2) 불링거가 주는 교훈

이슬람에 대한 종교개혁자들의 견해를 다루면서, 우리가 받는 교훈은 두 가지를 꼽을 수 있겠다. 하나는 분명한 분별의 척도를 확보하는 것이고, 또 다른 하나는 그것을 근거로 경계할 것은 경계하되, 그들 역시 선교의 대상으로 여기는 마음이다.

이런 점은 특히 불링거에게 두드러지게 나타난다. 오늘날 이슬람을 보면, 기독교와의 유사성과 차이성 때문에 이슬람을 어떻게 평가하고 대처해야 할지 혼돈스러울 때가 있다.

불링거에 의하면 이슬람은 기독교 진리를 심각하게 왜곡한 이단이며, 많은 경우에 있어서 불경건하고 잘못되었다. 무엇보다도 우리 신앙의 기본은 삼위일체 하나님에 대한 고백인데, 이슬람에서는 유일신에 대한 고백은 있으나 예수 그리스도의 주 되심에 대한 고백은 없다. 또한 우리 신앙에 있어서 핵심적인 내용은 대속의 은혜인데, 예수의 주 되심을 부인하는 그들에게 대속의 교리는 없고 공덕에 의한 구원만 있을 뿐이다. 그러므로 이슬람은 기독교의 구원 진리를 심각하게 왜곡한 점에 있어서는 당연히 경계의 대상이다. 우리 시대에 그들이 아무리 미사여구(美辭麗句)를 사용하며 평화의 말로 접근해 올지라도 그들의 정체를 바로 알고 경계해야 한다. 그러면서 동시에 그들도 전도와 선교의 대상이란 점을 포기해서는 안 된다.

특히 이 점은 불링거에게 있어서 돋보인다. 이슬람에 대한 불링거의 평가는 극단적으로 비판적이지만, 그는 또한 하나님의 백성 밖에 있는 자들의 믿음과 삶에 대하여 보다 긍정적인 암시를 제공한다.[44]

지금까지 살펴본 이슬람에 대한 루터, 칼빈, 불링거 등 종교개혁자들의 이해에서 몇 가지 공통적인 내용들을 발견할 수 있다.

첫째, 이슬람은 기독교 이단이다.

둘째, 무함마드는 거짓 선지자이며 꾸란은 지어낸 것이다.

셋째, 이슬람의 공격을 하나님의 징계로 보았다.

넷째, 무슬림들이 복음을 듣고 기독교인이 될 수 있는 선교적 가능성을 열어두고 있다.

우리는 한때 기독교가 발전하고 융성했던 지역이 이슬람에게 정복당한 것을 심각하게 생각해야 한다. 기독교가 변질되고, 골고다 산상의 십자가를 자신을 위한 도구로 전락시킬 때 이슬람이 몰려왔고, 그에 대항할 만한 능력을 상실한 채 시간이 흐르면서, 기독교는 그 땅을 이슬람에게 내어주고 말았다. 중동이 그랬고, 유럽이 그 길을 가고 있다. 한국도 이슬람이 다가오고 있다. 이 중요한 시기에 한국교회는 진정으로 다시 개혁을 논해야 한다. 지금이 바로 그때이다. 이슬람으로 인하여 종교개혁을 가속화 시켰던 마르틴 루터의 말을 되돌아본다.

"내가 말하고자 하는 것은 이슬람에 대하여 대항하여 싸우지 말자는 것이 아니라, 그 전에 자비로우신 하나님 앞에 우리 자신을 더 개선하자는 것이다."[45]

6장

우리 곁에 다가온 이슬람
: 한국에서의 이슬람의 어제와 오늘

 ISLAM

    최근 세계통계보고서에 의하면 전 세계 인구는 72억 명이 넘었다. 그 가운데 23%, 즉 약 16억명의 무슬림이 살고 있다.[1] 전 세계 인구 5명 가운데 1명이 이슬람 종교를 가진 무슬림(Muslim)이다. 지난 14세기 동안에 서구와 이슬람은 경쟁과 긴장을 동반한 대결의 역사였다. 그러나 한국 역사를 돌아보면 이슬람은 정치, 경제, 사회적으로 좋은 관계로 발전되어 왔다.

    최근에는 다문화 정책과 함께 이슬람이 우리 사회에 더욱 알려지고 있다. 이와 더불어 얼마 전 정부가 추진하려 했던 이슬람 금융을 통해서 조금 더 관심을 가지게 되었다. 그럼에도 불구하고 이슬람은 전통적으로 우리에게 생소한 종교이다.

    한국에게 이처럼 이슬람이 생소했던 이유는 아마도 지리적 위치와 획일적인 문화 때문일 것이다. 이슬람이 발흥했던 아라비아반도는 한국에서 항공편으로 약 10시간 정도가 소요되는 거리에 있다. 그렇기에 과거 아라비아반도에서 한국까지 이슬람이 영향을 미치기에는 교통편이 발달되지 않아 어려움이 있었을 것이다. 뿐만 아니라 획일적인 한국 문화에 외래 종교나 문화가 비집고 들어설 틈은 거의 없었을 것이다. 이런 이유들로 지금까지는 한국에서 이슬람을 찾아보기 매우 어려웠다.

    한국의 고대 문헌을 보면, 한국과 이슬람이 교류했던 흔적들을 찾아볼 수 있다. 한국 역사에서 이슬람 종교를 가지고 있었던 아랍인들을 만나게 된 문헌 기록은 신라 시대부터이다. 하지만 당시에는 그 세력이 미미하였고, 우리에게 이슬람은 낯선 존재였다. 그 당시 무슬림들은 이슬람이라는 종교를 전파하기 위하여 한국에 왔다기보다는 교역이 더 큰 목적이었을 것이다. 하지만 한국과 분명한 접촉이 있었던 것은 사실이다.

최근 들어 외국인의 유입 증가와 함께 이슬람이 한국에서 급격하게 성장하고 있다. 또한 이슬람 수쿠크(Sukuk) 법에 대한 논쟁과 더불어 사회 전면에서 두각을 드러내고 있다.

따라서 이슬람이 한국에 어떻게 처음 접촉했는지, 한국 역사 속에서 어떤 과정이 있었는지를 살펴보고자 한다. 더 나아가 국내 이슬람이 우리 곁에 얼마나 성큼 다가와 있는지를 알아보고, 급격하게 성장하고 있는 이슬람에 대한 대안을 제시해 보고자 한다.

1. 한국에서의 이슬람의 어제

1) 통일신라에서 18세기 말엽까지

신라 시대 이슬람

한국과 중세 아랍인과의 접촉은 아랍 고전의 여러 문헌들에서 소개되고 있는데, 최초로 아랍 사회에서 한국이 언급된 나라는 '신라'였다(아랍어에서 신라를 뜻하는 이름은 'al-Shila'인데, 'al'은 관사로 사용되기 때문에 'Sila'라는 음역은 '신라'라고 올바르게 사용되었다).[2]

중세 아랍인들의 문헌에는 신라의 모습이 여러 차례 등장하고 있는데, 그중에서 몇 가지를 소개하고자 한다.

9세기 중엽에 술라이만(al-Sulaiman)이라는 아랍 상인이 살았는데, 그는

『중국과 인도의 소식』(Akhbar al-Sin wal-Hind, A.D. 851)에서 신라의 지정학적 위치를 중국의 동쪽 바다에 자리하고 있다고 밝혔다. 이를 통해서 신라의 존재가 이미 아랍인들에게 알려지고 있음을 알 수 있다. 술라이만이 밝힌 내용을 보면 다음과 같다.

> (중국의) 해안에 신라라는 섬들이 있다. 그곳의 주민들은 피부가 희다. 그들은 중국 황제에게 선물을 보내고 있다. 만약에 그렇게 하지 않으면 하늘은 그들에게 비를 내려주지 않을 것이라고 그들은 말한다. 우리 동료들 가운데 아무도 그곳에 가보지 않았기 때문에 그들에 관한 소식을 들을 수 없었다. 그들은 또한 흰 매를 가지고 있다고 한다.[3]

페르시아 우편 관리인이었던 이븐 후르다드비(Ibn Khurdadbid)는 자신의 저서 『도로들 및 왕국들 안내서』에서 신라를 묘사하고 있는데, 그는 신라의 지정학적 위치뿐만 아니라 신라에는 이슬람교도들이 거주하고 있다고도 밝혔다. 그리고 그들은 신라의 아름다움에 빠져서 영구히 정착하고 싶어 한다고 밝혔다.

> 중국의 맨 끝에 신라라는 나라가 있는데, 금이 풍부하다. 이슬람이 이 나라에 상륙하면 그곳의 아름다움에 끌려서 영구히 정착하고 떠나려 하지 않는다.[4]

중세의 지리학자인 이드리시(al-Idrisi)는 『먼 나라를 종횡할 꿈을 가진 자들의 산보』(Nuahat al-mushtaq fiikhtiraq al-afaq)에서 신라를 소개하고 있으며,[5] 세계지도에 신라를 섬나라로 표시하였다. 그리고 이 지도는 서양에서 한국을 처음으로 등장시킨 벨호(B.Velho)의 세계지도보다 408년이나 앞선 것이다. 이를 통해 볼 때, 아랍이 서양보다 먼저 신라와 접촉하고 있었음을 알 수 있다.

> 그곳(신라)을 방문한 사람은 누구나 정착하여 나오고 싶어 하지 않는다. 그 이유는 그곳이 매우 풍족하고 이로운 것이 많은 데 있다. 그 가운데서도 금은 너무나 흔해 그곳 주민들은 개의 사슬이나 원숭이의 목 테도 금으로 만든다.[6]

이처럼 중세의 아랍인들에게 있어서 신라는 매우 아름다우며, 금이 많은 나라로 인식되어 있었다. 또한 아랍인들은 신라에 오면 정착하여 떠나기를 싫어했음을 알 수 있다. 이러한 중세의 기록들을 통해서 우리는 신라 시대에 이미 아랍 사회가 한국과 접촉하고 있었던 것을 알 수 있다.

우리는 신라 시대에 이슬람과 교류가 있었다는 것을 역사적 자료들을 통해 찾아볼 수가 있다. 아랍 지역에서 신라로 무역을 하기 위해 왔을 뿐 아니라, 신라에서도 아랍 지역으로 갔던 내용이 문헌에 기록되어 있는 것이다.

문헌 이외에도 경주에 있는 무인석상은 신라 시대에 아랍과 교류가 있었음을 보여주고 있다. 경주시 외동면 괘릉리에는 원성왕(元聖王, 8C)으로 추정되는 괘릉이 있는데, 그 옆에 무인석상이 하나 서 있다. 보물 제1427호로 지정되어 있는 이 무인석상은 신장이 약 2m 50cm쯤 되며, 곱슬 수염과 곱슬 머리의 늠름한 무인의 모습을 하고 있다. 또 그 머리에는 무슬림의 전통복장인 터번을 쓰고 있다. 이들은 무장을 하지 않았으며, 그 모습은 아시아 계통이라기보다는 중세 서역인의 모습과 매우 유사하다. 안강의 흥덕왕(興德王, 9C) 능에도 무인석상이 있는데, 그 모습이 괘릉의 무인석상과 매우 유사하다. 이러한 무인석상은 당시 중국 매우능묘에 서역 무인들의 모습을 호인용으로 만든 것에 기인하는 것으로 보이는데, 신라 왕릉의 위엄과 수호적인 기능을 하였다.[7] 이를 토대로 신라 왕조 때 이미 서역인들의 존재가 있었음을 알 수 있고, 이들이 신라의 왕조와 우호적인 관계를 맺고 있음을 알 수 있다.

신라의 대표적 향가이자 설화인 "처용설화"(處容說話)에 등장하는 처용의 일행은 신라 제49대 헌강왕(憲康王) 5년(879) 3월에 개운포(開雲浦)[8]에 나타났는데, 이들의 용모는 아시아 사람들이 아니라 아랍 무슬림으로 묘사되고 있다. 『삼국유사』에는 처용의 존재를 기록하고 있다. 개운포에 등장하는 처용을 일관(日官)[9]이 우호적으로 묘사함에 따라 헌강왕은 이들을 환영하고 서울에서 집과 벼슬을 주어 살게 하였다. 『삼국사기』에도 처용의 존재에 대해서 서술되고 있다. 『삼국유사』와 『삼국사기』의 기술들로 보아서 처용은 개운포를 통해서 신라와 접촉했던 이방인이었음을 알 수 있다. 이들은 이방에서 동해를 거쳐 신라에 접촉하였으며, 처용의 모습은 무성한 눈썹, 우그러진 귀, 붉은 모양, 우뚝 솟은 코, 밀려나온 턱, 숙여진 어깨로 묘사되고 있다. 이는 처용이 동양 사람이 아니라 아랍인이라는 것을 짐작하게 하는 것이다. "처용설화"는 아랍 사회가 신라와 접촉했다는 것을 유추하게 하는 것이다. 신라인도 아랍과 접촉했던 기록이 있다.

신라의 대덕고승인 혜초는 한국인으로서 최초로 아랍에 갔던 인물이었다. 인도와 페르시아, 아랍, 중앙아시아 견문록인 "왕오천축국전"(往五天竺國傳)을 작성하였다. 혜초는 아랍국에 대해서 상세하게 묘사하고 있는데, 그가 방문할 당시 아랍 제국은 칼리프 시대(632-661) 후인 우마이야왕조(661-750) 시대였다. 우마이야 왕조 시대에는 수도를 메디나에서 시리아의 다마스커스로 옮겼는데, 혜초가 묘사한 소불림국(小佛臨國)은 당시 이슬람 제국의 수도였던 다마스커스를 의미한다.[10]

혜초는 아랍 사람들이 입고 있는 복장을 묘사하면서 "헐렁한 적삼을 입고 한 장의 모직 천을 걸친다."라고 하였는데, 이는 오늘날의 이슬람의 전통복장과 유사함을 알 수 있다. 또한 혜초는 대식국을 가리켜 불법을 알지 못하는 나라이며, 이슬람 신앙을 가졌기에 알라 외의 다른 누구에게도 절을 하지 않는다고 말하고 있다.[11]

신라와 아랍 간에 있었던 문명의 교역에 대한 증거로 이븐 쿠르다지바(Ibn Khurdadhibah)의 『제도로 및 제왕국지』(845)를 들 수 있다. 그는 신라의 지리적 위치를 밝히고 신라와의 무역 목록들을 나열하고 있다. 비단, 검, 사향, 침향, 말안장, 초피, 도기, 범포, 육계 등은 신라가 수출한 물품들이었고, 아랍이 신라에게 수출한 물품은 유향과 안식향을 비롯한 아랍산 향료, 신라 고분과 사찰에서 출토된 각종 유리 기구, 일반 서민들도 애용하던 구슬 같은 기호품, 단검이나 토용 등이었다. 신라 고분인 금관총, 금령총, 서봉총, 천마총, 황남동 제98호 남분 및 북분에서는 20점 가량의 유리 기구가 출토되었는데, 이는 아랍계 상인들을 통해서 신라에 들어온 것으로 추측할 수 있다.[12] 이러한 교역 물품을 통해서 아랍과 신라 사이에 문명의 접촉과 교류가 진행되고 있었음을 알 수 있다.

고려 시대 이슬람

고려 시대에 들어와서는 신라 시대 때보다 아랍과의 교류가 보다 원활하게 이루어졌다. 고려 시대 때에는 중국의 원제국을 통하여 아랍문명이 한반도에 본격적으로 전파되기 시작하였으며, 처음으로 움마(Ummah, 이슬람 공동체)가 부분적으로 형성되었다.[13] 기록상 최초로 한반도에 진출한 무슬림은 고려 현종(顯宗) 15년인 1024년에 등장한다. 『고려사』 현종 15년의 기록을 보면 이를 알 수 있다.

> 9월 을미일에 김인위(金因渭)를 상서 우복야 참지정사로 임명하였다가 이내 사직케 하였다. 갑인일에 흑수말갈의 아이고(阿里古)가 우리나라에 왔다. 9월 대식[14]국의 열라자(悅羅慈) 등 1백 명이 와서 토산물을 바쳤다.[15]

『고려사』의 기록을 통해서 고려 사회 내에 무슬림 상인들이 무역을 주목적으로 일시에 100명 이상의 인원으로 구성된 대규모 사절단의 형태로 방한하였다는 사실을 알 수 있다. 이러한 사실은 이들이 이미 고려와 구체적이고 실제적인 교역 관계에 있었다는 것을 말해주고 있다. 고려와 아랍 간의 교류는 한반도와 중국을 잇는 해상항로를 통해 주로 이루어지고 있었다.

아랍 상인들이 대거 고려로 교역 여행을 할 수 있었던 이유는 중국의 송나라와 아랍과의 국제무역의 번성과 고려와 송나라 간의 원활했던 교역관계를 기반으로 하는데, 당시 송대는 이슬람 세력 팽창의 시기로서 무슬림 상인그룹에 의한 국제무역의 번성기였다.[16] 따라서 아랍은 송나라와의 무역뿐만 아니라 고려와도 활발한 교류를 하고 있었다.

이러한 문물의 교류는 주로 공(公)무역의 성격을 가지고 있었기 때문에 대식 상인들이 고려에 거주하는 동안 특별한 대우를 받게 되는데, 그것은 조정에서 거행되는 주요 국가행사에 외국 사절들과 함께 참석할 정도로 환영을 받게 되는 것이었다. 이들은 왕실과의 긴밀한 공(公)무역관계를 통해서 점차적으로 고려 사회 안에 거주하기 시작하였다. 오늘날 우리 주위에서 흔히 들을 수 있는 성(姓) 중에도 고려 시대 때 시작된 성씨가 있다. 이러한 성(姓)들 가운데에는 당시 무슬림들이 왕으로부터 하사받은 것이 있다. 무슬림들 중에 일부는 고려에 귀화하였는데, 이를 통해 성(姓)을 부여받게 된 것이다.

삼가(三哥) 장순룡(張舜龍)은 1274년 고려 충렬왕의 몽골비(妃)인 제국 공주의 종관으로 고려에 왔는데 그는 투르크계 위구르 출신의 무슬림으로서 한국에 귀화한 최초의 무슬림이었다.『고려사』제123권을 보면 장순룡에 대한 언급이 나온다.

> 장순룡은 근본이 회회족이며 처음 이름은 삼가이다. 그의 부친 장경은 원나라 세조를 섬겨 필도적 벼슬을 했다. 장순룡은 제국 공주의 겁령구로 와서 낭장 벼슬을 받았고 여러 관직을 거쳐서 장군으로 승진되면서 이 성명을 고쳤다.[17]

여기에서 사용된 삼가의 의미는 세 번째 형으로서 투르크계 위구르인을 지칭한다.[18] 장순룡에 대한 이야기는 "덕수 장씨 가승보"에서도 등장한다. 장순룡은 본래 무슬림으로서 원나라의 관리였으나, 원나라의 공주의 시종관으로 고려에 오게 되었다. 그는 고려 사회에 정착하면서 귀화한 최초의 무슬림이었는데, 고려와 원 사이의 외교 조정의 역할을 하였을 뿐만 아니라 고려의 충렬왕과 원의 세조에게서 신임을 얻어서 두 나라 모두에게서 높은 관직을 받게 되었다. 장순룡의 후손들은 25대에 걸쳐서 고려와 조선조에 관료와 학자, 무관의 관직을 이어갔는데 지금은 경기 중부지방을 중심으로 전국에 분포해 있다.[19]

민보(閔甫)라는 인물도 고려 사회 안에 귀화한 무슬림이었는데, 그는『고려사』제31권에서 처음으로 등장한다. 민보는 충렬왕 1294년에 장군의 신분으로 원나라에 조공을 드리러 갔는데, 1299년에는 대장군의 신분으로 원나라로 가게 되었고, 1301년과 1303년에는 대호군의 신분으로 원나라에 가게 되었다.[20] 또한 1305년에 상호군의 신분으로 원나라에 가게 되는데 『고려사』에 나타난 민보는 고려 사회에서 무관을 담당하는 관료로서 원나라에 조공을 드리는 역할을 수행한 것으로 보인다. 민보는 무슬림 사람으로서 고려국으로 귀화함으로써 무관으로서 역할을 하였으며 원나라와의 관계에서도 중요한 역할을 담당했던 인물이었다.

설손(偰遜)은 『고려사』 제112권에 등장하는 귀화한 무슬림이다. 설손은 무슬림으로서 원나라의 황제에게 경전을 가르치는 학자였는데, 홍건적의 난을 피하여 고려에 와서 귀화하였던 인물이다. 그는 왕의 재정적 지원을 받고 고려에서 거주하게 되었다.

『고려사』 속에서 나타난 장순룡, 민보, 설손과 같은 인물들은 고려 사회 내에서 귀화했던 무슬림들이다. 이들은 조정의 지원을 받으며 고려 사회 내에서 대내외적인 역할을 담당했던 관료들이었다. 이들이 가지고 있던 무슬림 신앙이 얼마나 존속되었는지 알 수는 없지만, 고려 사회에 귀화해서 살았던 이들이 무슬림 신앙과 생활을 추구하지 않았다고는 말할 수 없다.

이슬람은 하나의 사회·경제적 세력으로 고려 사회에 영향을 미치고 있었다. 이들은 주로 개성과 그 주변에 거주했었는데 이는 고려 시대에 거주했던 무슬림들이 조정과 깊은 연관을 맺고 있었기 때문이다. 고려 사회 내에서 무슬림들은 자신들의 생활방식들을 어느 정도 유지하면서 고려의 조정과 긴밀한 관계를 유지하고 있었다.

조선 시대 이슬람

조선 시대에 들어서도 고려 시대에 이어서 이슬람과의 교류가 계속되었다. 조선시대에는 무슬림들의 종교 행위가 보장되었으며, 이슬람의 과학기술과 공예기술을 적극적으로 수용하기 시작했다. '조선왕조실록'에도 이슬람과의 문명의 교류에 관련한 서술이 잘 나타나 있다.

조정에서는 회회인들을 호의적으로 대하고 있었으며, 조선 사회 내에서 가족을 이루고 살도록 하였다.[21] 또한 무슬림 상인뿐 아니라 무슬림 종교지도자를 거주하도록 하였는데, 이는 이슬람 종교의식을 보장하고 있다는 것을 내포하는 것이다. 이처럼 종교지도자가 거주하였을 정도로 이슬람은 조선 시대에 정착될 수 있었다. 조정은 이슬람 종교 지도자인 회회사문(回回沙文)들의 생활을 지원을 함으로써 이들의 복지와 생계를 도왔다. 회회사문들의 존재는 조선 시대 사회 안에 무슬림들이 움마를 이루고 살았다는 것이고, 조정이 이슬람 종교를 호의적으로 인정하였을 뿐만 아니라, 그들의 고유한 이슬람 신앙생활을 유지할 수 있도록 지원하였다는 것이다.

세종이 즉위했던 원년에 회회인들은 공식적인 자리에서 불교의 승도와 함께 등장하고 있음을 알 수 있다.[22] 이를 통해서 조선의 조정이 불교와 이슬람을 통솔하고 있으며, 이슬람은 이미 조정이 인정하는 하나의 공식적인 종교임을 알 수 있다. 회회인들이 임금을 찬양하는 송축 의식을 하였다는 것은 조정의 공식적인 행사와 의례에 무슬림들을 포함시켰을 정도로 중요한 집단이었다는 것을 알려준다. 세종이 왕세자와 문관과 무관의 신하들과 함께 조정의 조례행사를 실시할 때에 귀화한 회회인들이 조하에 참여하였는데,[23] 이는 고려 시대뿐만 아니라 조선 시대에도 회회인들이 귀화했었으며, 이들이 조정의 중요한 행사에 참석할 정도로 중요한 역할을 하였다는 것을 보여 준다.

　조선 시대에는 여러 문물들과 기술들을 교류하는 수준으로 고려 시대보다 더 활발한 이슬람과의 교류가 이루어졌다. 특별히 이슬람력(Islamic calendar)은 조선의 역법에 중요한 영향을 미쳤으며, 이로 인해 『칠정산내외편』이 만들어지는 데 큰 도움을 주게 되었다. 또한 조선 세조 때에는 투르크-페르시아계 무슬림 거주 지역에서 수출하는 도자기 안료인 회청이 수입되었다. 이로 인해 청자를 넣은 청화백자가 등장하게된 것이다. 청화백자의 등장은 도자기 공예 기술의 혁신적인 발전을 가져오게 하였다.

　그러나 이들은 소수였으며 조정과 주로 연관되어 있었기 때문에 이슬람이 대중 속에 정착되지 못했고 결국 자생력을 갖지 못하게 되었다.[24] 결국 이러한 지배층 중심의 성격은 민중에 깊이 뿌리내리지 못하고 급변하는 대내외적인 변화에 적응하지 못하는 결과를 가져오게 되었다.

2) 19세기 투르크계 무슬림들의 이주

　이슬람은 신라와 고려, 조선 시대 때까지 한국과 문명을 교류하고 이슬람 선교를 시도했다. 15세기 중엽 조선의 세종 이후 약 4세기의 공백기 후에 이슬람 선교는 19세기 말부터 다시 진행되었다. 1898년 러시아의 청조(淸朝)로부터 동청(東靑)철도 부설권을 획득한 계기로 러시아의 투르크계 무슬림들이 중국의 하얼빈(Harbin)을 중심으로 만주 일대에서 러시아 전역으로 이주하여 움마를 이루게 되었다.[25] 그 후 1915-1920년 사이에 제1차 세계대전과 볼셰비키 혁명을 계기로 투르크계 무슬림들이 국내에 이주하기 시작하였고, 1920-1940년 중반까지 200-250여명의 투르크인들이 한반도 전역으로 이주하여 이슬람 공동체를 이루었다.[26]

국내에 거주했던 투르크계 무슬림들은 주로 의류 도·소매업을 중심으로 포목점과 양복점을 경영하였는데, 상업과 국제무역을 통해 부를 축적하면서 사회적 기반을 마련하였다.²⁷⁾ 그들은 서울, 부산, 대구, 인천, 목포, 대전, 평양, 신의주, 청진, 흥남 등 전국에 걸쳐 이슬람 공동체를 이루면서 종교적·문화적 활동을 지속해 갔다. 이들은 서울, 부산, 대구 등지에 이슬람 마을(Mahall-i Islamiyeg)이라는 공동체를 형성하였으며, 서울 시내의 중심가에는 이슬람 학교(Mekteb-i Islam)를 통하여 무슬림 자녀들을 교육하기도 하였다.²⁸⁾

당시 한국은 일본의 지배를 받고 있었는데, 투르크 무슬림들은 조선총독부와 일본 정계인들 및 고위 군부들과 밀접한 협력 관계를 추구하면서 무역과 상업 활동으로 인한 경제적인 부를 축적했다. 이후 제2차 세계대전의 발발과 일본의 패망 이후로 불안한 국내 정치상황으로 인하여 투르크 무슬림들은 1940-1950년 사이에 캐나다, 미국, 호주, 터키 등으로 이주하게 된다.²⁹⁾ 이에 일제 치하를 겪은 우리 민족은 나라의 아픔을 끌어안고 같이 해결하려고 하는 것보다, 자신들의 경제적인 부만을 얻고자 하였던 투르크인들에게 부정적인 시각을 갖기도 하였다. 결국 투르크 무슬림들은 한국에 이슬람을 적극적으로 포교하지 못했고, 한국의 공동체 형성에 특별한 영향력을 끼치지 못했다.

3) 6·25전쟁 이후

1950년 한국전쟁 당시 유엔군 소속으로 터키의 군인들이 한국전쟁에 참여하게 되었는데, 참전한 병력의 규모는 미국 다음으로 여단 규모의 병력을 파병하였다. 당시 압둘가푸르 카라이스마일오울루(Adulgafur

KaraismailogLu)라는 터키 제6여단 사령부의 군 이맘(Imam)은 한국인들을 대상으로 적극적인 선교를 실시하였다. 그 결과 압둘라 '김유도'와 우마르 '김진규' 등이 개종하였고, 이들은 1세대 한국인 무슬림들을 형성하였다.[30] 이후 김유도와 김진규는 1955년 9월 15일 '한국이슬람협회'를 결성함으로써 적극적인 이슬람 선교 활동을 시작하게 된다. 이슬람 선교 활동은 교육에도 이르렀는데, 한국 전쟁 당시 후방에서는 '앙카라 학교'를 건립하여 전쟁고아의 양육과 교육활동을 하였고, 1956년 4월에는 '청진학원'을 설립함으로써 중등교육과 이슬람 교리교육을 무료로 실시하였다.[31]

1956년 주베이르 코치(Zubeyr Koch)가 2대 이맘으로 부임하면서 입교자는 208명에 이르게 되었고, 1959년 이슬람협회 지도자였던 김진규는 서정길과 함께 이슬람 국가를 순방하면서 한국 이슬람의 실정을 알리고 후원을 요청하였으며, 1960년에는 한국 무슬림으로는 최초의 성지 순례자들이 되기도 하였다. 그 이후 계속되는 지원을 통하여 1965년 4월 '한국이슬람교중앙연합회'가 조직되었고, 1967년 3월 13일 '재단법인 한국이슬람교'(Korea Islamic Foundation, KIF)로 종교법인 등록을 하게 되었으며, 현재까지 한국 이슬람의 중추적인 의결기구로서 활동하고 있다.

1970년 9월에 한국 정부는 용산구 한남동의 1,500평의 땅을 이슬람 중앙성원 건립용 부지로 기증하였고, 이후 이슬람 국가들의 재정적 후원으로 1976년 5월 21일

안양의 한 교회가 이슬람 사원을 바뀌어서 안양 모스크가 되었다.

이슬람 성원의 개원식이 있었다. 이때부터 한국 이슬람은 증가하기 시작하였는데, 1960-1970년대에는 한국 기업들의 중동 국가 진출을 계기로 3,700명이었던 이슬람 인구가 약 두 배로 증가하기도 하였다.

1977년에는 한국에 이슬람 대학을 건립하기 위한 목적으로 '이슬람대학 건립추진위원회'가 결성되었고, 2차 석유파동을 계기로 1980년 5월에는 최규하 전 대통령이 칼리드(Khalid) 사우디아라비아 왕과 한국 이슬람 대학 설립을 합의하였으며, 경기도 용인에 13만 평의 이슬람 대학 부지를 기증하였다. 1990년대에 들어서면서부터 이슬람 교육 및 연구 활동이 활발하였는데, 1997년 '세계무슬림연맹'(Rabita)과 '한국이슬람교중앙회' 주최로 무슬림 학자 20여 명과 100여 명의 국내외 이슬람 학자들이 모여 "동아시아의 이슬람-역사와 문화적 조화의 주제"로 세미나를 개최하였다. 이렇듯 현대에 들어서 이슬람은 한국 내에서 활발하게 선교활동을 하고 있다.

2. 오늘날 이슬람의 현황

1) 한국의 외국인 무슬림 현황

1990년 이후에 한국의 이슬람 인구는 급속하게 증가하고 있다. 한국 이슬람 인구가 급속하게 증가한 데는 외국인 인구가 유입된 데 따른 것이다. 한국에 외국인이 유입된 데에는 다음과 같은 이유가 있다.

첫째, 노동 인력의 부족이다. 1986년 아시안 게임과 1988년 올림픽 이후에 국제무대에서 한국이 서서히 이름을 떨치기 시작할 무렵, 국내 노동시장에는 산업별 노동력 이동현상이 일어나면서 제조업 분야에 심각한 인력난을 초래하게 되었다. 반면 가난과 실업으로 노동력을 국제시장에 배출해야 했던 아시아의 많은 국가들은 새로운 노동시장의 판로를 찾아 나서야 했다. 이러한 한국 노동시장의 경제적 요구와 아시아 국가 노동인구의 요구가 서로 부합되면서 아시아의 수많은 사람들이 코리안 드림을 품고 새로운 노동시장의 개척지 한국을 향해 밀려들어오게 되었다. 이에 따라서 1990년부터 한국의 노동시장에는 한국인 노동력의 수출량보다 외국인 노동력의 수입량이 더 많아지게 되었다.

둘째, 한국의 저출산 문제이다. 저출산은 저성장을 초래한다. 일하고 세금 낼 사람이 적기 때문에 당연한 수순이다. 우리나라는 1970년 4.53명의 출산율을 기록한 이래, 미래를 내다보지 못하는 산아제한 정책으로 1980년 2.63명으로 급격히 줄었고, 1990년 1.60명, 2000년 1.47명, 2009년 1.19명이라는 최악의 상황에 이르고 말았다. 사실 1983년에 출산율이 2.1명으로 떨어졌을 때 신속히 조치를 마련해야 했지만, 정부가 적극적으로 출산정책을 시작한 것은 2005년부터였다. 2040년에는 우리나라 인구가 400-500만 정도, 2050년에는 800-1,000만 정도가 줄어들게 되었다.[31]

셋째, 고령화 현상이다. 고령화 사회는 65세 이상의 인구가 14% 이상인 사회를 말한다. 한국은 2018년에 고령사회로 진입하고, 2026년에 인구의 20%가 고령화된 초고령사회에 진입한다. 2050년이면 46%를 넘어설 것이다.[32] 고령화는 평균생활 수준의 하락, 사회 활력 하락, 농촌 및 중소도시 경제 파괴 등의 문제를 양산할 것이다. 무엇보다도 고령화 사회는 내수시장의 침체를 가져온다.

많은 전문가들은 저출산, 고령화로 인하여 한국 인구가 감소하기 시작할 것이라고 예측했다. 그러나 실제 한국의 인구는 줄어들지 않고 있다. 그 이유는 외국인이 많아지기 때문이다. 1990년 외국인들이 대거 유입

됨에 따라서 2000년에는 재한 외국인 총수가 20만 명을 넘어서 인구 중 0.44%를 차지하게 되었으며, 2000년대 증가세는 한층 가파르게 진행되어 2005년에는 드디어 전체 인구의 1% 이상을 차지하게 되었다. 이후에도 외국인 체류자는 지속적으로 증가되어 2013년 말 157만 명을 기록해 4,920만 명인 국내 총인구의 3.2%를 차지하게 되었다.

저출산, 3D 업종 기피현상과 고령화 등에 대비해 한국이 경쟁력을 유지하기 위하여 외국인 인구를 한국 전체 인구의 약 14%(643만 명)를 수입해야 한다는 예측 등, 외국인의 증가는 피할 수 없는 사실로 받아들여지고 있다.[33] 정부는 지난 2012년 말에 2020년까지 350만 명의 외국인이 한국에 정착해서 살게 될 것이라고 발표하였다. 따라서 외국인의 숫자는 계속 늘어날 전망이다.

〈표 1〉 무슬림 외국인 국내 체류 현황[34]

권역별	외국인 체류 인원 (명)			무슬림 체류 인원 (명)		
	남성	여성	총계	남성	여성	총계
OIC 57개국	101,489	27,188	128,677	88,296	22,486	110,779
비 OIC국	504,094	440,032	944,126	15,557	11,671	27,226
총계	605,583	467,220	1,072,803	103,850	34,157	138,005 (±20)

출처 : 2013. 12. 31. 법무부 통계월보(OIC: 이슬람회의기구 회원국)

2) 한국 내 이슬람 선교 현황

2005년에 한국이슬람중앙회에서 발행한 『한국 이슬람 50년 자료집』을 보면, 한국을 이슬람화하기 위한 선교 전략은 이슬람 사원 건립, 국제 이슬람 학교 설립, 이슬람 문화센터 설립, 꾸란(koran)의 새로운 번역 추진, 이슬람 대학 건립, 이슬람 관련서적 출판 등이라고 명시하고 있다. 이슬람에서는 한국을 이슬람화하기위하여 다각적인 면에서 노력을 기울이고 있다.

모스크

모스크(Mosque)는 이슬람의 예배처소이다. 무슬림들은 기도를 드릴 때에도, 매주 금요일에 행해지는 예배 시간에도 모스크를 방문한다. 그래서 모스크를 마치 개신교의 교회, 천주교의 성당, 불교의 절과 같이 여긴다. 유럽의 경우 지난 10년 동안에 모스크와 이슬람센터 건축이 4배로 증가하였다. EU(유럽연합) 안에 있는 나라에 이슬람 사원은 약 6,000개이다.[35] 미국에는 3,500개의 모스크가 있고, 매주 4-5개씩 늘어가고 있다.

현재 국내에 건립된 모스크는 총 10개이다. 서울(한남동), 부산, 경기도 광주, 전주, 안양, 대구, 파주, 안산, 포천, 인천에 있다. 모스크 외에 이슬람센터는 전라도 광주, 대전, 안산, 서울(송파구), 인천, 제주, 김포, 대구, 창원, 울산 등에 있다. 최근에는 '모스크'라는 단어 대신 '센터'라는 단어를 사용하기도 하는데, 이를 감안해서 중복되는 지역을 제외한다고 하더라도 최소 7개 이상의 센터가 있음을 알 수 있다. 뿐만 아니라, 임시 예배소는 전국에 60여 개가 있다. 이러한 임시 예배소는 모스크로 발전되기를 기다리는 곳이다. 또한 이슬람의 한 종파인 시아파 무슬림들은 자체적으로 모임을 가지기 때문에 이를 포함하면 예배소의 수는 조금 더 늘어날 것으로 보인다.

또한 모스크는 예배처소 이외에도 다른 의미가 있다. 모스크는 알라의 땅을 표시하는 영역을 대표하며 단순한 건물 이상의 의미를 가진다. 그것은 이슬람 공동체의 중심이며, 많은 기능을 수행한다.[36] 즉, 치외법권(治外法權) 지역이 되는 것이다. 결국, 한국 내에 모스크가 세워졌다는 것은 한국 내에 있으면서도 한국의 법이 영향을 미치지 못하는 공식적인 이슬람 영토가 존재하게 되는 것을 의미한다.

출판 사역

국내의 주요 서점이나 도서관에 가보면, 아이들에서 어른들에 이르기까지 이슬람에 관한 다양한 종류의 책들을 손쉽게 발견할 수 있다. 최근에 어린이를 대상으로 한 이슬람 관련 만화책이 출판되었다. 『어린이 이슬람 바로 알기』(청솔), 『무함마드와 이슬람 제국』(주니어김영사), 『만화 이슬람의 모든 것』(주니어김영사), 『이슬람이 알고 싶다』(중앙), 『쉽고 재미있게 풀어 쓴 코란』(은하수미디어) 등이 그것이다.

1950년대 이후 2000년대까지 약 50년간 이슬람 관련 도서는 70여 권이었다. 그리고 9·11테러 이후 2012년까지 출판된 도서는 (기독교인들에 의해 출판된 150권 정도를 포함해서) 총 500권이 넘는 것으로 추산된다.[37]

그런데 이렇게 이슬람에서 나온 책들은 이슬람의 어두운 부분은 가리고, 기독교와 유사한 내용을 담아서 이슬람의 알라를 기독교의 하나님과 동일한 하나님으로 홍보하고 있다. 1997년에 최영길 씨는 꾸란을 새롭게 번역하면서, '알라'라는 단어를 '하나님'으로 모두 바꾸었다. 이로 인해 기독교와 이슬람의 하나님을 동일시하는 효과를 가져왔으며, 기독교인들에게 혼란을 주었다. 뿐만 아니라, 꾸란의 새로운 번역들이 추진되면서 아랍어 원문이 주는 의미를 약화시키기도 하였다.

이슬람에서는 국내 초·중·고등학교 교과서에 실린 세계사 부분에서 이슬람 관련 내용의 수정을 줄기차게 요구하였고, 그로 인하여 5차 교과서

개정(1989) 시에는 '유일신 알라'가 '하나님'으로 수정되었으며, 6차 교과서 (1995)에는 무함마드의 초상이 신성모독이라는 이유로 삭제되었다.

현재에는 총 9개 출판사의 18권에서 170여 군데의 수정을 요구하고 있다.[38] 이는 청소년들이 이러한 책들로 인해 왜곡된 이슬람을 사실인 것처럼 받아들이는 악영향을 받게 될 것을 의미한다. 이슬람의 활발한 출판 사역에 비해, 기독교인으로서 이슬람에 대한 바른 시각을 제공하는 서적들을 출판하는 사역은 매우 위축되어 있다.

이슬람 홍보

이슬람은 방송매체나 문화 강연 등을 통해서 이슬람을 적극적으로 홍보하고 있다. 2001년에 있었던 9·11테러 이후에, 이슬람은 폐쇄적인 태도에서 벗어나 국내에서 이슬람의 좋은 면을 적극적으로 홍보하고 있다. 그 사건으로 인하여 더욱 위축될 것 같았지만, 오히려 자신들을 잘 알릴 수 있는 전환점으로 삼은 것이다. 먼저 방송매체에서는 2001년 MBC가 창사 40주년을 맞이해서 "이슬람"을 4부작으로 구성해서 방영하였다. 그 뒤를 이어 2004년에는 EBS에서 13부작 "이슬람 문화기행"을 방영하였고, 2006년에는 MBC에서 2부작 "터키의 길"을, 2007년에는 KBS 1TV에서 〈다큐멘터리 3일〉 "라마단"을, 2008년에는 논란이 되었던 4부작 "신의 길, 인간의 길"을 SBS에서 방영하였다. 그 외에도 "한국에서 무슬림으로 살아가기"(KBS 2TV, 2009), "이슬람 최대 축제, 라마단"(KBS 1TV, 2010), "프랑스의 선택, 부르카를 벗기다"(KBS 1TV, 2011) 등이 방영되었다.

그리고 한국이슬람연구소의 조사에 따르면 2005년 이후 지금까지 아랍 문화를 알리는 아랍 문화 전시회, 아랍 문화 축전과 아랍 도서전 등을 비롯해서 국립중앙박물관에서 개최된 이슬람의 보물전 등 크고 작은 이슬람 관련 전시회가 총 20여 회 이상 펼쳐진 것으로 보인다.[39] 이와 더불어 이슬람 문화센터를 개원하고 지속적인 강의 활동을 펼치고 있다. 또한 국방일보, 한겨레신문, 서울신문 등 주요 신문사나 잡지에 중동 관련 기사를 연재하면서 국내에 이슬람에 대한 좋은 인상을 심어주고, 중동과 아랍 문화에 대해 소개하면서 이슬람으로의 포교활동을 계속하고 있다.

3. 한국 이슬람의 전망

그동안 한국 이슬람 연구에서 한국 이슬람의 전망은 그리 밝지 않게 보았다. 그 이유는 한국 사회에서 이슬람이 이질적인 외래 종교로 받아들여지고 있기 때문이다. 또한 이슬람의 종교적 의무인 다섯 가지 실천 사항들이 한국의 사회문화에서 지키기 쉽지 않다는 이유 때문이다. 그러나 이슬람은 한국에서 급속하게 성장하고 있다. 한국에서의 이슬람의 성장 원인과 전망을 살펴보고자 한다.

〈표 2〉 1930-2050년 세계 인구와 무슬림 인구 증가 비교

연도	1930년	1960년	1990년	2010년	2030년	2050년
세계인구	20억	30억	50억	69억	83억	90억
무슬림인구	2억 3백만	6억 6천만	10억 3천만	16억	22억[40]	25억[41]

1) 이민

이슬람 역사는 이슬람의 창시자 무함마드가 태어나고 자랐던 사우디아

라비아반도의 메카에서 메디나로 이주한 A.D. 610년부터 시작된다. 이슬람은 역사적으로 이민을 통하여 성장하였다. 한국의 이슬람 인구 가운데 가장 많이 차지하는 비율은 외국인 이주 무슬림들이다. 〈표 1〉에 의하면 한국에 정착하여 살아가고 있는 이슬람 인구는 약 13만 8천 명이다.

이제는 한류, 경제교류, 관광, 또한 한국을 선교하기 위하여 이슬람 선교사들이 한국으로 오고 있다. 한국 정부 역시 저출산과 고령화로 인하여 노동인력이 감소되기 때문에 이에 대한 대안으로 외국인 노동자들을 한국에 합법적으로 정착하도록 노력하고 있다.

2012년 말에 정부는 2020년이 되면 한국 거주 외국인 인구가 350만 명에 이를 것으로 발표하였다. 혹자는 중동이 한국과 거리가 있기 때문에 한국의 이슬람화는 지나친 생각이라고 말할지 모른다. 그러나 전 세계에서 이슬람 인구가 가장 많은 나라는 인도네시아(2억 4천만), 파키스탄(1억 9천만), 방글라데시(1억 6천만)이며 인도의 무슬림 인구 또한 1억 6천만 명이다. 이들 국가는 모두 한국 인접국가들이다. 한국에 유학하러 온 이슬람권 유학생들도 급증하고 있다. 출입국 외국인정책 본부의 통계에 의하면 한국어 연수와 일반 연수생을 제외하고, 2006년 1,466명에서 2011년 12월 3,841명으로 2006년 대비 262% 증가한 것을 볼 수 있다.

2) 다산

이슬람의 예언자 무함마드는 마지막 설교에서 "자녀를 많이 낳아서 이슬람을 번성케 하라"(Abu Dawood, Nisai and Hakim)고 말하였다. 또한 꾸란은 독신을 허용하지 않는다. "너희들 가운데 독신자는 결혼할지어다"(꾸란 24:32). 따라서 무슬림 여성은 모두 결혼하며 자녀를 많이 낳음으로써 이슬람은 성장하고 있다. 이외에도 꾸란의 명령(꾸란 4:3)에 따라서 이슬람 국가에서는 일부다처를 법적으로 허용하고 있다. 또한 법적으로 명시된 네 명의 부인 이외에도 '오른손이 소유한 것'으로 명시되어 있는 하녀들과의 관계는 산아제한이 없는 이슬람 사회에서 기하급수적인 인구증가를 가지고 왔으며, 이들 자녀는 나면서부터 무슬림이 되어 이슬람의 인구성장에 밑바탕이 되어 주었다.

영국의 경우 무슬림 여성은 평균 6-7명의 자녀를 낳는다. 사우디아라비아의 경우에도 평균 6명을 낳는다. 참고로 2013년 한국의 출산율은 1.18명 정도이다. 이는 2012년의 출산율 1.3명보다 하락한 것으로서 경제협력개발기구(OECD) 평균 1.74명보다 적은 최저 수준이다.[42] 조희선 교수의 연구에 의하면, 2012년 한국에는 약 4,000명의 무슬림 자녀들이 살고 있다.[43] 아직은 초기 단계이지만, 무슬림 여성은 산아제한을 하지 않기 때문에 한국 무슬림 2세들은 급속한 성장을 보일 것이다.

3) 결혼

꾸란에 의하면 무슬림 여성은 무슬림 남성과 결혼을 하지만(꾸란 2:221), 무슬림 남성은 무슬림 여성, 유대인 여성, 기독교인 여성과 결혼할 수 있다(꾸란 5:5). 타 종교의 여성이 무슬림 남성과 결혼할 때에는 이슬람식 신앙고백을 해야하고, 자녀를 낳게 되면 이슬람법에 의하여 자녀는 아버지의 종교를 따르게 된다. 그리고 양육권은 아버지가 갖는다. 예를 들어 영국의 경우 영국 여인이 무슬림 남자와 결혼을 하고 아이들이 자라게 되면, 무슬림 남편은 아이들을 이슬람권으로 보내서 무슬림으로 성장시킨 다음에 다시 돌아오도록 한다. 이에 부인들이 자녀들을 찾으러 남편의 나라에 갔다가 유괴범으로 체포되어 그 나라 감옥에 갇히면서 사회적 문제가 되고 있다.

2013년 6월 법무부 통계를 근거로 보면, 한국인과 결혼해서 국내에 머물고 있는 국제결혼 비자 체류자는 14만 8,746명이라고 한다. 이 가운데 주요 12개의 이슬람 국가 출신이 모두 4,935명에 이른다고 보고 있다.[44] 그러나 이것은 주요 12개의 이슬람 국가만을 고려한 것이다. 현재 OIC(이슬람회의기구) 회원국은 57개국에 달하며, 회원국에는 속하지 않지만 전체 인구의 7% 정도가 무슬림인 프랑스와 같은 나라들도 있다. 이러한 나라들에서 온 무슬림들 그리고 그들과 결혼한 내국인들까지 계산하게 된다면 국내 무슬림 수는 더 증가할 것으로 보인다.

4) 개종

사우디아라비아의 수도 메카에서 시작된 이슬람 군대가 중동과 북부 아프리카를 점령했을 때, 기독교인들은 이등시민으로서 딤미(Dhimma)라고 불리우며 불평등한 대우를 받았다. 그래서 이름뿐인 기독교인들이 불평등한 상황을 극복하기 위하여 이슬람으로 개종하였다. 그러나 오늘날에는 자발적인 개종이 늘고 있다. 영국의 내무부장관 재키 스미스(Jacqui Smith)는 2009년에 "2001년부터 2009년까지 매년 5만 명이 이슬람으로 개종하여 그 수가 40만 명에 이르렀다."고 말하였다.

이슬람으로 개종하는 이유는 이슬람의 교리가 기독교에 비하여 쉽게 되어 있고, 무슬림들의 선투적인 선교활동, 그리고 이슬람 문화에 대한 동경 때문이다. 〈표 3〉에서 보는 것과 같이 한국에서도 한국인 이슬람인구가 성장하고 있다. 한국인 이슬람 인구가 성장한 배경을 살펴보면, 1970년에

1차 석유파동이 일어나면서 박정희 대통령이 한남동 이슬람 사원을 건축하게 되었다. 그러면서 중동 붐으로 인하여 6,000명 정도가 성장하였다. 또한 1990년 이후에는 외국인구의 급속한 증가로 인하여 영향을 받아 한국 무슬림들의 수가 급속도로 성장하였다. 2005년에서 2009년 사이에 약 3만 명이 성장하였다.

〈표 3〉 한국인 이슬람 인구 현황

연도	1970	1976	1980	2005	2009
이슬람 인구	3,700[45]	15,000[46]	22,000[47]	40,000[48]	71,000[49]

4. 한국 이슬람화에 대한 제언

1) 정부를 향한 제언

다문화 인구가 늘어가면서 이슬람 인구도 급성장하고 있다. 이민 인구에 대한 정책은 권력을 지닌 정부의 영역이므로, 이 영역을 정부가 미래지향적으로 감당해 주지 않으면 한국은 장차 정치와 사회, 경제 면에서 매우 어려움을 겪을 것으로 전망된다.

로마서 13장의 정부의 역할대로, 영국 정부가 국회의원들과 기독교 지도자들, 무슬림 지도자들, 유대인 지도자들을 모아 '이슬라모포비아'(Islamophobia)를 다루었듯이 한국도 이런 대비를 해야 한다. '수쿠크'(sukuk) 문제로 시끄러웠던 일이 어제 같지만, 이러한 도전은 빙산의 일각에 불과하다. 최소한 영국, 프랑스, 독일, 일본, 싱가포르 등의 사례를 공부하여 한국 국민과 정부에 최선이 되는 정책적 그림을 만들도록 준비해야 한다. 이러한 연구를 통하여 이슬람 국가와의 정치, 종교, 문화, 경제의 영역에서 가장 좋은 모델을 한국 정부가 만들 수 있어야 한다.[50] 왜냐하면 무분별한 다문화 정책은 실패한다는 사례를 이미 유럽에서 보고 있기 때문이다.

유럽의 정치지도자들은 다문화 정책이 실패했다고 선언하였다. 앙겔라 메르켈(Angela Merkel) 독일 총리는 2010년 10월에 "다문화 사회를 건설해 공존하자는 접근법은 완전히 실패했다."고 선언하였다. 프랑스 사르코지(Nicolas Sarkozy) 대통령은 2011년 2월 10일에 "프랑스에 있다면 (프랑스라는) 단일 국가공동체에 동화되어야 하며, '프랑스식 이슬람'이 아닌 '프랑스 안에서의 이슬람'은 반대한다."고 선포하였다.

데이비드 캐머런(David Cameron) 총리는 2011년 2월 5일 독일 뮌헨의 국제안보회의 연설에서 "실패한 정책(다문화주의)을 접을 시간이 됐다."고 선언하였다.[51] 스위스 베른대의 크리스티앙 요프케(Christian Joppke) 교수는 "적어도 유럽에서는 이슬람교도들 때문에 다문화주의가 후퇴했다."고 발표했다.[52] 데이비드 캐머런 총리가 다문화 정책 실패를 선언하자, 2월 7일 영국의 신문 『데일리 익스프레스』(Daily Express)의 칼럼니스트 레오 미킨스트리(Leo McKinstry)는 유럽에서의 다문화 정책 실패 원인을 4가지로 꼽았다. 첫째는 이슬람 테러리즘이고, 둘째는 무슬림에 의한 성폭력, 셋째는 폭력적인 범죄이며, 넷째는 마약이다.[53]

한국에서 저출산과 고령화 그리고 노동인력의 부족으로 인하여 다문화 사회를 이루는 것이 불가피하다면, 유럽의 경우를 모델로 삼아서 이질적인 이슬람 문화와의 다문화 정책을 재고해야한다. 영국의 경우 1990년에 무슬림 인구는 110만 명이었다. 그러나 오늘날 공식적으로 2010년 영국 무슬림 인구는 280만 명이 되었다. 비공식적으로는 550만 명에 육박하고 있다. 20년 만에 영국 내에 이슬람 인구가 전체 인구의 5%로 증가한 것이다. 2030년에는 영국인 인구의 10%가 이슬람 인구가 될 것으로 전망한다.54) 이렇게 되면 1990년부터 2030년까지 40년 동안에 이슬람 인구는 5배로 증가하게 되는 것이다.55)

영국에서의 이슬람 증가의 가장 큰 원인은 이민이다. 그런 면에서 한국에서의 이슬람 인구 증가와 다르지 않다. 이민자들에 의한 다산, 결혼, 개종에 의하여 이슬람은 지속적으로 증가하고 있고, 결국 영국은 이슬람화 된다는 것이 현재의 상황이다. 영국뿐만이 아니라 유럽은 이슬람화 되어 유라비아(Eurabia, 유럽과 사우디 아라비아의 합성어)가 되었으며, 유라비아의 수도는 런더니스탄 즉, 런던이다. 현재 런던의 인구는 3분의 1이 외국에서 태어나서 이민 온 이민인구이다. 영국에 있는 모든 무슬림의 48%가 런던에 살고 있다. 또한, 영국의 모스크의 40%가 런던에 있다.56) 통계적으로 영국에는 1만 8,000개의 모스크와 3,000-5,000개의 이슬람 센터와 꾸란 학교가 있다.57)

영국의 초창기 무슬림들은 영국에서 사회의 하층민으로 살기 시작하였다. 무슬림들은 영국인과의 문화적인 차이를 극복하고자 어느 한 지역을 중심으로 게토(Getto)를 형성하면서 살기 시작하였다. 세대가 이어지면서 그들 게토 안에서 영국인들에 대한 불신과 증오는 커져만 갔다.58)

무슬림들의 인구가 많아지면서 그 지역은 이슬람화되었다. 지역이 이슬람화(Muslims areas)되면, 무슬림 원리주의자들은 자경단(morality police)을 만들어서 이슬람법에 어긋나는 행동을 하는 사람들에 대하여 테러를 자행한다. 한 예로, 2012년 12월 30일 영국인 모델 나오미(Naomi)는 남자 친구를 만나기 위하여 무슬림이 많이 사는 지역을 지나고 있었다. 그런데 갑자기 눈만 내놓고 전신을 가린 니캅(Niqab)을 입은 무슬림 여성이 다가와서 얼굴에 염산을 뿌리고 달아났다. 나오미의 얼굴은 염산으로 인하여 일그러졌고 눈은 실명할 뻔하였다. 그녀는 몇 차례 수술을 하였으나 예전으로 돌아가지 못했다.[59] 범인은 잡히지 않았다.

자경단은 그 지역에서 술을 마신다거나, 짧은 옷을 입고 다니는 여성들에게 테러를 자행하며 "이곳은 샤리아(Sharia)법으로 다스려지는 이슬람 구역입니다"라는 글을 그 지역에 붙인다. 따라서 영국인들이 그 지역에서 다른 곳으로 이사를 하게 되면서, 그곳은 중동의 한 도시처럼 이슬람법에 의하여 다스려지는 이슬람 지역(sharia-controlled zones)이 되어가고 있다.[60]

뿐만 아니라 훨씬 중요하고 실질적인 이슬람 수용 사례는 샤리아법의 도입이다. 샤리아(Sharia)는 이슬람 율법을 의미하는데 이 샤리아를 적용하는 법정이 현재 영국 사법제도의 일부로 공식 편입되었다. 2007년 8월에 무슬림 국제법원의 샤리아 재판소를 여는 법안이 통과되었다. 이 법안이 통과된 후에 2008년에 영국 런던(London), 버밍햄(Birmingham), 브래드포드(Bradford), 맨체스터(Manchester), 누네톤(Nuneaton), 워릭(Warwickshire), 글라스고(Glasgow)와 에딘버러(Edinburgh)에 샤리아 법정이 세워져서 증언 청취와 심문의 권한을 부여함으로써 이 법정의 판결에 법적 구속력을 허용했다. 2009년에는 영국 전역에서 85개의 샤리아 법정이 세워졌다.[61]

영국청소년위원회(Children's Commissioner) 부대표인 수(Sue Berelowitz)의 연구에 의하면, 2010년부터 2011년까지 14개월 동안 영국에서 2,409명의 소녀들이 아시안 조직폭력배들에 의하여 성폭력을 당했다고 보고되었다.[62] 영국에서 아시안 조직폭력배는 무슬림 조직폭력배를 의미한다. 옥스퍼드 주의 법원은 9명이 무슬림 조직폭력배들이 저지른 79번의 범죄 행위에 대하여 재판을 하였다. 그들은 2004년부터 2012년까지 11살에서 15살 사이의 어린 영국 소녀들 가운데 가정에 문제가 있는 소녀들에게 마약과

집단 성폭력을 행사하였으며 성매매를 강요하였다.[63]

2001년 9·11 테러 이후에 관심 대상으로 떠오른 무슬림은 세계적 테러 사건의 주동자가 되었다. 그 후 911일이 지난 2004년 3월 스페인 마드리드 열차 연쇄폭발로 190명이 사망하였다. 2005년 런던에서 4명의 테러범에 의하여 50여 명이 사망한 지하철, 버스 폭파 사건이 일어났다. 이들은 영국에서 태어나 교육받은 이른바 자생적 테러범들이었다. 런던 테러 이후에 4개월이 지나지 않아 프랑스 차량 약 9,000대가 불타는 소요사태가 발생했는데 대부분 북아프리카 이민자들이 주축이 되었다.[64] 런던 테러 1주년 무렵인 2006년 8월에 영국 무슬림 청년들의 여객기 공중폭파음모가 밝혀진 후에 유럽 각국은 테러에 대한 대책에 부심하고 있다.

위에 언급된 사건들은 모두 무슬림들에 의하여 이루어졌다. 9·11테러가 일어난 직후 가족을 잃은 한 여인이 들고 있던 피켓에 쓰인 글귀가 생각난다. "모든 무슬림이 테러리스트는 아니지만 모든 테러리스트는 무슬림이다."(not all Muslims are terrorists, but all terrorists are Muslims)

9·11 테러범들에 대한 내용이지만 실제로 전 세계에서 일어나는 테러의 약 80%는 무슬림들에 의하여 일어난다.

이슬람에서 일어나는 테러는 이슬람의 교리 가운데 구원관과 밀접한 관계를 가지고 있다. 이슬람에는 구원을 받는 방법이 4가지가 있다. 첫째, 숙명론에 의한 알라의 일방적인 선택(꾸란 9:51),[65] 둘째, 선행을 많이 하면 천국 가는 데 도움이 된다(꾸란 23:102-103; 101:6-9).[66] 셋째, 메카를 성지 순례하는 이들에게 천국에 갈 수 있는 가능성이 있다(꾸란 3:97).[67]

지금까지 언급한 3가지 구원에 관한 교리들은 모두 죽은 후에 심판대에 가서 알 수 있다. 그러나 네 번째의 경우에는 영생과 천국이 확실히 보장된다. 그 교리는 이슬람을 위한 전쟁 즉, 지하드(Jihad)에 참전했다가 순교하는 경우이다.

"그로 하여금 알라의 길에서 성전케 하여 내세를 위하여 현세의 생명을 바치도록 하라. 알라의 길에서 성전하는 자가 살해를 당하건 승리를 거두건 알라는 그에게 크나큰 보상을 주리라"(꾸란 4:74).

이슬람을 방어하거나 확장하는 지하드 전사는 반드시 천국에 간다.[68] 이러한 구절을 꾸란에서는 '칼의 구절'(Word of Sword)이라고 부른다. 그리고 이러한 내용이 꾸란에는 109구절이나 반복된다.[69] 따라서 이슬람에서의 지하드는 이슬람이 있는 곳에서 테러가 일어나는 끊임없는 원인이 된다.

얼마 전, 런던에서 일어난 테러의 주범들은 모두 영국에서 태어난 무슬림들이다. 그들은 대학교육을 받았으며 무슬림으로 영국에 정착한 2세들이었다. 그러나 영국 사회의 무슬림에 대한 편견과 취업의 장벽이 높자, 이에 불만을 가지고 이슬람 전사로 변해가는 것이다. 현재 영국에서 살고 있는 무슬림들 중에 지하드 전사가 되어 시리아의 내전에 반군으로 전쟁에 참여하는 영국 시민권자가 250명이나 된다.[70] 이들이 내전에서 돌아오면 전쟁을 경험한 테러리스트로서 성장하기에 영국 사회에서 공포의 대상이 되고 있다. 이것은 곧 한국의 경우에도 무슬림 사이에 태어난 자녀들이 한국사회에 적응하지 못할 때 잠재적 테러리스트가 될 수 있다는 교훈을 주고 있다. 스위스에서는 지난 2월 9일 스위스국민당(SVP)이 제안한 '이민제한법안'을 국민투표를 통하여 지지 50.3%로, 반대 49.7%를 이기고 근소한 차이로 통과시켰다.

국가 안보 차원에서 무슬림의 한국 유입에 신중해야 한다. "소 잃고 외양간 고친다."는 속담이 있듯이 우리도 지금부터 미리 준비히여야 한다. 무엇보다도 유럽의 다문화 사회를 교훈으로 삼아 이슬람 인구의 유입을 막을 수 있도록 최대한 노력하여야 할 것이다.

2) 한국 교회를 향한 간절한 부탁

현재 유럽과 미국에서 이슬람으로 개종하는 개종자들 중 80% 이상이 교회에 출석하던 기존 기독교인이라는 데 문제의 심각성이 있다.[71] 영어로 그들을 '백 슬라이딩 크리스천'(Back Sliding Christian)이라고 부른다. 2013년 5월에 영국의 수도 런던의 거리에서 부대로 들어가는 영국 군인이 길에서 참수당하는 사태가 일어났다.

영국 군인 릭비(Lee Rigby)를 죽였던 마이클 아데볼라요(Michael Adebolajo)는 2001년에 기독교에서 이슬람으로 개종하였으며, 공범자인 마이클 아데바웨일(Michael Adebowale)도 2005년에 이슬람으로 개종한 기독교인이었다. 그들은 영국에서 태어난 이민 2세로서 나이지리아인 기독교 가정에서 자라면서 교회를 나가다가 이슬람으로 개종하였다.[72] 유럽과 미국에서 기독교인이 이슬람으로 개종하는 동기를 알아볼 필요가 있다.

첫째, 이슬람은 그들의 믿음을 공격적으로 전파하고 있다. 서로에 대한 우정을 가지고 그들의 가족과 친구들 그리고 이웃을 향하여 이슬람을 전파하고 있다. 부모들은 자녀들에게 이슬람 방식의 옷을 입히고 학교에 보낸다. 기독교인들이 복음을 전하면 무슬림들은 담대하게 거절한다. 또한 이슬람 가정에서는 자녀들이 타락한 유럽 문화에 물들지 않게 하기 위하여 어린 시절부터 꾸란을 암송시킨다. 경제적 여유가 있는 가정은 이맘(imom)을 초대하여 꾸란 과외공부를 시킨다. 『타임』지에 의하면 영국의 무슬림 사라(Sara Ege)는 7살 아들이 꾸란을 암기하지 않는다고 하여 때려서 살해한 일이 있었다.[73]

둘째, 이슬람은 교리가 단순해서 이해하기가 쉽다. 기독교에 비하여 그 가르침이 단순하고, 의무를 감당하기 쉬운 것이다. 또한 이슬람은 기독교에 비하면 쉽게 접근할 수 있다. 예를 들어 기독교 교리(성육신, 그리스도의 속죄, 구속, 삼위일체, 원죄 등)처럼 어려운 내용이 없으며, 이슬람에서 말하는 알라는 합리적으로 나타난다. 믿는 것이 복잡하지 않다. 그래서 이슬람은 유대교와 기독교 다음에 나타난 종교로서 3대 종교 중에 정점을 이루고 있다.

셋째, 무슬림으로 개종하는 또 다른 이유는 공동체에 속하고 싶다는 욕구 때문이다. 유럽의 많은 가정들이 점차 전통적인 가정의 모습에서 탈피하고 있다. 영국의 경우에는 한 부모 가정이 200만 가정이나 된다.[74] 따라서 청소년들은 한 부모 가정에서는 느낄 수 없는 형제애를, 무슬림 공동체에서는 느끼고 있는 것이다. 또 서로의 문화를 확인하고 결속시킨다. 기도 시간이나 순례 기간 동안에 광범위한 영역의 사람들이 연합과 공동체를 이루는 것이 표면적으로나마 보이는 것이다. 슬프게도 이런 형제애가 교회에서는 막혀 있다.

넷째, 유럽은 이슬람의 지적 센터가 되었다. 많은 무슬림들이 유럽으로 유학을 온다. 그들은 이슬람을 전파하기 위한 신문과 잡지 수련회와 청소년 캠프를 열고 있다. 이슬람 원리주의자들을 대학교 캠퍼스에 동원하는 것이다. 무슬림 형제단, 자마트 이슬라미야, 타크피르 알 헤즈라(무역센터 폭파사건에 연루되어있다), 헤즈볼라(1983년 250명의 미군 해군을 죽인 자살폭탄테러에 관련되어 있다) 등 전문적인 학생조직에서 무슬림을 대상으로 동원이 일어나고 있는 것이다.[75] 또한, 그들은 사회적인 정의와 정치적인 정책, 그리고 세계를 향한 무슬림의 관심에 대한 여론을 조성하고 있다.[76]

한국의 개신교 인구는 1985년에 16%에서 1995년에 19.7%로 성장했다가 2005년 18.7%로 감소하기 시작했다. 2005년 정부가 시행한 인구주택조사 결과 개신교 인구는 870만(18.7%) 정도였다. 전문가들의 의견에 따라서 약간의 차이가 나겠지만 870만 중에 150-250만 정도를 이단으로 본다면 개신교인의 숫자는 2005년 기준으로 620-720만에 불과하다. 그러나 이 숫자마저도 한국 사회의 인구구조 변화(저출산, 고령화)와 기독교 자체의 부흥동력 상실, 그리고 교회 이미지의 실추로 더 떨어지고 있다. 2013년 5월에 한국기독교목회자 협의회에서 조사한, "2012년 한국인 종교생활과 의식조사" 결과에 따르면, 교회를 다니다가 나가지 않는 이유로 '목회자들에 대한 좋지 않은 이미지'(19.6%), '교인들이 배타적이고 이기적이어서'(17.7%), '헌금을 강조해서'(17.6%) 등의 응답이 많았다.[77]

이슬람은 교리적으로 성직자가 없다. 예배시간에 앞에 나와서 인도하는 이맘이나 쉬흐는 연장자가 하게 된다. 또한 이슬람에는 헌금이 없다. 이슬람의 교리 가운데 5행 중에 자카트(Zakat)가 있다. 이는 자기 수입의 2.5%를 떼어서 구제금에 사용하는 것이다. 꾸란에 언급된 구제금에는 이슬람 사원에 갖다 내는 항목이 없다.[78] 개인적으로 구제하는 데 사용하면 된다. 이 또한 강제성이 없기에 자유롭다. 이슬람에서의 예배는 어디에서나 하루에 5번씩 메카의 카바 신전을 향하기에 꼭 모스크에 가야 한다는 부담이 없다. 그런데 이슬람에서는 기독교의 하나님과 이슬람의 알라가 같은 하나님이라고 주장한다. 따라서 교회에서 상처받은 사람들이 똑같은 하나님을 섬기는데 부담이 없는 이슬람으로 개종할 가능성은 얼마든지 있다.

혹자는 경제적인 풍요로움으로 인하여 개신교 인구가 줄어든다고 한다. 그러나 사실이 아니다. 한국에서 종교 인구는 해마다 늘어가고 있다.

"실제로 지난 10년 동안 기독교가 쇠퇴할 때, 불교와 천주교는 성장했다. 2005년 통계를 기준으로 천주교는 186만 명(1985년 기준)에서 514만 명으로 성장했다. 불교는 1,072만 명으로 늘어났다. 심지어 이단들마저 성장했다. 무교(무속신앙)도 매년 40%씩 성장했다."[79]

개 교회가 건강해야 희망이 있다. 또한 주일학교에 전념하여야 한다.

"한 세대 전만 해도 주일학교 규모는 장년교인의 2-3배였다. 그런데 지금은 장년교인의 30%밖에 안 된다. 그마저도 10년마다 30%씩 줄고 있다. 이대로 30-40년이 지나면 한국교회 전체 주일학교 규모는 30-40만 명으로 줄어든다."[80]

교회관련 연구소에서 장년들을 대상으로 조사를 했다. 처음 교회에 나간 때가 주일학교라고 대답한 교인이 80%였다. 참고로 영국의 기독교 상황은 어떤가? 영국에서는 지난 30년 동안 5,000여 개의 교회가 문을 닫았다. 지금도 매주 4개씩 문을 닫고 있다.

지난 2000년 4월 16일 영국 일간지 『더 인디팬던트』(The Independent)에는 "영국 교회는 40년 이내에 사라진다"(The Church will be dead in 40 years)라는 기사가 실렸고, 영국성공회의 케리(George Carey) 주교는 2001년 9월 7일 "영국은 이제 선교지가 되었다."고 선언했다. 영국 전역에서 개신교회에 출석하는 인구를 200만 명으로 보는 통계도 있다. 가톨릭과 성공회를 모두 포함한 통계도 전체 인구의 7.5%인 430만 명에 불과하다. 1980년에서 2005년 사이에 140만 명이 교회 출석을 중단하였다. 이렇게 교인 30%가 감소했다는 것은 매주 1,100명의 교인들이 교회를 떠나는 일이 25년간 지속되었다는 것이다. 스코틀랜드의 42%, 웨일즈의 53%나 교인 출석이 감소했다. 위기의식을 느낀 영국교회는 무너져가는 교회의 현실을 직시하여, 1990년부터 10년 동안 전도특별기간으로 선포하고 전도에 총력을 기울였다. 그러나 그 기간 동안에도 75만 명의 교인이 줄었다. 현재 영국교회의 53%는 주일학교를 운영하지 못하고, 86%의 교회에 중고등부가 없다.[81] 교회가 내리막길을 걷는 동안 이슬람이 성장하고 있다.

이는 비단 유럽 교회만의 문제가 아니다. 중동은 과거 비잔틴 기독교제국이었으나, 지금은 이슬람 지역으로 바뀌었다. 유럽도 그 길을 따라가고 있는 것이다. 한국도 그 길을 따라가게 될 가능성이 얼마든지 있다. 기독교가 망하는 것이냐고 반문할지 모른다. 그러나 복음은 망하지 않는다. 전 세계 복음주의적 기독교는 이슬람보다 빠르게 성장하고 있다. 그러나 건강하지 않은 교회, 시대적 소명을 감당하지 못하는 교회는 사라진다. 또한 한국교회는 한국으로 이주하는 무슬림에 대해 적절한 선교적 노력을 기울여야 한다. 20만 명이 넘는 무슬림 공동체는 한국 안에서 미전도종족(unreach people)으로 소리 없이 성장하고 있다.

오스만 터키의 술레이만 대제(Suleyman the Magnificent)는 과거 비잔틴 제국의 영역을 모두 정복한 후에 유럽을 공략하였다. 1521년 베오그라드를 함락했고, 1523년 로도스 섬을 함락했으며, 1526년 헝가리를 함락시켰다. 1529년에는 오스트리아 빈이 포위를 당했다. 따라서 이러한 이슬람으로 인한 위기의식 가운데 종교개혁자들은 이슬람을 연구하였다.

제네바의 종교개혁자였던 칼빈은 1550년에 집필한 『데살로니가후서 주석』에서 "변절이 보다 널리 퍼졌도다! 무함마드가 변절자였음으로 그는 그리스도로부터 그의 추종자들과 터키인들에게로 돌아섰다. ……무함마드 분파는 격렬한 홍수와 같은데 그 폭력성으로 교회의 절반을 떼어갔다"[82]고 주장했다.

그는 데살로니가후서 2장 2절을 주해하면서, "무함마드가 배교자가 되어 그의 추종자들인 터키 족을 그리스도에게서 따돌리게 되자 이 배신이 더 넓게 확대되었다."[83]고 하였다. 칼빈은 그의 저서에서 무함마드는 거짓 선지자이고, 이슬람은 삼위일체를 부인하는 이단이라는 것을 분명히 하였다. 또 요한일서 4장 2절과 3절을 근거로[84] 예수님이 하나님의 아들로서 이 땅에 오신 것을 부정하는 이슬람은 기독교 이단이라고 주장하였다.

마르틴 루터(Martin Luther)는 오스만 터키인의 위협 즉, 이슬람의 위협을 하나님의 심판으로 보고 하나님 앞에 회개할 것을 사람들에게 촉구하였다. 1526-1529년 어간에 쓴 그의 글에 의하면, 무함마드는 하나님의 채찍과 진노이므로 무기로 대항하여 싸우기보다 고통을 감수하며 회개와 눈물과 기도로 싸우라고 권하였다.

"터키인들과는 교황과 그의 추종자들이 가르치는 육체적인 방식으로 싸워서는 안 되고……그들이야말로 그리스도인들이 고통을 감수해야 하거나 회개와 눈물고 기도로 싸우고 내몰아야 할 하나님의 채찍과 진노라는 것을 알아야 한다."[85]

또한 십자군의 이름으로, 또는 그리스도의 이름으로 수행되는 전쟁을 단호하게 거절하였다.[86] 루터가 무함마드와 꾸란을 비난하는 논점은 첫째, 악마가 무함마드를 교사하고 있기 때문에 꾸란은 악마의 작품이라는 것이고, 둘째, 이슬람의 확장은 전쟁의 결과라는 것이다.

이런 면에서 루터는 기독교의 반이슬람 논쟁자들의 반열에 서 있었다. 그에 의하면, 이슬람은 사탄의 세력으로서 기독교 신앙만이 아니라 하나님이 제정하신 모든 세속적인 질서도 파괴한다고 주장했다.[87]

필자는 이집트에서 6년간 사역을 한 뒤에는 영국에서 선교단체를 시작하였다. 영국에서 사역하는 16년 동안, 영국에서 일어나는 이슬람으로 인한 사회의 변화를 지켜보았다. 그리고 지난 8개월 동안 한국의 이슬람이 성장하는 것을 연구하면서 큰 위기감을 느꼈다.

이제 한국기독교는 초대교회의 원시적 복음으로 돌아가야 한다. 그리고 "그러므로 어디에서 떨어진 것을 생각하고 회개하여 처음 행위를 가지라 만일 그리하지 아니하고 회개치 아니하면 내가 네게 임하여 네 촛대를 그 자리에서 옮기리라."는 요한계시록 2장 5절을 기억해야 한다.

7장

무슬림과의 결혼, 어떻게 봐야 할것인가

 ISLAM

1. 이슬람의 여성관

오늘날 이슬람 세계는 너무 광범위하여 그 이슬람 여성의 특성을 논하기는 쉽지 않다. 공식적인 이슬람 국가는 57개국이지만 이슬람 여성들은 전 세계 184개국에 분포되어 있다.[1] 이슬람 국가들은 지리적 위치와 문화, 그리고 경제수준에 따라 다양한 차이를 보이고 있다. 또한 무슬림 여성의 위치와 이슬람의 여성관은 시대에 따라서 많은 변천을 겪어왔다. 이슬람 초기의 여성의 위치와 많은 자유를 누리는 현대 이슬람 여성은 분명히 차이가 있다.

│ 이슬람 신앙이 깊은 이들은 1살 여아에게도 히잡을 쓰도록 한다.

특히 오늘날 이슬람 각국에서 여성의 위치와 역할은 국가의 이념이나 경제발전 정도, 사회계층의 분포도, 사회 개방화 정도와 역사적 상황 등에 의하여 많이 좌우되고 있다. 그러나 이슬람 여성상에 대해서는 공통점이 있다. 그것은 이슬람이라는 종교가 무슬림 여성들의 생활방식과 태도에 크게 영향을 미치기 때문이다.

이슬람의 믿음과 행동의 중심은 꾸란과 하디스, 샤리아에 근거를 두고 있다. 따라서 이 세 가지에 근거하여 이슬람에서의 여성상을 밝히고자 한다.

1) 이슬람에서의 남자와 여자의 관계

이슬람에서는 남자와 여성의 공동창조를 믿는다. 남자, 여자가 창조된 이후에 공동으로 인간을 번식시켜왔다는 것을 믿는다.

"사람들이여 주님을 공경하라 한몸에서 너희를 창조하사 그로부터 배우자를 두어 그로 하여금 남녀가 풍성히 번성토록 하였노라"(꾸란 4:1).

따라서 이슬람에서는 남녀가 동등하다는 사실[2]을 꾸준하게 강조하고 있다.[3] 꾸란에는 남자든 여자든 선행을 잊지 않을 것이라는 구절도 있고[4] 남녀에게 동등한 권리를 규정한 구절도 있다(현대적인 페미니즘 연구들로부터 보았을 때).

하지만 꾸란에는 남자와 여자에 대한 엄격한 차별관이 계시되어 있다. 남녀에 대한 차별은 하디스에서 찾을 수 있다. 무함마드는 "여성에게 일을 맡기는 자는 결코 번성하지 못할 것이다."[5]라고 하였다. 이슬람에서 남녀의 차이를 구체적으로 살펴보면 다음과 같다.

첫째, 남자는 여자보다 우월하며, 여성을 지배하는 여성의 보호자이다.

"남성은 여성의 보호자라 이는 알라께서 여성들보다 강한 힘을 주었기 때문이라 남성은 여성을 그들의 모든 수단으로써 부양하나니 건전한 여성은 헌신적으로 남성을 따를 것이며……"(꾸란 4:34).

꾸란 2장 228절에도 다음과 같은 구절이 있다.

"여성과 남성이 똑같은 권리가 있으나 남성이 여성보다 위에 있나니 알라는 만사형통하시도다······."

이슬람의 종교적인 행위에 있어서도 남녀는 동등하지 않다. 여성은 남성과 떨어져서 모스크의 뒤쪽이나 혹은 2층의 분리된 장소에서 예배를 드린다. 여성이 뒤에서 기도하는 이유는 하디스에 표현되어 있다.

"만약 기도하는 사람이 개, 나귀, 여자를 넘어 키블라로 향해야 한다면, 이런 경우 개, 나귀, 여자는 기도하는 자를 방해한다."[6]

다른 하디스에 의하면, 기도 중에 개나 여자가 지나가면 그 기도는 무효가 된다.

둘째, 남녀 간의 상속에 차이가 있다.

"남자에게는 여자의 두 배에 달하는 몫이 차려지느니라. 그러나 둘 이상의 여자가 있을 경우는 유산의 3분의 2를 취하고 여자 하나만 있을 때는 절반을 얻게 되느니라"(꾸란 4:11).

상속받을 유산이 있을 경우에 남자는 여자에 비하여 두 배의 유산을 상속받는다. 이는 남성이 아내와 가족을 부양할 책임이 있기 때문에 가족부양의 책임이 없는 여성보다 더 많이 상속받아야 한다는 이유에서 비롯되었다.

셋째, 법정에서 증언을 할 때 두 여자의 증언이 한 남자의 증언과 동등하게 취급된다(꾸란 2:282). 이슬람법에 근거한 국가에서는 계약을 할 때, 두 명의 남성 또는 한 명의 남성과 두 명의 여성을 필요로 한다.

넷째, 여자가 남편에게 학대를 당하거나 버림을 받았을 때 여자는 남자에게 화해를 요청해야 하는데 남자는 그럴 의무를 가지고 있지 않다(꾸란 4:128). 이슬람에서는 동기야 상관없이 남자에게 이혼권을 주고 있다.

다섯째, 남자에게 여자가 순종해야 하며 남편의 명예를 지켜주어야 한다. 남편에게는 아내를 부양할 의무가 있는 반면, 아내에게는 남편에게 순종할 의무가 있다. 아내가 이러한 미덕을 저버리고 남편을 공경하지 않으면 충고하고 별거하고 처벌할 수 있다. 남자는 여자를 때릴 수 있는 권한을 가지고 있다.

"……품행이 단정치 못하다고 생각되는 여성에게는 먼저 충고를 하고 그다음으로는 잠자리를 같이하지 말 것이며 셋째로는 가볍게 때려줄 것이로다"(꾸란 4:34).

한국어 꾸란에 "가볍게 때려 주라"는 말은 아랍어 원어에는 '때려라'로 되어있다. 순종하지 않는 여자를 때릴 수 있는 권한이 남성에게 있다. 샤리아에서 이 구절은 아내가 남편에게 불복종했을 때 남편이 아내를 심하게 다룰 수 있는 '누슈즈'(nushuz)법으로 정착되었다. 하디스에는 남편이 아내와 살면서 행복하지 못했다면 여성은 천국에 들어갈 수 없다고 기록되어 있다.[7]

여섯째, 남성은 우월하기 때문에 여성은 남성의 성욕을 충족시켜야 한다. "여성들은 너희들이 가꾸어야 할 경작지와 같나니 너희가 원할 때 너희의 경작지로 가까이 가라 그리하여 씨를 뿌리되 너희 스스로를 위해 조심스러워야 하고"(꾸란 2:223).[8]

하디스에 의하면, 무함마드는 다음과 같이 말하였다.

"남편이 아내를 침대로 초대할 때 아내가 이를 거절한다면 남편은 그녀에 대하여 화를 품고 그날 저녁을 보내고 천사들은 아침까지 그녀를 저주한다."(Bukhari and Muslim)[9]

또한 무함마드는 "남편이 필요하여 아내를 부를 때 아내는 비록 빵을 만들기에 여념이 없다 하더라도 남편의 초청에 응해야 한다."(Tirmizi and Nisai)[10]고 했다. 심지어 여자가 천국 가는 조건 가운데 남성의 성생활을 만족시키는 것이 포함되어 있다.

이슬람에서의 여성은 남편에게 성적인 만족을 주는 동시에 자녀를 많이 낳을 것을 권장한다. 무함마드는 결혼하여 자녀를 낳지 않으려는 여자와의 결혼을 반대하면서 다음과 같이 말하였다.

"나는 여러분들로 하여금 자손을 번성하게 하여 이슬람의 세력을 튼튼하게 하려고 합니다"(Abu Dawood, Nisai and Hakim).[11]

일곱 번째, 여성은 남편에 의하여 언제든지 이혼이 가능하다. 남편은 "나는 너와 이혼한다."라는 단순한 문장을 세 번 되풀이함으로써 어떠한 설명이나 이유 없이 부인에게 이혼을 요구할 수 있다. 이것은 오늘날 '트리플 딸라크'(Triple talaq)라 부르며 이슬람 국가에서 행해지고 있다(꾸란 65:1-2). 현재 이슬람 국가에서의 가족법은 여성의 이혼권이 제한되어 있다. 남성들은 자신이 원하는 때에 부인과 이혼할 수 있는 반면에 여성들은 이혼을 하고 싶어도 이혼을 할 수 있는 방법이 없다. 또한 남자에게는 여자와 이혼의 이유를 말하지 않고도 이혼을 할 수 있는 자격이 주어져 있다(꾸란 2:224~230).

여덟 번째, 이슬람에서의 결혼은 사회적 의무일 뿐만 아니라 종교적 의무이기도 하다. 결혼은 당사자와 알라 간의 엄숙한 약속으로서, 그 의의를 말하면 개인이

| 베일을 쓰고 남편을 따라가는 아라비아 반도의 전형적인 무슬림 부부

종교적 의무의 절반에 해당한다. 따라서 결혼은 의무이기에 꾸란은 무슬림 여성들에게 결혼을 하라고 하며 독신은 수치로 여긴다. 금욕주의와 독

신주의는 이슬람 교리에 위반된다.[12] "너희들 가운데 독신자는 결혼할지어다"(꾸란 24:32), 결혼이 의무이기에 어린아이의 결혼도 금하지 않는다.

아홉 번째, 남자는 이 세상에서뿐만 아니라 죽은 후 천국에서도 눈이 크고 아름다운 여인들(Hur)이 보장이 되어 있다. 그 여인들은 알라가 천국에 오는 남성들의 쾌락을 위하여 창조한 여인들이다.[13] 그러나 꾸란은 천국에서 여자들에게 어떤 일이 일어날지에 대해서는 침묵하고 있다.

그렇다면 천국에서 남자를 기다리는 여인들은 이 세상에서 함께 살았던 부인일까? 그렇지 않다는 데 문제가 있다. 필자의 친구 가운데 이란인 친구가 있다. 그의 할아버지는 이란의 시아파 이맘이다. 그는 영국에 와서 더욱 강력한 무슬림이 되어 가고 있었다. 그는 기독교가 옳지 않은 것을 증명하기 위하여 신학교를 다녔을 정도였다. 그런데 어느 날 자기의 사랑하는 부인과 딸이 죽은 후에 천국에 갈 수 있는지에 대한 확신이 서지 않았다. 꾸란에서 말하는 여성의 구원은 남편에 대한 복종에 의해 가능한 것인데 천국에서 함께 살아야 할 여인은 다른 여인이고 부인에 대하여 침묵하고 있기 때문이다. 다시 말하면 일생 동안 무슬림으로 살아온 자기 부인과 딸에게 천국은 보장되어 있지 않았다. 이 부분에 대하여 깊은 고민을 하던 그는 이슬람을 떠난 후에 기독교 사역자가 되어서 이란인 교회를 개척하였고, 수백 명의 이란인들이 그의 교회에 출석하고 있다.

2) 명예살인

명예살인은 전 세계 이슬람 국가들과 유럽에 사는 이슬람 가정에서 행해지고 있다. 명예살인이란 가족 혹은 공동체의 명예를 더럽혔다는 이유로 가족 혹은 조직 내 구성원을 살인하는 행위를 말하며 명예를 지키기 위한 이유가 살인을 정당화할 수 있다는 명분으로 자행되는 것이다.

명예살인은 이슬람 문화에서 일어난다. 아랍어로 '명예'를 의미하는 단어 '샤라프'(sharaf)는 여성의 '정조'를 의미한다. 아랍세계에서 남성의 명예와 가문의 명예는 전적으로 가문 여성의 정절에 달려 있다는 의미이다. 명예살인은 그 대상이 대부분 여성이며, 여성의 섹슈얼리티를 통제하는 역할을 하고 있다. 남성의 명예를 유지하거나 회복하기 위해서 언제든지 목숨을 잃을 수 있는 소모품 정도로 여성을 치부하는 사고방식이 명예살인을 가능하게 하는 가장 중요한 이유이다.[14]

유엔인구활동기금(UNFPA)에 의하면, 오늘날 전 세계에서 무려 5,000명, 하루에 14명의 여성들이 명예살인에 의하여 희생되고 있다고 한다.[15]

이슬람에서 남성은 자신의 여성인 부인, 또는 딸들과 그들의 공간인 집을 외부로부터 지키는 것을 통하여 명예를 획득하며 사회적으로 상황에 따라서 요구되는 의무를 수행하여 공적인 명예를 지킬 것을 요구당한다. 여성은 기혼, 미혼을 불문하고 여성의 순결성을 잃으면 살해당한다. 여성을 살해하는 것은 그녀를 벌주기 위함이라기보다 가족의 체면을 유지하기 위한 것이다.[16]

명예살인에 대하여 이슬람법은 두 가지 태도를 가지고 있다. 첫째로 이슬람법은 간음에 대하여 형벌을 주는데, 결혼하지 않은 자가 했을 경우에 매를 때리고, 둘째로 결혼을 했거나 결혼을 앞두고 간통을 저질렀으면 샤리아법에 의하여 간통을 한 여성이 살해를 당해도 살인죄가 성립되지 않는다.[17]

간통죄에 대한 재판은 무함마드가 직접 실행하였다. 하디스에 의하면 "알라의 사도는 간통을 자백한 마이즈(Ma'iz)를 '돌로 치라'고 명령함으로써 사람들이 돌로 쳐 죽였으며, 함께 간통을 저지른 가메디아 여인(Ghamedian

Woman)도 동일하게 처형되었다." 하디스에 의하면 무함마드는 살아있을 때 마지막으로 행한 고별순례 때 다음과 같은 말을 하였다.

"여성 문제에 있어서 알라에 대한 너희의 의무를 유의하라. 알라는 그대들에게 아내들을 알라의 명령으로 맡겼기 때문이다……. 좋아하지 않는 누군가가 집안에 들어오지 못하도록 할 의무가 그대들에게 있다. 만일 아내들이 누군가의 출입을 허용했다면 그들에게 어떤 흔적을 남기지 않을 만큼 가벼운 체벌을 하라."18)

파키스탄 동부의 펀자브주에서 나지르 아메드는 의붓딸 무카다스(25세)의 목에 흉기를 찔러 숨지게 한 후에 부인 비비가 보는 앞에서 어린 세 명의 친딸 바노(8세), 수마이라(7세), 후마이라(4세)를 차례로 살해하였다. 비비는 원래 아메드의 형수였지만 남편이 사망한 이후에 이슬람 전통에 따라서 동생인 아메드와 재혼하였다. 다음 날 경찰에 체포된 아메드는 "어린 딸들이 자라나면 무카다스처럼 행동할 것으로 생각해서 없애버렸다"고 말하였다. 아메드는 결혼한 의붓딸이 부정을 저질러서 친정에 왔다고 생각했지만, 실제로 무카다스는 남편의 학대를 못 이겨서 친정으로 도망 온 것이었다. 파키스탄에서는 매년 수백 명의 여성들이 명예살인으로 죽고 있다.

명예살인의 또 다른 문제는 범죄를 저지른 남녀가 각기 다른 처벌을 받는다는 데 있다. 의심이 가는 행동을 한 여성은 살해당하지만, 그 여성을 간음한 남성은 법이 정하는 처벌을 받기보다는 '디야'(diyah)라고 불리는 보상금을 지불함으로써 무마된다.

명예살인의 발생 원인은 첫째, 중근동 지역의 가부장적인 사회 문화와 관습 때문에 시작되었다. 집안 여성에 대한 가족의 명예는 여성의 처녀성에 달려있다. 결혼하지 않은 여성이 처녀성을 잃었을 경우에 가족 전체의 명예가 실추되었다. 따라서 죄지은 여성을 처벌함으로써 회복되었던 것이다. 이러한 중근동 지역의 가치관이 오늘날 이슬람 사회의 가치관으로 연결되었다.

둘째, 명예살인은 가부장적 여성 억압의 구조적 문제이다. 이슬람 사회에서는 다양한 명예규범을 설정하여 당사자인 여성이 상황을 해명할 기회를 주지 않고 일방적으로 책임을 전가하여 살인을 당하게 된다. 이것은 여성인권에 대한 일방적인 처사이다.

셋째, 명예살인은 왜곡된 가치관과 부패한 인간의 마음에서 나온 것이다. 명예살인의 시행자가 남성다움의 상징으로 고려되는 것과, 지위 손실보다는 지위 이득을 가지고 온다는 왜곡된 가치관이 낳은 산물로서 인간의 부패한 마음에서 나온 것이다.

넷째, 이슬람에서 간통죄에 대한 처벌이 남성보다 여성에게 더욱 엄격하다. 이러한 명예살인에 대한 법 적용은 악순환을 되풀이할 것이다. 기독교에서는 남성과 여성의 간통죄에 대한 책임을 동등하게 취급하고 있음을 신약성경(마 5:27-30)을 통하여 알 수 있다.

3) 여성할례

여성할례는 여성성기 절단(Female Genital Mutilation)이다. 아프리카 및 중동 국가에서 이루어지고 있는 의식으로서 여성의 외부 생식기를 잘라내는 것을 말한다. 세계보건기구가 발표한 바에 따르면 여성할례는 아프리카와 중동의 28개국에서 행해지고 있으며 약 1억에서 1억 4천만 소녀들과 여성들이 할례를 받았으며 전 세계적으로 매일 6,000명의 소녀들이 할례 시술을 강요당하고 있다.

대부분의 소녀들과 여성들은 중동과 아프리카 28개국에 사는 이슬람 여성이며 필리핀 무슬림들과 인도와 말레이시아에 사는 무슬림들이 보편적으로 할례를 시행하고 있다. 여성할례는 유럽에서도 증가하고 있는데 이슬람권에서 이민 온 이들 가운데서 시행되고 있다. 영국에서는 1985년에 할례 금지 법안이 마련되었음에도 불구하고 법을 어기고 매년 1만 5천 명 이상의 소녀가 할례를 받고 있다.[19] 또한 UN은 1993년 빈 인권회의에서 여성할례를 명백한 인권침해로 규정했다.[20]

무함마드의 언행록인 하디스에는 여성할례에 대하여 32회 언급되어 있다.[21] 하디스에서 무함마드는 다음과 같이 말하였다.

"너희들이 할례를 한다면 너무 깊이, 곧 음핵까지 하지 마라. 왜냐하면 그것은 아내에게 유용한 것이고 남편에게 필요한 것이기 때문이다."

꾸란과 하디스에 무슬림 여성들에게 여성 할례를 금하는 구절은 찾을 수 없다. 할례하는 방식에는 4가지 방법이 있다. 여성의 할례는 남성의 할례처럼 포피만 절제되는 경우는 드물고 대부분 음핵이 제거된다. 첫째, 순나(Sunna)는 전통적인 할례 방법으로서 이슬람권에서 가장 '온전한' 방법으로 음핵을 덮고 있는 포피(prepuce)를 절개하며, 음핵의 일부 또는 전체가 제거된다. 둘째, 절개(Excision)는 대음순 전체를 포피와 음핵과 소음순을 부분적 또는 전체적으로 절개하는 것이다. 셋째, 질 봉합(Infibulation)은 포피와 대음순, 소음순, 전체 음순을 제거하고 음문의 양쪽 면을 실로 봉합하는 것이다. 이때 아주 작은 구멍만 남겨두고 소변과 생리가 나올 수 있도록 한다. 파라오식 할례라고 불리기도 하며 수단, 소말리아, 지부티 같은 나라에서 80-90%가 이 시술을 하고 있다. 넷째, 음핵이나 음순(Introcision)을 제거하거나 회음부, 즉 질에서 항문에 이르는 부위를 절개하여 질의 입구를 늘리는 극단적인 방법으로서 주로 아프리카 대륙 무슬림 사이에 이루어지고 있다.

여성할례의 가장 큰 문제점은 어린 소녀들이 자신의 몸을 보존하는 데 대한 결정권이 없을 때 어머니와 할머니에 의하여 강제로 행해진다는 것이다. 무엇보다도 다야(Daya)라는 전통적인 할례시술자가 병원이나 청결한 상황에서 수술하는 것이 아니라 아무런 안전조치 없이 면도칼이나 유리조각 등으로 불법시술을 하고 있어서 많은 여성이 수술 도중 정신적 충격을 받거나 감염되어 사망하기도 한다. 또 수술 중에 과도한 출혈로 사망하기도 한다.[22] WHO에 의하면 여성할례는 출산 시 산모의 사망 가능성을 높이고 사생아를 출산한 가능성을 높인다.

4) 일부다처제

중동의 민주화운동은 튀니지에서 시작되었다. 2010년 10월 23일, 튀니지 역사상 첫 민주선거가 이루어졌다. 투표율은 90%를 넘었다. 그만큼 국민들의 민주주의에 대한 열망이 높았다. 선거에서의 승리는 이슬람 온건주의를 표방한 엔나흐다 당이 집권을 하게 되었다. 영국 옥스퍼드대학에서 중동학을 연구하고 있는 모니카 마크스는 "튀니지 내에서 이슬람주의 정당이 집권을 하게 될 경우 일부다처제 금지나 낙태 권리 등을 인정해왔던 법안들이 뒤집힐 가능성이 있다."고 밝혔었는데 그 내용이 사실이 되었다.

선거에 승리를 거둔 엔나흐다 당은 일부다처를 지지하는 성명을 발표하였다. 리비아의 가다피가 죽은 후에 무스타파 압둘잘릴 과도국가평의회(NTC) 위원장은 "새로운 정부는 이슬람 율법에 따라 지배될 것"이라며 "이슬람 율법과 상충하는 일부다처제의 제한을 폐지해야 한다."고 하였다. 가다피 치하에는 부분적인 일부다처가 허용되었다. 첫 번째 아내의 허락이 있을 경우에 한해, 여러 아내를 둬야 하는 이유를 판사 앞에서 밝힌 뒤에야 일부다처제가 허용되었기 때문에 일부다처제를 전면 허용하겠다는 말과는 배치되었다. 그러나 리비아는 전면적인 일부다처제를 표방하였다. 이 발표와 함께 10월 28일 벵가지에서는 수백 명의 남성이 일부다처제를 허용하겠다는 압둘잘릴 위원장을 지지하는 시위를 벌이기도 했다. 일부다처는 그만큼 이슬람적이며 민주화와 더불어 양립할 수밖에 없는 주제이다.

꾸란은 일부다처제를 합법적으로 허용하고 있다.[23] 일부다처제가 허용된 것은 우후드(Ohud) 전투에서 많은 남성이 사망한 이후였다. 우후두 전투에서 700명의 무슬림 중에 70명이 사망하였다. 반면에 여성의 수는 급격하게 증가하였다(적군의 남자들이 사망함으로 인해). 따라서 미망인들과 포로를 돌보아 줄 성인 남자가 필요했기 때문에 일부다처가 제시되었다.

꾸란에서 일부다처제를 허용하는 구절을 보면 한 남자에게 4명의 부인을 허용하고 있다.[24] 그러나 여러 명의 부인을 데리고 살 경우에는 모두에게 공평하게 대우해야 한다는 전제가 있다. 무함마드는 아내를 편애하는 남편에게 다음과 같이 경고하고 있다.

"두 아내를 둔 남자가 한 아내를 편애하는 것은 여성에 대한 학대로서 부활의 날에 그의 몸은 반쪽이 기울어져 있을 것이다"(Ashab Sunan and Ibn Habban).[25]

모든 아내들을 공평하게 대해야 하려면 경제적인 뒷받침이 되어야 하기 때문에 일부다처제는 쉽지가 않다. 그럼에도 불구하고 전 세계 이슬람 인구 가운데 5-10%는 일부다처제를 시행하고 있다. 크레익 윈은 무함마드가 50세의 나이에 당시 6세였던 아이샤와 약혼을 하고 그녀가 9살이 되었을 때 정식으로 3번째 부인으로 삼은 것에 대하여 어린아이를 간음한 것이라고 비난하였다.[26] 무함마드는 생전에 13명 이상의 부인을 두었다. 이에 대하여 동양학자인 존 앙드레 모르는 무함마드가 여러 명의 첩을 두고 온갖 성욕을 만끽하면서 자신의 추종자들에게는 4명으로 부인을 제한한 것은 모순이라고 비난하였다.[27]

그렇다면 왜 무함마드가 이슬람의 법을 어기고 많은 부인들과 첩을 두었는가? 무함마드에게는 다음과 같이 계시가 내려왔기 때문이다.

"예언자여 실로 알라가 그대에게 허용하였나니 그대가 이미 지참금을 지불한 부인들 알라께서 전쟁의 포로로써 그대에게 부여한 자들로 그대의 오른손이 소유하고 있는 이들과 삼촌의 딸들과 고모의 딸들과 외삼촌의 딸들과"(꾸란 33:50).

우리는 이 내용을 통하여 무함마드가 알라의 계시를 사적인 욕망을 위하여 사용하였다는 것을 알 수 있다. 무함마드가 죽은 후에 9명의 부인들이 남았다.[28] 무슬림 여인들은 남편이 죽은 후에 4개월 10일이 지나면 재혼이 허락되었지만[29] 무함마드의 부인들에게는 꾸란의 계시로 인하여 재혼이 금지되었다.

이슬람에서는 무함마드의 행동을 무슬림의 모범으로 삼는다. 미성년자와의 성교는 오늘날 전 세계 나라에서 처벌을 받지만 무함마드를 선지자로 삼고 있는 이슬람 국가에서는 계속되고 있다.[30] 이슬람권에서 일부다처제를 법적으로 금지시키는 나라는 튀니지와 터키이며, 법정에서 허락해야 가능한 나라는 시리아, 이란 소말리아, 파키스탄이다.[31] 또 한 가지 꾸란에서는 전쟁으로 인한 여자 노예나 하인과의 결혼은 부인의 숫자에 들어가지 않는다(꾸란 4:24).[32]

유럽에서 무슬림 남성들의 일부다처제가 사회적인 문제로 등장하고 있다. 유럽의 대부분의 국가에서는 일부일처를 법적으로 허용하지만 유럽에 사는 무슬림들은 샤리아 법에 근거하여 일부다처를 하는 경우가 있다. 영국의 경우에 무슬림 천 명 이상이 일부다처제를 실행하고 있으며 그들 사이에서 태어난 1만 수천 명의 자녀들에게 정부보조금이 매년 수백만 파운드가 지불되고 있으며 모든 부인들에게 정부연금이 지불되고 있다.[33] 일부다처제는 일부일처 사회에서 문화적인 충돌이 되고 있다.

5) 베일

2015년 2월부터 프랑스에서는 베일(부르카)을 착용하는 무슬림 여성들에게는 한국 돈으로 약 23만 원의 벌금을 부과하는 법안이 통과되어 실행되고 있다. 프랑스의 국기는 빨강, 파랑, 하얀색으로 되어 있다. 이것은 자유, 평등, 박애를 상징한다. 그런데 무슬림 여성이 베일을 착용하는 것을 법으로 반대하는 것은 아이러니가 아닐 수 없다. 그만큼 이슬람의 문제가 프랑스에서 심각하다는 것을 반영한다고 볼 수 있다. 무슬림 여성들은 왜 다양한 종류의 베일을 착용하는 것일까? 꾸란에는 베일에 관하여 일곱 번 언급되어 있다. 예를 들면 다음과 같은 구절이 있다.

"예언자여 그대의 아내들과 딸들과 믿는 여성에게 베일을 쓰라고 이르라 그 때는 외출할 때니라. 그렇게 하는 것은 편리하고 간음되지 않도록 함이라"(꾸란 33:59).

"믿는 여성들에게 일러 가로되 그녀들의 시선을 낮추고 순결을 지키며 밖으로 나타나는 것 외에는 유혹하는 어떤 것도 보여서는 안되니라 그리고 가슴을 가리는 머리 수건을 써서……"(꾸란 24:31).

"너희 가정에서 머무르고 옛 무지의 시대처럼 장식하여 내보이지 말며"
(꾸란 33:33).

꾸란에서 베일에 대한 계시가 시작된 것은 무함마드가 부인들의 사생활을 보호하기 위해서였다. 그렇다면 언제부터 베일에 관한 꾸란의 계시가 임했던 것인가? 베일에 관한 첫 번째 계시는 다음과 같다.

"너희는 선지자의 부인으로부터 무엇을 요구할 때 가림새를 사이에 두고 하라 그렇게 함으로써 너희 마음과 선지자 부인들의 마음을 위해 순결한 것이라"(꾸란 33:53).

이 계시가 내려온 것은 A.D. 627년 무함마드가 자신의 양자의 부인이었던 자이납과 결혼식을 올리고 난 이후였다. 이 배경이 하디스의 기록에 잘 나타나 있다.
"무함마드가 자이납 빈트 자흐쉬와 결혼했을 때 이 계시가 처음으로 내렸다. 결혼을 하고 첫날이 밝았을 때 신랑 무함마드는 사람들을 결혼 피로연에 초대하였다. 초대받은 사람들이 와서 식사를 하고 무함마드와 긴 대화를 나누기 위하여 남은 사람들을 제외하고 모두 떠나갔다. 무함마드가 배웅을 하고 돌아왔을 때 모든 사람들이 떠난 줄 알았는데 아직 남아있는 사람들을 발견하였다. 이때 무함마드에게 베일에 대한 구절이 계시되었다."[34]
많은 이슬람 역사가들은 당대에 가장 아름다웠던 여인으로 자이납을 꼽는다. 자이납은 무함마드의 양자였던 자이드(Zaid)의 부인이었다. 어느 날 양아들 자이드의 집을 찾은 무함마드는 목욕을 마치고 옷을 갈아입는 자이납을 보고 사랑에 빠졌다. 평소에 남편을 경멸하던 자이납은 자이드와 이혼하였고 무함마드는 양아들의 부인, 즉 며느리 자이납과 결혼하였다. 당시에 무함마드의 나이는 58세였으며, 자이납은 35세 정도로 전해진다. 무함마드와 자이납의 결혼은 꾸란에 의하여 정당화되었다.[35] 베일에 대한 첫 번째 계시가 내려온 후에는 무함마드의 부인들이 베일을 착용하였다.

　무함마드가 부인들에게 베일을 쓰게 한 또 다른 이유가 있다. 무함마드가 메카를 탈출하여 메디나로 온 지 6년 되던 해에 무함마드와 함께 전쟁에 나갔던 그의 부인 아이샤가 전쟁이 끝나고 돌아오던 길에 조개 목걸이를 잃어버려서 이슬람 군대 대열과 떨어져서 길을 잃은 사건이 발생했다. 이때 아프완이라는 청년이 그녀를 발견하여 이슬람 군대에 합류하도록 도와주었다. 무함마드를 비난하던 사람들이 아이샤와 아프완이 불륜관계를 가졌을 것으로 보고 아이샤를 간통혐의로 고소하였다. 당시의 여성들은 길거리에서 남성들의 습격의 대상이 되었다. 무함마드의 부인들조차도 이런 위험에서 완전히 자유롭지 못하였다. 무함마드는 자신의 아내들을 지키는 방법이 무엇일지 고심하였다.[36] 따라서 무함마드 부인들을 지키기 위한 수단으로 베일 착용을 지시하게 되었다.

　그러나 그 후에 모든 무슬림 여성들에게 낯선 남자 앞에서 얼굴이나 손과 같이 꼭 드러내야 할 부분만을 제외하고 남성들을 유혹할 여지가 있는 어떤 것도 드러내지 말라는 꾸란 구절이 계시되었다.[37] 그러나 또 다른 꾸란 구절[38]에서 나타나듯이 무함마드가 살아있는 당시에는 나이든 여성에게는 베일이 의무화되지 않았다. 그러나 무함마드가 죽은 후에 무슬림 여성들도 베일을 착용하게 되었고 베일은 이슬람 문화의 상징이 되었다.

이슬람법인 샤리아는 모든 사람이 입어야 할 옷을 구체적인 모양으로 정하지 않았다.

그러나 옷의 기호에 대하여 다음과 같이 말하고 있다.

| 아시아 무슬림 학교의 이맘과 여학생들

"옷은 그들의 몸의 개인적인 부분을 완전히 가려야 한다. 몸이 비치는 재료로 만들어진 옷은 안 된다. 몸매가 드러나는 꽉 조이는 옷은 안 된다. 그러한 옷은 몸매를 드러냄으로써 성적 흥분을 일으킨다."

꾸란 24:31절에 근거한 샤리아는 일부 한정된 사람 즉 남편과 가족을 제외하고는 그들의 장식을 다른 사람에게 보이는 것을 허락하지 않는다. 또한 무슬림 여성이 베일착용을 거부하는 죄에 대해서는 다른 죄의 경우보다 더욱 엄격하다.

그 이유는 첫째, 다른 사람이 볼 수 있도록 공개적으로 저지르는 죄이기 때문이다. 둘째, 베일 착용을 거부하는 죄의 결과는 이 세상에서와 죽은 후에도 알라의 처벌을 받으며, 궁극적으로 사회 전체에 영향을 주기 때문이다.

이러한 것이 무슬림 여성들로 하여금 베일을 착용하도록 영향을 미친다. 여성의 베일은 명예를 존중하는 이슬람 사회

| 히잡 위에 가리개를 착용한 이바디파 (Ibadi) 무슬림 여성

에서 여성과 그 가족의 명예를 상징한다. 이슬람 사회에서 베일을 착용하지 않는 여성은 정숙하지 못한 여성으로 간주되어 불명예를 얻게 된다.

2004년 이후 매년 결혼하는 한국인의 10-14% 정도가 외국인 배우자를 선택한다. 2011년 3월 현재 한국인과 결혼해 국내에 머물고 있는 '국제결혼 비자 체류자'는 14만 3,000여 명이다. 이 가운데 인도네시아, 파키스탄, 우즈베키스탄 등 주요 11개 이슬람 국가 출신 무슬림만 4,150여 명에 이른다고 명지대 중동문제연구소에서는 분석하고 있다.

이제 한국 여인들이 무슬림 남성과 결혼하여 이슬람으로 개종하는 사례가 한국에서도 증가하고 있다. 한국에 무슬림 남성들이 정착하여 살아갈 때 결혼해야 할 대상은 무슬림 여성, 기독교 여성, 유대교 여성이 된다. 그러나 한국에서 무슬림 여성이나 유대인 여성을 찾기는 쉽지 않다. 따라서 기독교인 여성이 그들의 결혼 대상이 된다.

이러한 현실에 대하여 기독교인들은 이슬람의 여성관에 대한 올바른 지식을 가져야 한다. 누구든지 사랑하는 사람과 결혼하는 것은 자유이다. 그러나 무슬림과 결혼하는 여성은 단지 한 남자와 결혼하는 것이 아니라 이슬람 문화와 종교 속으로 들어가야 한다는 사실을 인식해야 한다.

최근에는 한국으로 공부하러 오는 이슬람 유학생들이 늘어가고 있다. 그들 가운데 이슬람 여성들도 있다.

기독교인으로서 선교 대상으로서의 이슬람 여성을 바라볼 때, 하나님은 무슬림을 사랑하시며 구원받기를 원하시기에 그들에게도 복음이 필요하다. 따라서 이슬람 종교에 나타난 이슬람 여성을 이해함으로써 무슬림 여성들에게도 다가갈 수 있어야 한다.

2. 기독교인과 무슬림의 교제와 결혼에 대한 조언

필자의 저서 『우리 곁에 다가온 이슬람』(생명의말씀사)이 출간되었을 때, 생명의말씀사 주최로 출판기념 세미나를 개최하였다. 출판기념 세미나에서 낯익은 얼굴이 보였다. 한국을 떠난 지 20년 만에 보는 학교 선배였다. 그녀는 신학대학교를 졸업하고 사역자로 살아왔다. 그런데 이슬람에 대하여 배우기 위하여 그 자리에 참석한 것이다. 휴식시간에 그녀가 다가왔다. 그동안 어떻게 지냈는지 설명을 들은 후에 왜 이슬람에 대하여 공부를 하게 되었느냐고 물었다. 필자의 바람은 그녀가 주변에 무슬림 여성들이 많아서 관심을 가지게 되었다든지 등등의 답변이었다. 그러나 그녀의 답변은 의외였다. 파키스탄 무슬림 남자와 교제하고 있는데, 곧 결혼을 한다는 것이었다. 따라서 이슬람을 배우려고 왔다고 했다. 필자는 다음 강의를 해야 했기에 더 깊은 얘기를 나눌 수 없었다. 결국 시간을 정해서 다시 만나기로 하였다. 그녀는 나의 연락처를 가지고 갔다. 필자는 그녀에게 꾸란에 나와 있는 이슬람 여성관과 이슬람권에서 사역 경험 후 얻은 무슬림과의 결혼생활에 대하여 이야기를 해주고 싶었다. 그러나 그 후로 그녀를 다시는 만날 수 없었다. 그녀로부터 연락이 오지 않았기 때문이다.

필자는 지난 25년 동안 중동, 영국, 한국에서 많은 기독교인과 무슬림 간의 대인관계를 옆에서 보아왔다. 여기에서 말하는 대인관계는 기독교인과 무슬림 사이의 교제나 결혼을 말하는 것이다. 필자가 본 대부분의 관계는 기독교인 여성과 무슬림 남성과의 관계였다. 필자가 지금부터 전개하는 내용은 무슬림과 결혼하려는 여성들에게 해주고 싶은 이야기이다. 반대로 무슬림 여성과 결혼하려는 기독교인 남성에게도 적용되는 이야기다. 무슬림들 모두가 그들의 배우자에게 똑같은 영향을 끼치리라고는 생각하지 않는다. 하지만 무슬림과의 교제나 결혼은 당사자뿐만 아니라 모든 가족에게 큰 영향을 미친다.

마크 가브리엘은 무슬림을 4종류로 구분한다.

첫째, 세속적인 무슬림(Secular Muslim)이다. 그들은 이슬람의 좋은 면을 믿지만 이름뿐인 무슬림이다. 아버지가 무슬림이기에 자연스럽게 무슬림으로 살아갈 뿐, 꾸란의 메세지에 순종하면서 살지는 않는다. 자기가 진정한 무슬림이라고 생각하지도 않지만 그렇다고 이슬람을 부정하지도 않는다. 대부분의 무슬림이 여기에 속한다.

둘째, 전통적인 무슬림(Traditional Muslim)이다. 이 유형은 두 종류가 있다. 하나는 이슬람을 공부하고 이슬람을 알지만 지하드를 영적인 전투 정도로만 생각한다. 또 하나는 지하드가 비무슬림들과 싸우는 것인 줄은 알지만 행동으로 옮기지 않는다.

셋째, 헌신적인 무슬림(Committed Muslim)이다. 이들은 이슬람의 율법대로 살아가려고 애를 쓴다. 하루에 다섯 번씩 기도하며 금식하며 자선기부를 한다. 이들은 급진적인 무슬림 단체에 가입하지는 않았지만 자신의 종교가 위협을 받는다면 언제든지 선을 넘어 급진파가 될 수 있다.

넷째, 원리주의 무슬림(Fundamentalist Muslim)이다. 이들은 테러리즘을 행하는 무슬림들이다. 간혹 긴 수염과 터번을 하고 있으며 언제든지 이슬람을 따라 사는 헌신적인 무슬림들이다. 우리는 급진적이라고 생각하지만 그들은 진정한 이슬람에 헌신하고 있다고 생각한다.[39]

어떤 부류의 무슬림과 결혼하느냐에 따라서 결혼생활의 유형도 다르게 나타날 것이다. 또한 중동의 무슬림과 동남아의 무슬림은 많이 다르다. 무슬림 각 개인의 성숙도는 더욱 차이가 난다. 그럼에도 불구하고 공통적인 것은 모든 무슬림의 삶에는 반드시 꾸란에서 시작된 이슬람 문화가 있고 그 문화권에서 받아온 영향이 존재한다는 것이다. 따라서 꾸란을 공부하고 그들의 문화를 알게 된다면, 우리는 '무슬림과의 결혼'이 갖는 의미를 더욱 깊이 이해할 수 있을 것이다.

이 주제에 대해 세 개의 논지를 다룰 것이다. 첫째, 기독교인으로서 무슬림과의 결혼에 대한 부정적인 결과들. 둘째, 무슬림에게 끌리는 이유. 셋째, 성경은 결혼에 대해 무엇을 말하는가에 대해서다. 따라서 이 글을 읽고 있는 독자가 지금 무슬림과 교제 중이거나 결혼한 상황이라면 혹은 그런 이들을 알고 있다면 반드시 앞으로 일어날 일에 대해 기도할 수 있기를 바란다.

1) 무슬림과의 결혼에 대한 부정적인 결과들

기독교인으로서 무슬림 자녀를 낳아줄 수는 있는가

꾸란 2장 221절에 의하면, 무슬림 여성은 무슬림 남성과 결혼해야 한다. 그러나 꾸란 2장 6절에 의하면 무슬림 남성은 무슬림 여성 그리고 성경의 백성들과 결혼할 수 있다. 여기에서 성경의 백성들이란 유대교인과 기독교인을 의미한다. 그러므로 무슬림 남성들은 반드시 무슬림 여성,[40] 유대인 여성, 기독교인 여성과만 결혼할 수 있다. 무신론자와는 결혼을 금한다는 것이다.[41]

현재 한국에는 유대인 여성이 거의 없다. 결혼 적령기가 된 무슬림 여성도 거의 없다. 결국 한국에서는 무슬림 남성이 결혼할 수 있는 대상이 기독교인 여성에게 집중된다는 것이나. 따라서 기독교인 여성이 무슬림 남성의 타겟이 된다. 이슬람법에 의하면 무슬림 남자가 기독교인 여성과 결혼하여 아기를 낳으면 그 아기는 무슬림이 된다.

중동의 이슬람 국가에는 주민등록에 종교란이 있는데 아기가 태어나면 아기의 아버지의 종교를 따라서 종교가 기재된다. 또한 자녀 양육에 대한 책임을 아버지가 감당한다. 이것이 이슬람 국가의 정책이다. 예수를 믿는 여자라도 무슬림 남자와 결혼을 하면 무슬림 자녀를 낳게 된다는 것이다. 기독교인으로서 무슬림 자녀를 낳아줄 수는 없지 않은가. 이슬람의 창시자인 무함마드가 태어나기 전 4세기 동안, 중동은 찬란한 비잔틴 기독교 제국이었다. 하지만 오늘날 중동의 인구 중 90% 이상은 무슬림이 되어버렸다. 이처럼 중동이 이슬람화된 원인 가운데 하나는 무슬림 남성들이 기독교 여성들과 결혼하여 무슬림 자녀들을 낳았기 때문일 것이다.

결혼 뒤에 숨겨진 의도들

A.D. 846년에 지리학자인 이븐 후르다드비(Ibn Khurdadbid)가 쓴 『도로 및 왕국들 안내서』(Kitab al-masalik wal-mamaik) 속에서 신라에 관한 글을 찾을 수 있다.

"중국 맨 끝에 신라라는 나라가 있는데, 금이 풍부하다. 이슬람이 이 나라에 상륙하면 그곳의 아름다움에 끌려서 영구히 정착하고 떠나려 하지 않는다."[42]

이는 약 1,200년 전 과거의 이야기만은 아니다. 현재도 한국에 들어온 무슬림들은 한국에 정착하여 살고 싶어 한다. 필자는 구로디지털단지 옆에 살고 있기에 종종 한국에 들어와 있는 무슬림들을 만난다. 얼마 전에 무슬림들과 커피숍에서 대화를 나누는 중에 한 체류자에게 질문을 했다. "고국으로 돌아가고 싶지 않느냐?" 그랬더니 재치 있는 답변이 돌아왔다. "한국은 천국 바로 아래에 있는 나라예요." 얼마나 웃었는지 모른다. 한국의 자연환경은 어느 이슬람 국가보다도 아름답고 샤리아법이 아닌 민주주의 법은 그들이 마음껏 자유를 누릴 수 있는 구조를 가지고 있다. 그리고 인권이라는 이름으로 외국인에 대한 대우가 갈수록 좋아지고 있다.

많은 무슬림 남자들은 한국 여성들과의 결혼으로 귀화하거나 영주권 혹은 시민권을 얻으려는 의도를 가지고 있다. 2013년 통계청 자료에 의하면 파키스탄인 남자들 99명이 한국인과 결혼하였다. 그런데 같은 해 통계에 55명이 이혼하였다. 방글라데시 남자들 25명이 한국 여자와 결혼하였는데 같은 해에 20명이 이혼하였다.[43] 이미 한국인 여성과 결혼한 사람들이 이혼을 한 것이다. 한국에 거주할 개인적인 목적을 이루기 위하여 결혼하는 것은 이슬람에서 합법적이다. 무함마드는 스스로 그러한 목적을 가진 채 첫 번째 부인 카디자(Khadija)와 결혼했기 때문이다. 그녀는 무함마드보다 15살 연상의 부유한 상인이었고, 무함마드는 한낱 부족원이었다. 하지만 그녀와 결혼함으로 무함마드는 하룻밤 사이에 공동체 내의 특권, 존경 그리고 권력을 얻었다.

이슬람의 도덕적 딜레마 가운데 가장 흥미로운 것은 바로 거짓말이 허용되는 경우이다. 이슬람의 대학자인 알 가잘리(Al-Ghazzali, 1058-1111)는 "거짓말이 그 자체로는 나쁘지 않다는 것을 알아야 한다. 만약 거짓말이 선한 결과를 얻기 위한 것이라면 그것은 허용될 수 있다. 만약 진실이 불쾌하고 나쁜 결과를 낳는다면 거짓말을 해야 한다."고 했다.[44]

이슬람에서 "여성을 설득하기 위하여 하는 거짓말은 허용된다."[45] 꾸란을 근거로 하여 거짓말이 허용되는 이슬람의 교리는 본래 시아파의 이함(Iham; 위장, 기만)이라는 교리였다.[46] 이 교리는 수니파에서도 타끼야(taqiyya)로 자리 잡았다. 따라서 무슬림과의 결혼 뒤에 숨겨진 의도를 파악할 수 있어야 한다.

이슬람 문화에서의 우선순위

대부분의 무슬림 문화는 가족 안에서 서열이 정해져 있다. 또한 부모와 형제를 중요하게 여긴다. 즉, 남자들이 가족으로부터 독립되어 있지 않다는 것이다. 자녀와 부모의 애착관계가 아주 강하다. 그들은 부모님이 돌아가실 때까지 부모님을 부양한다. 많은 경우, 장남이 결혼 후에도 부모님과 함께 산다. 심지어 부모님들이 아무리 연로하셔도 거의 양로원에 보내지 않는다. 만일 양로원에 보낼 경우에 가족들의 명예에 먹칠을 하게 된다. 맏며느리를 비롯하여 며느리들은 부모님을 집에 모시고 모든 필요를 돌봐드려야 한다. 또한 장남은 모든 동생들을 책임져야 한다. 마치 한국 조선시대의 남자들과 비슷한 문화를 가지고 있다.

무슬림 남성들이 가지고 있는 가치에 대한 우선순위는 다음과 같다. 먼저 그들의 자녀, 그다음으로 부모님, 그다음으로 형제들, 그다음으로 그들의 아내이다. 따라서 가족들이 모였을 때, 아내의 역할은 정해져 있다고 볼 수 있다.

남자와 여자의 관계

이슬람에서 남자는 여자보다 더 가치 있게 다루어진다. 남자와 여자 사이에 유산을 분배하는 데 있어서 꾸란은 다음과 같이 말한다.

"남자에게는 여자의 두 배가 되는 몫을 주어야 한다"(꾸란 4:11, 4:176).

무함마드의 언행록(하디스)에 의하면, 무함마드가 여자들에게 말하였다.

"'한 여자의 증언은 한 남자의 증언의 절반과 동등하지 않느냐?' 여자들이 말했다. '그렇습니다.' 무함마드는 말했다. '이는 여자의 지력이 부족하기 때문이다.'"[47)]

무슬림 남자에게 있어서 여자는 지력이 부족한 열등한 존재이다. 여성들은 생리기간에는 부정하게 간주되었고 무함마드는 그 기간 동안에 기도하거나 금식할 수 없다고 말했다. 이러한 예들은 기독교에서 매우 중요하게 여겨지는 평등이 이슬람에는 없다는 것을 알려준다. 따라서 여성은 대부분의 무슬림들이 고백하거나 인정하지는 않는다 하더라도 남성에게 속한 일부분으로 여겨진다. 이것이 사우디아라비아와 같은 엄격한 이슬람 국가에서 언제나 남자들이 부인과 나란히 걷지 않고 앞서 걸어가는 이유이다.

결혼생활 안에서 여성에 대한 대우

남성이 여성보다 더 중요하다는 사실을 기초로, 여성은 남성에 의해 지배당하고 학대당할 수 있다. 그리고 꾸란에 따르면 이는 합법적이다. 한 예로, 꾸란은 한 남자가 네 명의 아내까지 가질 수 있도록 허락한다. 아내에게 선을 지키게 하기 위해 아내를 때리는 것은 남편이 필요하다고 판단할 때 이루어질 수 있다. 또한 이혼은 남편이 제기하는 것만으로도 충분히 이루어진다. 네 명의 아내를 허용하는 종교적 명령(꾸란 4:3)은 한 남자와 한 여자가 결혼으로 하나 된다는 사상을 완전히 파괴한다. 결혼 첫날조차도 여성에게 주는 메시지는 "당신은 언제든지 다른 여자로 대체될 수 있다."는 것이다. 무슬림 아내의 마음에는 항상 두려움과 불신이 존재하며, 남편이 다른 여자와 결혼하지 않는다면 남편의 성실함에 감사할 뿐이다.[48]

꾸란에서 합법적으로 여자를 때릴 수 있는 권한이 남편에게 있다. '불순종하는 아내에 대한 남편의 권리'로 규정되어 있다. 꾸란 만이 아니라 하디스에서 무함마드는 "남편이 자기 아내를 때릴 때, 왜 때리냐고 물어서는 안된다."[49]라고 명시되어 있다. 그리고 남편이 귀가 했을 때, 아내는 남편의 성적인 요구를 채워주기 위해 자리에 있지 않는 것은 중대한 범죄에 해당된다. 무함마드가 말했다 "한 남자가 자기 아내에게 동침할 것을 권하는데 아내가 남편에게 오기를 거부하면 천사들이 아침까지 그녀에게 저주를 보낸다."[50]

이혼에 대해 꾸란은 남성에게만 다음과 같이 말한다. "여성과 동침하기 전 또는 여성에게 지참금을 결정하기 전에는 이혼을 하여도 죄악이 아니니 그녀들에게 합당한 선물을 하라"(꾸란 2:236) 사실, 꾸란에 의하면 무슬림 남자는 아내에 대해 사소한 불만만으로도 이혼할 수 있다. 이혼을 위해 그가 해야 할 일은 "난 당신과 이혼한다."[51]라고 세 번 외치는 게 전부이다. 이것을 아랍어로 탈라크(Talaq)라고 한다. 그러나 여자는 남자에게 이혼을 요구할 권한이 없다.

배우자와 자식들에게 이슬람 강요하기

한국이나 서양 여성들과 교제 중에는 개방적이고 자유로웠던 대부분의 무슬림 남성들은 결혼 후 고집스러운 무슬림 남편으로 변한다. 특히 그들 사이에 아이가 있으면 더욱 그렇다. 무슬림 남편들은 더 이상 아내가 '부도덕'한 방법으로 옷을 입는 것을 허락하지 않는다. 그 옷차림이 기독교인들의 기준으로 볼 때는 아주 온건한데도 그렇다. 남편은 아내가 무슬림식으로 옷 입기를 바란다. 그것은 그녀의 얼굴, 적어도 머리를 가리는 것을 의미한다. 또한 머리부터 발끝까지 그들의 살 전체를 가리기를 바란다. 이어 이슬람으로 개종하라는 엄청난 압박이 여성에게 가해진다.

일부 남편들은 교육이라는 방법을 사용하여 반기독교적이고 친이슬람적인 모든 종류의 글들을 아내에게 제공하기 시작한다. 그리고 부부 사이에 아이가 생기면, 그들의 무슬림 아버지는 어떠한 대가를 치르더라도 아이들을 무슬림으로 만든다. 이슬람에서 출산은 이슬람 신앙 확산의 한 방법이기 때문이다. 무슬림들은 다음과 같은 격언을 가지고 있다.

"당신이 이슬람을 포교할 수 없다면, 자식을 낳아라."

또한 이슬람들은 예수님에 대하여 반기독교적 성향을 나타내므로, 오직 기적만이 무슬림 남편과의 사이에서 얻은 아이들로 하여금 아버지의 의지에 반하여 예수 그리스도를 구주로 받아들이도록 할 수 있다.

과거 중동은 비잔틴 기독교 지역이었다. 비잔틴 기독교의 5교구는 알렉산드리아, 예루살렘, 콘스탄티노플, 안디옥, 그리고 로마였다. 그런데 오늘날 로마를 제외하고 모두 이슬람권이 되었다. 이슬람이 그 지역을 장악할 수 있었던 이유 가운데 하나가 바로 기독교인 여성들과 결혼하여 무슬림 자녀를 낳게 함으로써 시간이 지남에 따라서 이슬람화된 것이다.

남자가 절대적 지배자이다

가장 존경받는 이슬람 학자인 이맘 가잘리(Ghazali, 1058-1111)는 무슬림의 결혼에 대하여 다음과 같이 말하였다.

"결혼은 일종의 노예제도이다. 여성은 남성의 노예이다. 그러므로 남편이 요구하는 모든 것에 있어서 남편에게 절대복종하는 것이 아내의 의무이다. 죽음의 순간에 자기 남편으로부터 완전히 인정받는 여성은 낙원에 들어갈 것이다."[52]

기독교에서 남편은 아내의 머리가 된다. 이슬람에서 남편은 절대적 지배자이자 주인이다. 머리와 주인은 다르다. 머리는 인도하나, 주인은 명령한다. 머리는 다른 일원들과 상의하고 긴밀히 협조하나, 주인은 아무하고도 상의하지 않으며 언제나 독단적으로 행동한다. 머리는 비록 인도하기는 하나, 신체의 일부로서 자신을 바라본다. 반면 주인은 자신을 완전히 독립된 개체로 여긴다. 이슬람에서 남편은 모든 일에서 처음이자 마지막

이 된다. 여성은 의무적으로 남편을 따라야 하며, 더 나쁜 점은 그녀의 열등감을 이유로 남편을 따라야 한다는 것이다.

따라서 당신의 무슬림 친구를 사랑의 눈길로 바라보기 전에, 앞서 이야기한 것들이 그와 이어갈 매일매일의 결혼 생활에서 겪게 될 일이라는 것을 기억하라. 여성에 대한 무함마드의 견해는 불행하게도 매우 노골적이다. 무함마드는 '밤하늘의 여행' 기간 동안에 천국과 지옥을 방문하고 나서 다음과 같이 말하였다.

"나는 낙원 안을 들여다보고 그 안에 사는 이들의 대다수는 가난한 사람이라는 사실을 발견하였다. 그리고 나서 지옥 불을 들여다보고 그 안에 사는 이들의 대다수는 여자들이라는 사실을 발견하였다."[53]

가족보다 일이 우선

이슬람에서는 명예를 가장 중요하게 여긴다. 따라서 자신과 가문의 명예를 위하여 대부분의 무슬림 남자들은 일중독이다. 삶의 발전을 이루어 동료들 사이에서 자랑하고, 이를 통해 명예를 높이고 자존심을 세우려는 이유에서이다. 또 다른 이유는 욕심, 부를 축적하려는 욕망 때문이다. 그리고 아내와의 소통이 없다는 것을 그 이유로 들 수 있다. 그에게 아내는 그저 집을 지키는 사람이자 아이들의 어머니일 뿐, 친구나 사랑하는 사람이 아니다. 이집트에서 살면서 필자는 무슬림 친구들이 아내에게 사랑한다는 말을 하지 않는다는 것을 발견했다.

이집트어로 "나는 당신을 사랑한다."는 말은 '아나 바헤박'(Ana Bahebak)이다. 다섯 글자밖에 안 된다. 그런데도 그들은 남편이 부인에게 그런 말을 한다는 것을 부끄러워한다. 따라서 그는 집에 빨리 돌아가려고 노력하지 않으며 이른 아침에서부터 늦은 저녁까지 일을 하거나 친구들과 어울리는

데 아무런 문제도 느끼지 못한다. 따라서 생업을 이유로 아내와 아이들을 무시하는 행위는 이슬람에서 허용되는 것이며, 무슬림 아내들은 이에 대해 불평할 수 없다. 만약 불평한다면, 그 자신이 가족들과 사회구성원들에게 나쁜 여자로 낙인찍히기 때문이다.

혼외 성적 탐닉을 즐길 자유

이슬람은 남자들이 결혼생활 외에서 그들의 욕정을 채울 수 있는 자유가 있다는 사실을 숨기지 않는다. 따라서 결혼한 남자라도 집에 아내와 아이들을 놓아둔 채 친구들과 밤에 놀러 다닐 수 있다. 그리고 비록 이슬람 안에서도 간통은 비난받을 만한 일이지만, 남자들은 여자들하고 자유롭게 지낼 수 있으며 그저 알라에게 용서를 구하기만 하면 된다.

필자는 이집트에서 아랍어를 배우던 시절을 여전히 기억한다. 아랍어를 배우기 위하여 공항 근처의 집을 알아보러 다녔다. 그런데 많은 아파트에는 사우디와 쿠웨이트에서 온 친구들이 있었고, 이들의 냉장고에는 무수한 위스키들이 있었으며, 밤마다 여자들과 파티를 하는 것을 보았다. 내가 그들에게 그들의 생활이 이슬람 신앙과 상충되지 않느냐고 묻자, 그들은 놀라운 대답을 했다. 자신들이 젊고 생물학적인 욕구가 있기 때문에, 또 서양 사회가 계속해서 유혹에 빠질 상황을 주고 있기 때문에, 알라도 이해하고 용서할 것이라는 것이었다. 또한, 그들은 자기 나라로 돌아가면, 엄격한 무슬림 율법에 따라 살 것이라고 했다. 이는 미혼 무슬림 남성뿐 아니라 기혼 무슬림 남성에게도 마찬가지인 사실이다.

사실, 시아파 무슬림들 시이에는 '무타결혼'(moutaa mariage, 아랍어로 즐기기 위한 결혼)이라고 불리는 것이 있다. 결혼한 남자가 욕정을 품고 한 여자를 바라본다면, 그는 단지 몇 시간, 몇 주 등 그가 원하는 짧은 기간 동안만 그녀와 결혼할 수 있다.

이 결혼은 시한부 결혼으로서 꾸란 4장 24절[54]에 시한부 결혼에 대한 정당성을 부여하고 있다. 이는 남자의 정욕을 채우는 목적을 가지고 있을 뿐이다. 종교라는 이름 아래 이를 허가하고 있다.

또한 '현지처와 혼인'(Misyar, 미싸야르)이라고 불리는 시한부 결혼도 있다. 이는 여행하는 동안 남성들의 성욕을 만족시키기 위하여 만들어진 개념이다.[55] 이 결혼은 남자가 자신이 즐길 만큼 즐기고 난 후 아무런 책임감 없이 결혼만큼이나 빨리 이혼해도 되도록 합법적으로 보장해주고 있다. 이는 결혼이라고 불리기는 하나, 결혼관계에서 필요한 어떠한 책임도 어떠한 장기적 약속도 없다. 순전히 육체적 정욕의 기쁨을 위한 것이다. 이슬람 스스로 정욕에 대한 어떠한 내적 저항심도 키우도록 돕지 않는다는 점에서 전혀 이상한 것이 아니며, 일부 무슬림 종파에서는 종교라는 이름 아래 이를 허가하고 있다.

우리는 무슬림들이 공적으로 믿는 것과 그들이 사적으로 행하는 것이 다를 수 있다는 점을 짚고 넘어가야 한다. 여기서 말하고자 하는 것은 무슬림 남성들의 실질적인 행위이다. 공평히 말하자면, 아주 소수의 무슬림만이 도덕적인 삶을 열망하고, 신을 기쁘게 하기 위해 엄격한 종교적 율법을 따른다. 그러나 이들은 말 그대로 극소수일 뿐이다. 이들마저도 엄격한 종교적 법률에 근거하여 이러한 행위를 하는 것이므로 이는 기독교의 가르침과 상충할 것이 분명하다.

따라서 젊은 기독교 여성들이여, 만약 당신의 남편이 당신에게는 이슬람의 무거운 법률 멍에를 지우면서 자신의 욕정은 종교적 이유로 정당화시키기를 원한다면, 무슬림과 결혼하라.

2) 무슬림에게 끌리는 이유

나와 다름에 대한 매력

많은 서양이나 한국 기독교인들이 무슬림에게 끌리는 이유는 다른 배경의 사람들과 어울린다는 즐거움 때문이다. 그들의 '독특한' 발음과 한국 사람하고는 다르게 생긴 외모에 매력을 느낀다. 이러한 독특함은 사람을 강하게 끌어당긴다. 어떤 이들은 다른 문화와 종교를 경험한다는 점에 끌리는 것처럼 보이기도 한다. 아니면 세상에 존재하는 다른 사람들에 대해 알기 원하는 욕망 때문이기도 하다. 그

| 동남아 무슬림 여성. 세계 무슬림 인구의 3분의 2가 아시아에 살고 있다.

러나 실제 생활에서는 다른 문화권에서 온 이성과 감정적으로 엮이지 않고서도 다른 문화적 배경 및 종교적 배경을 가진 동성 친구들을 통해 다른 문화와 종교를 잘 배울 수 있다. 사실 연애에 있어서 나와 다르다는 것은 매력으로 다가온다.

그러나 결혼생활은 다르다. 다르면 다른 만큼 힘들고 아프다. 서로가 서로를 이해하지 못하는 데서 오는 외로움은 혼자 있을 때의 외로움과 다른 아픔을 수반한다. 다르기 때문에 매력을 느꼈는데 그 다름 때문에 고통을 느끼는 것이다. 중매결혼과 연애결혼 가운데 중매결혼이 이혼율이 낮은 이유가 여기에 있다. 중매는 서로의 수준과 문화를 고려하여 이어주지만 연애는 그렇지 않다. 따라서 문화의 차이가 크면 클수록 현실적인 결혼생활의 거리도 멀어진다. 문화의 차이가 이 정도인데 종교까지 다른 배경을

가진 사람에게 끌려서 결혼했다면, 그리고 자신이 실수를 저질렀다는 사실을 알게 되면 그들을 사로잡았던 문화적,종교적 차이는 감당할 수 없는 무게의 짐으로 다가올 수 있다.

신사적인 행동

대부분의 무슬림 남성들은 교제 초기에는 여성들에게 이례적으로 잘 대해준다. 그들은 여성에게 온갖 로맨틱한 말들을 한다. 계속적인 칭찬으로 아부하면서, 옳은 말과 옳은 행동만 한다. 그들은 여성을 위해 문을 열어주고, 꽃과 선물을 사주며, 여성들이 교제할 때 받기 원하는 모든 작은 것들을 해준다. 만약 재력이 뒷받침된다면, 그녀가 필요할 때마다 돈을 주기도 한다.

이러한 로맨스, 달콤한 말들, 그리고 좋은 대우와 관대함은 무슬림 남성에게 빠진 모든 여성들을 유혹한다. 그러나 간과하지 말아야 할 것은 많은 무슬림 남자들이 여성들에게 무엇을 얻어내고자 할 때 이런 행동을 한다는 것이다. 더욱이, 그 무슬림 남자는 전 여자친구들에게도 그가 원하는 것을 얻기 전까지는 똑같이 좋은 대접을 해주었을 것이다. 따라서 그들이 당신에게만 잘 대해준다고 생각하면 오산이다, 젊은 여성들이여! 많은 경우, 이러한 대접은 완전히 거짓된 것이다.

필자에게는 구원받기 전 대학시절 사우디아라비아에서 온 친구가 있었다. 그는 미국인 여자친구들 앞에서는 좋은 말로 그녀들에게 추파를 던졌지만, 아랍어를 사용하는 여성들끼리 있을 땐 가장 추악하고 더러운 아랍어를 사용하였다.

이러한 개인적인 경험이 모든 무슬림 남자들이 서양 여성을 그런 식으로 대한다는 것은 아니다. 그러나 극히 일부의 사람만이 여성을 신실하게 사랑한다고 말할 수 있을 것이며, 한 가지 확실한 것은 좋은 대우가 계속 이어지지는 않을 것이라는 점이다. 필자는 무슬림 남자의 언변과 대우에 넘어가 결혼한 한 성실한 기독교 여성을 알고 있다. 결혼 후 모든 것이 바뀌었고, 그녀는 남편의 상냥한 말투와 대우가 그가 매력을 느끼는 여성에게는 모두 적용된다는 것을 알게 되었다. 무슬림 남성은 당신에게 매력을 느낄 수도 있겠으나 그것은 정욕에 묶여 있는 관심이다. 따라서 당신은 스스로에게 물어보아야 한다. 이런 남편과 당신의 모든 인생을 함께하며 아이를 낳고 싶은지를……

반항심

방송에서 이슬람 강의를 한 것이 계기가 되어 기독교인이었다가 이슬람으로 개종한 여성들과 상담을 한 적이 있다.

한번은 군인들을 대상으로 목회하는 군목의 딸로 태어나 아버지의 위선적인 모습과 이중적인 태도에 반감을 품고 이슬람으로 개종하여 무슬림 남자와 결혼한 여인을 만났다. 그녀와 같이 일부 기독교인들은 반항심에서 무슬림과 만난다. 기독교인 부모 아래에서 살면서 부모님의 위선적인 모습에 실망한 한 자매는 부모에 대한 반항으로 무슬림 남자와 결혼을 하고 심히 후회한 경우를 보았다. 그들은 무엇이 옳은지도 알지만 무엇을 해야 하는지 남들에게 듣기를 원치 않는다. 심지어 그것이 올바른 조언이나 충고여도 그렇다. 그들은 스스로 상황을 해결할 수 있을 것이라고 생각하며, 그들이 무엇을 하고 있는지 알고 있다고 생각한다. 그들은 스스로 상황을 통제할 수 있다고 믿으며, 그들을 향한 비판은 성낭하지 못하다고 생각한다.

특별히 그들은 비판하는 사람들보다 그들의 무슬림 친구들이 더 나은 사람이라고 생각한다. 그들은 '사랑을 통해' 모든 것이 해결될 것이고, 심지어 그들이 함께 있는 것은 '하나님의 인도하심'에 따른 것이라고 생각한다. 하지만 필자는 하나님에 대한 반역이 막대한 피해를 가져오며 그 대가를 톡톡히 치르는 것을 보았다. 다시 한 번 생각하고 너무 늦기 전에 현명해져야 한다. 일부 반역은 모든 방면에서 하나님을 거스르며 그들의 무슬림 친구와 간음을 행하기도 하는데, 결혼을 속히 진행하기 위해서이다. 하지만 그들은 위에서 말한 모든 부정적인 사건들이 결혼 후에 그들을 덮칠 것이라는 점을 알지 못한다.

어떠한 무슬림도 도덕적으로 '값 싼' 여성을 쉽게 받아들이지 않기 때문이다. 이는 무슬림의 문화적 가치 안에 뿌리 깊게 자리 잡고 있는 것이다. 이는 달갑지 않은 악몽처럼 나타나 당신을 수년 동안 괴롭힐 것이다. 육신의 정욕과 반역은 지옥 같은 결혼생활로 이어질 뿐이다.

외로움과 결혼에 대한 압박

일부 기독교 여성들은 단순히 외롭다는 이유로 무슬림에게 끌린다. 다른 이들은 "눈앞에 있는 배를 놓치지 않아야 한다."라는 사회적 압박 및 신체적 압박을 느낀다. 당신은 반드시 하나님을 믿어야 하며 그를 기다려야 한다.

무슬림이 당신이 제공받은 유일한 선택지라고 하더라도, 그와 결혼해야 할 이유는 될 수 없다. 배를 놓칠 수 없어 무슬림과 결혼한다는 사람은 후에 자신이 타이타닉에 탔다는 사실을 발견하게 될 것이다. 하나님은 느리게 일하시는 것 같지만, 당신이 하나님을 끝까지 신뢰한다면, 하나님은 절대 늦지 않으신다. 더욱이, 혼자서 하나님을 섬기는 것이 무슬림 배우자로 인해 하나님을 섬기지 못하는 것보다 훨씬 낫다. 우선순위를 똑바로 세우고 먼저 하나님의 나라와 그 의를 구해야 한다.

불안과 부정적 자아상

일부 기독교인들은 자신에 대한 부정적인 자아상과 불안에 의한 고통으로 무슬림과 결혼한다. 이러한 상황은 그들을 향한 하나님의 사랑을 의심하게 만들며, 하나님이 그들을 향해 가장 좋은 것으로 준비하고 계신다는 사실을 믿지 못하게 한다. 당신은 하나님이 당신을 무엇보다도 사랑하시고, 당신이 풍요로운 삶을 살기 원하신다는 사실을 믿어야 한다. 하나님은 당신을 위한 최선을 준비하고 계시며, 당신이 최대한의 영적 잠재력을 발현하여 살기를 원하신다.

어떠한 상황이 당신을 속이든, 하나님이 당신을 무엇보다도 사랑하신다는 사실은 변하지 않는다. 당신은 하나님의 눈에 넣어도 아프지 않은 자식이다. 그리고 하나님의 계획은 당신이 무슬림과 결혼하여 하나님에게서 멀어지는 상황을 포함하지 않는다. 하나님은 당신이 그를 더 많이 알기를 원하신다. 하나님은 당신의 구원을 위해 최선의 것을 베푸신다. 그런데 어떻게 하나님이 당신을 위한 좋은 기독교인 배우자를 주지 않으실 수 있겠는가.

복음전파를 위한 목적

필자는 이 항목을 가장 마지막까지 남겨두었는데, 기독교인들 특히 기독교 여성들이 다른 성(性)의 무슬림들에게 끌리는 가장 일반적인 이유일 수 있기 때문이다.

무슬림 남자들은 믿음을 고백하는 훌륭한 기독교 여성들에게 쉽게 관심을 표출한다. 그들은 진정으로 기독교적 믿음을 받아들이는 것처럼 "보이

기도" 한다. 일부는 공적으로 신앙고백을 하며 예수님을 구주로 받아들이기도 한다.

그러나 이는 기독교인 여자 친구를 기쁘게 하기 위한 것일 뿐이다. 많은 경우, 그것은 개종한 척하는 것일 뿐 진정한 개종은 아니다. 무슬림이 진정으로 믿음을 받아들인다면, 그는 예수님에 대해서만 생각하고 말하며, 새로이 발견한 예수님과의 관계를 다른 어떤 관계보다 중요하게 여기게 된다.

진정으로 돌아온 무슬림들은 다른 기독교인들보다 더 믿음에 열정적이게 된다. 특별히 그 여자 친구보다 더 열정적이게 된다. 그리고 성경의 가르침을 배우기 시작하면, 그들의 여자 친구가 성경의 엄격한 기준을 무시하고 육에 속한 바를 따랐다는 점에 대해 충격을 받는다. 또한 그들은 기독교인들이 육체적인 이성친구 관계를 수용한다는 점을 어떻게 받아들여야 하는지에 대해 심각하게 고민하게 되며, 특별히 기독교인 여자 친구가 과거의 자신처럼 믿지 않는 사람들과 관계를 맺는 것에 대해 괴로워한다.

따라서 그와 맺었던 반성경적 관계는 그 무슬림이 완전히 개종했다면, 당신에게 오히려 역효과를 일으킬 것이다. 따라서 젊은 여성들이여, 만약 그가 당신을 하나님보다 우선시한다면, 그는 진정으로 개종한 것이 아니며, 마치 방울뱀을 멀리하는 것처럼 그 사람을 멀리해야 한다. 오직 성령님께서 그들의 마음을 깨시고 십자가를 드러내주셔야만 기독교로의 개종이 가능하다.

이 방법이 아닌 다른 신앙고백은 단지 당신과 있기 위해 하는 거짓 신앙고백이다. 사탄은 기독교의 상투적 문구를 완벽하게 꿰고 있다. 주의하라. 필자가 개인적으로 알았던 모든 부부들(대략 수십 쌍이 넘는다)은 남편이 한때 신앙고백을 했던 사람들이었음에도 불구하고, 이들 중 단지 네 명의 무슬림 남자만이 주님과의 관계를 이어가고 있다. 이 중 두 명은 여전히 결혼 생활에서 어려움을 겪고 있다. 네 명의 진정한 회심 뒤에는 40명의 거짓 회심이 있었을지도 모른다. 따라서 당신은 다른 성별의 사람에게 예수님의 부활에 대한 증인이 될 필요는 없다. 특별히 그 대상이 무슬림이면 더욱 그렇다.

어찌 됐건 무슬림 남성(혹은 여성)이 당신과 개인적으로 접촉하는 것은 무슬림의 문화와 반하는 것이며, 그 역시 그러한 사실을 안다. 무슬림 문화에서는 이성친구라는 관계가 존재하지 않는다. 이성 간에 '그냥 친구'인 관계도 없다. 필자는 어린 서양 기독교인 여성들이 이슬람에 무지하여 필자에게 다음과 같이 말하는 것을 수도 없이 들어왔다. "우리는 단지 친구일 뿐이다." 더욱이 무슬림들은 무슬림 여성들이 서양 남성과 단 둘이 시간을 보내지 못하게 한다. 따라서 당신이 이에 대해 무지한 채 무슬림 남성들과 '단순한 친구'로 지낸다면, 당신은 그의 문화권에서 허용되지 않는 일을 하고 있는 것이며, 비록 그가 당신에게 말해주지 않는다 해도 그는 이미 당신에 대한 신뢰를 잃은 상태일 것이다.

그리고 만약 당신이 진정으로 그에게 예수님에 대해 증언하고 싶다면, 당신의 남성 기독교 친구나 친척을 소개해주거나 주님께 그를 위한 증인을 보내달라고 기도하면 된다. 절대로 혼자서 그에게 접근해서는 안 된다. 그와 대면하는 것은 비록 당신이 그와 개인적으로 엮이지 않는다고 해도, 이미 그로부터 신뢰를 잃은 상태인 것이다. 만약 당신이 감정적으로나 육체적으로 그와 관계를 맺었다면, 당신이 그에게 하는 어떠한 증언도 그의 영혼에 영향을 미치지 못할 것이리고 생각해야 한다. 뿐만 아니라 당신은 그의 정신은 물론이고 예수님의 의까지도 상처 입힌 것일 수 있다.

일부 여성들은 결혼할 상대가 결혼 당시에는 믿음이 없다 하더라도 결혼 후에 그들을 믿음으로 이끌 수 있을 것이라고 주장한다. 그러나 그들은 환상을 받아들임으로써 자신을 속이고 있을 뿐이다. 20년 후, 그들의 결혼이 20년이나 이어진다면, 그들의 아이들은 무슬림이 되었거나 무신론자가 되어 있을 것이다. 그리고 그들의 결혼 생활 역시 지구에서 경험하는 지옥일 것이다.

3) 성경은 결혼에 대해 무엇을 말하는가

결혼은 무엇인가?

성경에 의하면 결혼은 이슬람과 같은 계약(Contract)의 개념이 아니다. 서로에 대한 언약(Covenent)으로 들어가는 두 사람 사이의 영원한 관계이며, 이는 다음과 같은 말씀에서 찾아볼 수 있다.

"이러므로 사람이 그 부모를 떠나서 그 둘이 한 몸이 될지니라 이러한즉 이제 둘이 아니요 한 몸이니"(막 10:7-8).

구약성경에서도(창 2:24) 히브리어로 '연합된' 혹은 '굳게 결합하다'라는 뜻의 단어가 사용되었다. 또한, 신약의 그리스 문법에서, '떠남', '연합함', '하나 됨'이라는 단어들은 각각 하나님 앞에서 결혼과 그 의미가 가지는 신성한 의도를 확고히 보여준다.

첫 번째 단어 '떠남'은 적극적인 의미를 갖는다. 다른 말로 하자면, 이는 전적으로 남자의 결정이다. 그는 그의 결혼이 부모와의 관계보다 우선권을 가짐을 인정해야만 한다. 그는 여전히 부모를 존경하지만, 여전히 그들을 떠나야 하고, 이로써 우선권의 관계가 드러난다. 이렇게 적극적인 행위의 중요성은 남자가 혼자서 이를 행해야 함을 의미하는 것이다. 이는 그가 취할 행동이라고 기대되는 행위이다. 떠나야 한다. 정신적으로, 육체적으로 재정적으로 떠나야 한다.

두 번째 단어는 '연합' 혹은 '하나 됨'이다. 이 단어는 남자와 여자 사이에 위치한다. 따라서 남편이 적극적으로 부모를 떠나고 연합하려 한다면, 그는 실질적으로는 하나님을 초대하여 하나님이 두 사람을 협력적인 관계 안에서 하나로 만드시도록 한다는 뜻이다. 이를 통해 비록 남편이 겉으로는 연합을 주도하는 것처럼 보이나, 실제로 그 연합을 이루어 가시는 분은 하나님이 된다. 그리고 이런 상황이 벌어지기 시작한다면, 오직 하나님만이 두 몸을 완전하게 연합시키실 수 있다. "둘이 한 몸이 될지니라"라는 구절의 수동태에서 그 중요성을 발견할 수 있다. 궁극적으로 두 몸을 하나로 만드실 수 있는 분은 하나님이시며, 이렇게 된 후에야 그들은 온전히 연합을 마쳤다고 할 수 있다.

서로 다른 멍에를 짊어지지 않아야 한다

결혼에 대한 이 같은 이해를 통해, 우리는 바울이 왜 우리에게 다음과 같이 권면했는지 이해할 수 있다.

> "너희는 믿지 않는 자와 멍에를 함께 메지 말라 의와 불법이 어찌 함께 하며 빛과 어둠이 어찌 사귀며 그리스도와 벨리알이 어찌 조화되며 믿는 자와 믿지 않는 자가 어찌 상관하며 하나님의 성전과 우상이 어찌 일치가 되리요 우리는 살아 계신 하나님의 성전이라 이와 같이 하나님께서 이르시되 내가 그들 가운데 거하며 두루 행하여 나는 그들의 하나님이 되고 그들은 나의 백성이 되리라"(고후 6:14-16).

성경 전체에 걸쳐서 하나님이 믿음의 자녀들과 그렇지 않은 자들 사이의 관계를 어떻게 생각하시는지 이보다 더 잘 보여주는 구절은 없을 것이다. 이 말씀에서 바울은 결혼을 '멍에', '함께함', '사귐', '일치'라는 말로 표현한다. 불신자와의 관계는 불법, 어둠, 우상이며 사탄의 영향력에 신자들이 참여하는 것을 의미한다. 어떠한 기독교인들도 바울의 이 같은 권면을 반박하고 불신자들과 관계를 맺으며 깨끗한 양심을 지킨다고 말할 수 없다. 이 권면을 거스르는 것은 불순종이다. 그리고 이는 엄청난 아픔을 가져올 것이다.

두 믿음 : 한 몸?

만약 신자가 예수님의 일과 완전히 반대된 정체성의 믿음을 가진 자와 결혼한다면, 이 둘이 어떻게 한 몸이 될 수 있을 것인가? 결혼을 통해 그들이 한 몸이 되어도 하나 되어 사는 데 있어 큰 어려움을 겪을 것이다. 따라서 결혼을 통해 "한 몸"을 이루길 원하시는 하나님의 열망은 상대가 불신자일 때, 특히 무슬림일 때 적용되지 않는다. 기독교인은 기독교인과 결혼해야 한다.[56]

두 믿음 : 평화를 향한다?

성경은 또한 결혼 안에서 평안하라고 말한다.

"혹 믿지 아니하는 자가 갈리거든 갈리게 하라 형제나 자매나 이런 일에 구애될 것이 없느니라 그러나 하나님은 화평 중에서 너희를 부르셨느니라"(고전 7:15).

결혼 생활 안에서 평안해야 하는 것은 하나님의 요구이자 하나님의 완전한 의지이다. 부부가 계속 다투고, 싸우고, 서로의 삶을 비참하게 하는 것은 특별히 신자들에게 하나님이 원하시는 바가 아니다. 하나님은 당신이 결혼 생활을 통해 평안하기를 바라시며 이는 무슬림과의 결혼을 통해서는 절대 이루어질 수 없는 것이다.

두 믿음 : 귀한 결혼?
성경은 '모든 사람은 결혼을 귀히 여기고'(히 13:4)라고 말씀한다. 하지만 앞서 말했듯이, 무슬림은 기독교의 귀한 결혼과 일치할 수 없는, 완전히 다른 개념으로 결혼을 이해하고 있다. 한 예로, 무슬림 남편은 혼외 성적 탐닉을 마음껏 즐길 것이고 결혼 생활에서의 침소를 더럽힐 것이다. 어떤 이들은 '즐기기 위한 결혼'을 통해 다른 배우자들을 받아들이거나 두세 명의 아내를 더 받아들일 수도 있다. 이는 무슬림 남편과 성경에서 말하는 귀한 결혼을 동시에 이루는 일이 거의 불가능함을 보여준다.

두 믿음 : 경건한 씨앗?
하나님이 정해주신 결혼의 목적 중 하나는 '경건한 씨앗'의 세대이다. 이는 하나님과의 관계를 무시한 채 '번성하기'만 하라는 뜻이 아니다. 다른 말로 하자면, 하나님은 우리가 자녀를 갖기를 원하실 뿐 아니라 하나님의 자녀를 가지길 원하신다는 뜻이다. 이는 다음의 말씀을 통해 명백히 드러난다.

"그에게는 영이 충만하였으니 오직 하나를 만들지 아니하셨느냐 어찌하여 하나만 만드셨느냐 이는 경건한 자손을 얻고자 하심이라 그러므로 네 심령을 삼가 지켜 어려서 맞이한 아내에게 거짓을 행하지 말지니라"(말 2:15).

여기 나온 구절은 우리에게 외도는 자식에게 안 좋은 영향을 미친다는 점을 분명히 알려주며, 이는 하나님이 우리에게 경고하시는 바이기도 하다. 그리고 만약 신자의 외도가 그의 자손의 경건을 위협한다면, 불신자들 특히 무슬림들과의 결합은 얼마나 더하겠는가? 아이들은 하나님의 유산이다(시 127:3). 그리고 그들은 기독교 신앙 안에서 경건하게 양육되어야 한다(에베소서 6:1-3). 이는 기독교를 무시하며 예수님의 사랑과 일에 대해 반성경적인 시각으로 바라보는 무슬림 아버지를 둔 상황에서는 불가능하다.

솔로몬과 삼손 vs 이삭과 야곱

성경은 양측에 대한 예를 모두 제시한다. 한쪽은 하나님께 순종하고 믿음의 결혼생활을 한 사람들이고, 다른 쪽은 하나님의 말씀을 무시하고 불신자들과 결혼하여 하나님께 불순종한 사람들이다. 전자는 큰 축복을 받았으며, 후자는 고통 중에 삶을 마감했다.

예를 들어 솔로몬과 삼손을 생각해보라. 이들은 불신 여성과 결혼했다. 삼손은 엄청난 인물이었다. 힘이 셌지만, 머리는 나빴다. 그는 육체에 대한 성스러운 계명을 준수하는 사람이 아니었다(삿 14:1-3). 그는 그의 행동이 어떤 결과를 가져올지 두 번 생각하지 않았다. 그는 하나님이 이미 큰 힘이라는 복을 주셨으니 그의 탐닉에 대해 '눈을 감아 주실 것'이라고 생각했다. 그의 육체가 어떠한 정욕을 추구하든, 그는 망설임 없이 그 정욕으로 뛰어들었다(삿 16:1). 그는 하나님의 보호하심에 대해 과신했고, 적들의 힘에 대해서는 과소평가했다. 그는 하나님의 축복이 있는 한 어떠한 어려움에서도 벗어날 수 있을 것이라고 생각했다. 그러나 그는 자신이 아주 잘못했음을 발견했으며, 자신이 뿌린 반역과 정욕의 실수에 대한 값을 치르는 데 어려움을 겪어야만 했다(삿 16:20-21).

솔로몬도 비슷하다. 하나님은 그에게 역사상 가장 뛰어난 지혜를 주셨다. 그는 역사상 어느 왕보다도 번영했다(왕상 3:10-14). 그러나 그는 불신 여성에 대한 욕구를 통제하는 법을 배우지 못했다(왕상 11:1-3). 하나님의 의지에 반하여, 그는 전능자에 의해 자신에게 주어진 왕권을 사용했고 믿지 않는 이방 여인들과 결혼했다. 이는 그의 마음이 주님으로부터 떠나게 했고 심지어 우상을 숭배하고 우상 신전을 짓는 데까지 나아가게 했다. 하나님에 대한 완전한 반역이었다(왕상 11:4-8). 이는 솔로몬으로 하여금 또 전 이스라엘로 하여금 무거운 죗 값을 치르게 했으며 하나님의 진노의 심판을 경험하게 했다. 이스라엘은 망했고 국민들은 포로로 잡혀가게 되었다(왕상 11:9-11). 하나님은 질투하시는 하나님이시며, 그는 그의 영광을 다른 누구와도 나누지 않으신다. 당신은 알라와 예수 그리스도를 보내신 하나님을 동시에 섬길 수 없다.

그러나 긍정적인 쪽에는 이삭과 야곱 같은 인물들이 있다. 당신은 아브라함이 그의 종에게 부탁하여 그의 사람들 중에서 이삭의 아내를 고르게 한 일을 기억할 것이다(창 24:3-7). 이삭은 순종했고, 그는 아브라함의 축복을 이어받았다. 그는 일생 동안 큰 복을 받았다(창 26:2-6). 그리고 야곱 역시 하나님의 가정에서 온 여인과 결혼했고, 이스라엘 12 지파의 아버지가 되었다(창 35:22-26). 하나님은 이스라엘에게 그 이름과 자손들을 주셨다. 성경 말씀에서 하나님이 자신을 '아브라함, 이삭 야곱의 하나님'이라고 반복하여 말씀하시는 이유를 알 수 있을 것이다! 이들은 복 받은 가정, 자손, 가족을 가진 복 받은 인물들이었다. 이들은 일생동안 하나님의 언약에 대한 모든 복을 누렸으며 이 복을 지손들에게 물려주었다.

어떤 사람이 되고 싶은가? 이삭인가, 삼손인가? 야곱인가, 솔로몬인가? 모든 것은 당신에게 달렸다. 만약 당신의 가슴이 "나와 나의 집은 주를 섬길 것이다!"라고 외친다면, 무슬림과 애정을 가지고 만나지 말라.

이슬람에는 없는 기독교 명령들

기독교에서는 남편들에게 많은 명령들을 주며, 아내들에게는 많은 특권을 준다. 그러나 이슬람엔 이러한 것들이 없다. 따라서 무슬림과 결혼하기 전에 남편에게 다음과 같은 명령을 권고하지 않는 결혼생활을 이어가길 원하는지 스스로에게 물어보라. 특권들과 명령들은 다음과 같다.

- 아내들은 남편과 같이 생명의 유업을 함께 이어받을 자이다(벧전 3:7). 그리고 이 둘은 여호와의 언약 안에 함께 있는 자들이다(말 2:14). 여성들은 남편들이 자신들에게 갖는 권리와 동등한 권리를 남편의 몸에 대해 갖는다(고전 7:3-6).
- 남편은 아내를 자신의 몸처럼 사랑해야 한다(엡 5:33). 또한 남편은 예수님이 교회를 사랑하여 자신의 몸을 준 것처럼 아내를 사랑해야 한다(엡 5:25-27).
- 남편들은 아내를 존중하고 그들을 지식을 따라 사려 깊게 대해야 한다(벧전 3:7). 따라서 여성들의 약함은 남편의 주인 됨과 지배가 아니라 온화함으로 대해져야 한다. 더욱이, 이 말씀은 이러한 대우를 하는 것이 기도 응답의 전제조건이며, 그들의 기도가 막히지 않게 하는 확실한 방법임을 보여준다.
- 남편들은 한 아내에게 신실해야 한다(고전 7:2).
- 남편들은 아내를 냉대하거나 괴롭게 해서는 안 된다(골 3:19).

당신은 당신을 '동등한 상속자, 언약의 파트너, 서로의 몸에 대해 동등한 권리를 가진 자'로 생각하지 않는 사람과 일생을 함께 보내고 싶은가? 당신은 '자신의 몸만큼 당신을 사랑하고, 예수님이 교회를 사랑한 만큼 당신을 사랑하고, 당신을 존중하며 사려 깊게 대하고, 당신에게 신실하고, 당신을 냉대하거나 괴롭게 하지 않는 자'가 될 이유를 전혀 발견하지 못하는 사람과 여생을 살고 싶은가? 이러한 규율들이 하나님으로부터 온 것이 아니라고 생각하고 이 규율들을 전혀 지키지 않는 자들과 여생을 보내고 싶은가?

만약 멍에를 메었다면 떠나지 마라

비록 이 책이 기독교인들에게 무슬림과의 결혼에 대하여 신중하라고 권면하지만, 이미 무슬림과 결혼한 사람들로 하여금 그들을 떠나거나 이혼하라고 종용하는 것은 아니다. 서로 다른 멍에를 메지 말라고 한 사도는 또한 우리에게 배우자가 불신자라고 해도 결혼생활을 이어가라고 권면한다. 바울은 이렇게 말했다.

"그 나머지 사람들에게 내가 말하노니 (이는 주의 명령이 아니라) 만일 어떤 형제에게 믿지 아니하는 아내가 있어 남편과 함께 살기를 좋아하거든 그를 버리지 말며 어떤 여자에게 믿지 아니하는 남편이 있어 아내와 함께 살기를 좋아하거든 그 남편을 버리지 말라 믿지 아니하는 남편이 아내로 말미암아 거룩하게 되고 믿지 아니하는 아내가 남편으로 말미암아 거룩하게 되나니 그렇지 아니하면 너희 자녀도 깨끗하지 못하니라 그러나 이제 거룩하니라"(고전 7:12 14).

따라서 만약 당신이 무슬림과 결혼했고, 그가 당신이 견딜 수 없을 만큼 신체적으로 학대하지 않는다면, 혹은 지속적으로 외도를 하지 않는다면, 당신은 그 결혼 생활을 지속하고 이혼하려고 하지 말라. 사실, 성경은 당신에게 그를 정복하라고 말한다. 그러나 그에게 설교를 하는 대신 당신의 행위를 통해서 그가 믿음의 열매를 보게 해야 한다(벧전 3:1-2).

또한 당신은 그에게 복종하라는 베드로의 권면 후반부 가르침에도 귀를 기울여야 한다. 특별히 중요하지 않은 문제에서 그렇다. 당신은 외적인 치장에 치중하지 말고, "오직 마음에 숨은 사람을 온유하고 안정한 심령의 썩지 아니할 것으로"(벧전 3:4) 행동해야 한다. 이것들은 무슬림 남편들이 기독교 신앙을 갖도록 하는 장기적인 방법이 될 것이다.

마지막으로 하나님이 당신과 계속해서 일하고 계심을 기억하고, 포기하지 말라. 때때로 우리는 어떤 일이 실제 발생하는 것보다 더 빨리 일어나기를 바란다. 그러나 우리는 믿음이 언약을 상속받는 것만큼이나 인내해야 한다. 계속 기도하고, 계속 간구하고, 중보기도를 요청하고, 당신이 할 수 있을 만큼 복종하고, 남편을 사랑하고 존경하며 용서하고 그 앞에서 믿음의 삶을 살라. 또한 당신의 이러한 노력들이 궁극적으로 그를 기독교인으로 만들 것이라고 확신하지 말라. 비록 하나님께서 당신의 기도를 들어주시기는 하시지만, 남편의 의지에 앞서 신앙을 강제로 심어주시지는 않을 것이기 때문이다. 이것이 바울이 다음과 같이 말한 이유이다.

"아내 된 자여 네가 남편을 구원할는지 어찌 알 수 있으며 남편 된 자여 네가 네 아내를 구원할는지 어찌 알 수 있으리요"(고전 7:16).

당신이 할 수 있는 일은 남편 앞에서 최선을 다해 사는 것이며, 믿음과 희망을 가지고 사랑하며 계속 기도하는 것뿐이다.

에필로그

1990년 이집트에 들어가기 이전에 영국에서 공부하였다. 그 무렵 베를린 장벽이 무너지면서 70년 만에 공산주의도 무너졌다. 그해 6월 19일 유럽은 솅겐실시조약(Schengen Convention)을 맺고 유럽의 25개 국가가 국경을 없앴다. 드디어 유럽의 국경이 무너졌다. 곧이어서 전 세계의 국경도 무너지고 세계는 자유민주주의의 깃발 아래 번영하리라는 기대로 가득 차 있었다. 그 무렵 북부 웨일즈의 륄(Rhyl)이라는 도시에서 공부하고 있었는데, 그 도시에서 교회가 문을 닫고 그 건물이 이슬람 사원이 되어 문을 여는 것을 보았다.

이슬람은 이렇게 충격적으로 필자에게 다가왔다. 1990년 영국의 이슬람 인구는 110만 명이었다. 20년이 지난 후 2011년 영국의 인구조사에서 종교를 포함시켰는데 이슬람 인구는 공식적으로 280만 명이 되었다. 불법 체류자를 포함한다면 지난 20년 동안에 영국의 이슬람 인구는 최소한 200만 명 이상이 늘어난 것이다. 영국뿐만 아니라 유럽의 이슬람 인구는 급속도로 성장하였다. 1970년 720만 명이었던 이슬람 인구는 1990년 1,300만 명으로, 2000년에는 3,700만 명으로 늘어났다. 2007년에는 전체 유럽에 약 5,300만 명의 이슬람 인구가 있었다.

몇몇 서유럽 국가에서 교회와 모스크에 다니는 사람들의 숫자는 비슷하다. 그러나 유럽 전체 상황을 보면 모스크에 다니는 비율이 훨씬 높다. 중동학자 버나드 루이스(Bernard Lewis)는 유럽이 아랍세계의 전초기지로 변할 것이라고 경고하였다. 유럽에서 가장 영향력 있는 종교는 더 이상 기독교가 아니라 이슬람이다.

중동은 무함마드가 태어나기 이전 4세기 동안 기독교 비잔틴 제국이었다. 그러나 지금은 모두 이슬람 국가로 바뀌었다. 마찬가지로 기독교 문명이 꽃피웠던 유럽이 이슬람화되어 가는 현상을 우리는 지켜보고 있다. 유럽의 정치 지도자들은 다문화는 실패했다고 공언하였다. 스위스 베른대학교의 크리스티앙 요프케(Christian Joppke) 교수는 "적어도 유럽에서는 이슬람 교도들 때문에 다문화주의가 후퇴했다."고 발표하였다. 엎친 데 덮친 격으로 2016년 1월부터 그리스, 독일, 오스트리아, 스웨덴 등 유럽이 국경 통제 조치를 단행하였다. 1990년 유럽의 꿈은 한 세대를 넘기지 못하고 이슬람권에서 넘어오는 난민들로 인하여 셍겐실시조약은 파기되어 가고 있다.

한국도 유럽과 같은 이유로 이슬람 인구가 성장하고 있다. 유럽은 2차 세계대전 이후에 노동력 부족 그리고 저출산과 고령화 현상으로 다문화가 시작되면서 이슬람 인구가 증가하였다. 한국도 노동력의 부족으로 1990년 외국인들이 들어오면서 이슬람 인구가 성장하고 있다. 저출산은 유럽보다

심각하다. 2010-2015년 한국 합계출산율은 1.23명이았다. 이런 현상이 매년 지속된다면, 수학공식에 의하여 100년 후에 순수한 한국인은 23.2%밖에 남지 않는다. 따라서 다문화를 시작하였고 다문화사회와 더불어 이슬람에 대하여 문을 활짝 열었다. 이대로 간다면 오늘의 유럽은 내일의 한국이 될 것이다. 한국의 다음 세대는 지금과 전혀 다른 모습일 것이다. 한국 기독교인들은 다문화 사회에 어떻게 미래를 준비할 것인가? 한국교회는 어떻게 이슬람에 대하여 대처할 것인가?

역사학자 아놀드 토인비(Arnold Toynbee)는 "역사는 도전에 대한 응전으로 발전되어 왔다."고 했다. 한국교회는 이슬람의 도전에 직면하였다. 16세기에 밀려오는 이슬람의 물결과 함께 종교개혁이 시작되었다. 개혁된 교회는 계속 개혁되어야 한다. 한국교회는 구한말에 그리고 일제의 도전과 공산주의의 도전 앞에서도 불굴의 투지로 성경적인 신앙의 길을 걸어왔다. 외부의 도전이 있을 때, 앞서 간 신앙의 선배들도, 종교개혁자들도 복음의 본질로 돌아갔다. 이제 다시 기독교의 원시복음으로 돌아가야 한다. 이것이 희망이다.

주

1장

1) http://www.dailymail.co.uk/wires/afp/article-3350526/Foreign-fighters-Iraq-Syria-doubled-report.html, "Foreign fighters to Iraq and Syria have doubled", 2015년 12월 18일 접속.
2) 『크리스천투데이』, 강혜진, "바그다드 성공회 사제 '프랑스·미국 테러, 세계대전의 전조'", 2015년 12월 4일.
3) 칼리프는 이슬람의 창시자인 무함마드의 정치와 종교에 있어서 권한을 계승한 후계자를 말한다.
4) 많은 무슬림들이 원리주의라는 용어에 부정적 견해를 가지는 것은 서구 대중매체가 원리주의를 극단주의(extremism), 광신주의(fanaticism) 심지어는 테러주의(terrorism)와 동일시하기 때문이다. 그래서 원리주의라는 말 대신에 정치화된 종교(politicized religion), 이슬람주의(Islamism), 대항의 종교(religion of opposition), 종교적 민주주의(religious nationalism), 반현대주의(anti-modernism), 또는 배타주의(exclusivism) 등과 같은 용어들을 제안하는데, 이것은 더 과격한 의미를 담는다. 전호진, 『이슬람 원리주의의 실체』(서울: KUIS Press, 2007), p. 98.
5) 이슬람연구소, 『이슬람의 이상과 현실』(서울: 예영, 1996), pp. 42-43.
6) 전호진, p. 98.
7) 움마의 개념은 메디나에 있는 최초의 무슬림 공동체가 무함마드의 지도를 따라 세력을 확장하고 아라비아에서 정권을 세우면서 생겨났다. 군사 행동과 외교 정책들을 통해 아라비아 부족들은 동일한 믿음, 동일한 이데올로기, 중앙 집권과 법을 가진 아랍 연합으로 통일되었다. 처음으로 그들은 종족 간의 피의 복수를 끝내고 이슬람 종교를 통하여 영감을 부여받고 통일할 수 있는 효과적인 수단을 발견했다. 꾸란의 명령대로 무슬림들은 모든 다른 충성을 초월하는 그들의 신인 알라와 특별한 언약을 맺은 무슬림들의 공동체였다.
8) 순나(Sunnah)의 아랍어 의미는 관행이다. 무함마드가 설정한 관행, 즉 ① 무함마드의 말과 ② 그의 행동 그리고 ③ 제자들의 행위에 대한 무함마드의 묵인, 이 세 가지 카테고리를 순나라고 하며 이것이 이슬람의 규범으로 인정된 것이다. 무함마드의 순나를 직접 제자들이 듣고 전달한 것을 하디스(언행록)라고 한다.
9) 손주영, "살라피아 이슬람부흥운동", 『중동종교의 이해 1』(서울: 한울아카데미, 2004), p. 12.

10) 무함마드의 뒤를 이어 이슬람 공동체를 통치하는 모든 일을 관장하는 이슬람제국의 최고 통치자를 가리킨다.
11) 수피즘(Sufism)은 8세기 이후에 이슬람교가 수니파와 시아파로 분열된 이후에 시아파 속에서 나타나기 시작하였다. 수피즘은 이슬람 신앙의 형식주의, 행위의 외면만 보고 사람을 심판하는 이슬람법에 대한 반동으로, 내면적인 지향성을 갖는 사상, 운동이다. '이슬람신비주의'라고 번역되는 경우도 많다. 이슬람에서는 독신주의와 금욕주의를 배격하지만 수피즘에서는 인도, 이란 또는 초기 기독교의 영향으로 독신주의와 금욕주의가 나타난다. 중세에 수피교단으로서 운동 조직화된 수피즘은 현대에 이르기까지 이슬람세계의 각지에서 큰 정치적 역할을 하고 있다. 수니파에서는 비(非)아랍, 비(非)전통적이라고 하여 이를 인정하지 않고 있다.
12) 아라비아반도에서 발흥한 이슬람에 다른 민족들이 들어오게 되면서 그동안 아랍인들이 경험하지 못했던 새로운 사상과 다양한 종교적 지식들이 유입되었다. 이에 따라, 10세기에 두 개의 큰 신학 조류가 생겨나게 되는데, 그것이 바로 아쉬아리파와 무으타질라파이다. 이 두 파 간의 가장 큰 쟁점은 꾸란의 창조성에 관한 문제이다. 꾸란영원설을 주장하는 아쉬아리파와는 달리, 무으타질라파는 꾸란창조설을 주장한다.
13) 꾸란창조설이란 원래 천상에서는 없었는데 나중에 알라가 꾸란을 만들어서 무함마드에게 주었다는 것을 의미한다. 꾸란영원설은 꾸란은 원래부터 알라와 함께 천상에서 있었다는 것이다.
14) 손주영, pp. 15-16.
15) 손주영, p. 14.
16) John L. Esposito, *UNHOLY WAR: Terror in the Name of Islam* (New York: Oxford University Press), p. 6.
17) Ibid.
18) 무함마드 사후에 4번째 칼리프였던 알리의 아들이다. 시아파에서는 알리를 초대 이맘으로 보고 있으며, 그의 첫째 아들인 하산을 2번째 이맘, 그리고 알리의 또 다른 아들인 후세인을 3번째 이맘으로 보고 있다. 형인 하산의 뒤를 이어 671년에 이맘직을 계승한 후세인은 680년 칼리프가 된 무아위야의 아들 야지드에게 충성을 맹세하지 않고 피신하였다. 메카의 히람 사원에 피신해 있던 후세인은 야지드의 폭정에 못 이긴 백성들의 서신들로 인하여 야지드에 대항할 반란의 지도자가 되지만, 이라크의 카발라 지역에서 벌어졌던 전투에서 야지드의 군대에 의해 무참히 살해당하였다. 시아파에서는 후세인을 선과 정의의 상징으로 보고 있다.
19) 바삼 티비, 『이슬람주의와 이슬람교』, 유지훈 옮김 (서울: 지와사랑, 2013), p. 23. 각주 3.
20) 이슬람연구소, p. 50.
21) 김정위 외 4인, 『이슬람 사상의 형성과 발전』(서울: 아카넷, 2000), pp. 327-329.
22) 바삼 티비, p. 81.
23) Ibid., p. 287.
24) Ibid., p. 111.
25) 김정위 외 4인, p. 331.

26) 손주영, p. 47.
27) 김정위, "이슬람 원리주의", 『한국 이슬람 학회 총서』, 제3집(1993): pp. 106-108.
28) 사무엘 헌팅턴, 『문명의 충돌』, 이희재 옮김 (서울: 김영사, 1997), pp. 144-145.
29) 김정위 외 4인, p. 352.
30) 이슬람연구소, p. 51.
31) Ibid., pp. 51-52.
32) 손주영, p. 57.
33) John L. Esposito, pp. 52-53.
34) 전호진, p. 147.
35) 이집트의 군인이자 정치가로서 1956년부터 1970년까지 이집트의 2번째 대통령을 지낸 바 있다.
36) 카렌 암스트롱, 『이슬람』, 장병옥 옮김 (서울: 을유문화사, 2012), pp. 192-193.
37) John L. Esposito, p. 8.
38) 윌리암 와그너, 『이슬람의 세계 변화 전략』, 노승현 옮김 (서울: Apostolos Press), p. 141.
39) 전재옥, 『기독교와 이슬람』 (서울: 이화여자대학교출판부, 2003), pp. 177-178.
40) 폭력은 모든 종교적 원리주의의 공통적 현상이다. 예를 들어서 힌두교 원리주의, 스리랑카의 분리 원리주의도 폭력을 정당화한다.
41) 바삼 티비, p. 220.
42) Azlim A. Nanji, ed., The Muslim Almanac (Detroit: Gale Research, 1996), p. 499.
43) 윌리암 와그너, pp. 92-93.
44) Sachiko Murata and William Chittick, The Vision of Islam (New York: Paragon, 1994), p. 21.
45) 꾸란에 언급된 대표적인 지하드의 구절은 다음과 같다.
   "알라의 길에서 성전하라"(꾸란 22:78).
   "내가 불신자들의 마음을 두렵게 하리니 그들의 목을 때리고 또한 그들 각 손가락을 때리라"(꾸란 8:12).
   "금지된 달이 지나면 너희가 발견하는 불신자마다 살해하고 그들을 포로로 잡거나 그들을 포위할 것이며 그들에 대비하여 복병하라"(꾸란 9:5).
   "너희가 전쟁에서 불신자들 만났을 때 그들의 목들을 때리라. 너희가 완전히 그들을 제압했을 때 그들을 포로로 취하고 그 후 은혜로써 석방하든지 아니면 전쟁이 종식될 때까지 그들을 보상금으로 속죄하여 주라"(꾸란 47:4).
46) 전쟁과 지하드는 다르다. 전쟁(harb)은 비무슬림이 무력을 사용할 때 쓰는 용어이고 이슬람에서 무력을 사용할 때는 지하드(jihad)를 쓴다. 무슬림은 종교적 의무이자 이슬람의 사명을 가로막는 장애를 없애는 전쟁으로 지하드를 이해하고 있다.
47) Mark A. Gabriel, Islam and Terrorism (Florida: Frontline, 2002) pp. 69-70.
48) 본서에 언급된 꾸란은 사우디아라비아의 파하드 국왕 꾸란 출판청에서 발간한 『성 꾸란 의미의 한국어 번역』을 사용하였다. 하지만 『성 꾸란 의미의 한국어 번역』은 '알라'를 '하나님'으로 번역해 놓았기 때문에 본서에서는 기독교의 하나님과 구별하기 위하여 '알라'로 사

용하였다.
49) Al-Nisai, vol. 3, part 6, page 5, hadith 3,087. Narrated by Abu Hariara.
50) Mark A. Gabriel, p. 79.
51) 돈 리처드슨, 『코란의 비밀』, 이희민 옮김 (서울: 쿰란출판사, 2008) p. 39.
52) Sayyid Qutb, Milestones, Revised Edition, Chapter 6 "Jihad in the cause of Allah". internet site research; http://www.answering-islam.org/Hahn/jihad.htm#fn7. (acessed 4 November 2013)
53) John L. Esposito, p. 31.
54) 바삼 티비, p. 220.
55) John L. Esposito, p. 5.
56) 바삼 티비, p. 40.
57) John L. Esposito, p. 69.
58) Mark A. Gabriel, p. 28-29.
59) Tirmidhi and Ibn Maiah, ishkat al-Masabih, Vol. 1:814; 이만석, "무함마드 계시의 변화추이에 대한 연구", (양평: 아세아연합신학대학교 2008), p. 106에서 재인용.
60) "그곳은 강물이 있으되 변하지 아니하고 우유가 흐르는 강이 있으되 맛이 변하지 아니하며 술이 흐르는 강이 있으나 마시는 이들에게 기쁨을 주며 꿀이 흐르는 강이 있으되 순수하고 깨끗하더라…"(꾸란 47:15 상).
61) "섬세한 실크와 비단옷을 걸치고 서로의 얼굴을 맛보게 되리라"(꾸란 44:53).
62) "그들은 금 실크로 장식된 내부에 있는 침대에 기대고 두 천사의 과실은 가까이 있도다"(꾸란 55:54).
63) "영원히 사는 소년들이 그들 주위를 돌며 술잔과 주전자와 깨끗한 물 그리고 가득찬 잔들로 봉사하도다"(꾸란 56:17-18).
64) "또한 그것은 머리가 아프지 아니하고 취하지도 않더라"(꾸란 37:47).
65) "우리(알라)는 그들을 위하여 새로운 배우자들을 창조하였고 그녀들을 순결케 하였으며 나이가 같으며 사랑받게 하였나니"(꾸란 56:35-37).
66) Maxim Rodinson, Muhammad (New York: Pantheon Books, 1971), p. 161.
67) 하랄트 뮈러, 『문명의 공존』, 이영희 옮김 (서울: 푸른숲, 2000), p. 191.
68) sahih al-Bukhari, 2:378, http://www.hadithcollection.com/sahihbukhari/56-sahih-bukhari-book-23-funerals-al-janaaiz/1833-sahih-bukhari-volume-002-book-023-hadith-number-378.html (acessed 5 November 2013).
69) 타끼야가 합리화되는 꾸란의 구절들
"너희의 맹세 속에 비의도적인 것에 대해서는 책망하시지 않으시나 너의 심중에 있는 의도적 맹세는 책망하시느니라. 알라는 관용과 은혜로 충만하심이라"(꾸란 2:225).
"너희들이 땅 위에서 여행을 할 때 또는 믿지 않는 자들로부터 학대 받을 우려가 있을 때는 예배를 간단히 해도 죄가 되지 않는다"(꾸란 4:101).
"일단 믿은 후 알라를 배반하는 자, 단 마음은 믿으면서도 강제당한 자를 제외하고는 가슴을 열고 믿음을 배반하는 자에게는 알라의 노여움이 내린다. 그들에게는 커다란 벌이 있을 뿐이다"(꾸란 16:106).
70) 바삼 티비, p. 41.
71) Ibn Kathir, *The Beginning and End* (Lebanon Beirut: The Revival of the Arabic Tradition Publishing House, 2001), p. 93.
72) Mark A. Gabriel, p. 94.
73) 윌리암 와그너, 『이슬람의 세계 변화 전략』, 노승현 역(서울: APOSTOLOS PRESS, 2007), pp. 164-165.
74) 전호진, p. 159.
75) 바삼 티비, p. 33.
76) Mark A. Gabriel, p. 39.
77) Mark A. Gabriel, *Journey Into the Mind of an ISLAMIC TERRORIST* (Flidaor: FrontLine, 2006) p. 86.
78) 꾸란에 지하드란 단어가 세 번(꾸란 9:24; 22:78; 25:52), 밖에 안 나타나지만 꾸란에 무슬림이라면 반드시 지하드에 참가해야 한다는 명령은 108번 언급되어 있다. 압둘 마시흐, 『무슬림과의 대화』, 이동주 옮김 (서울: 기독교문서선교회, 2001), p. 179.

2장

1) Stuart Robinson, *Mosques and Miracles* (Australia: CityHarvest Publications, 2004), pp. 187-188.
2) William St. Clair Tisdall, *The Original Sources of the Quran* (London: Society for Promoting Christian Knowledge, 1911), p. 34.
3) "실로 너희는 라트와 웃자를 보았으며 또 다른 세 번째의 우상 마나트를 보았느뇨? 너희에게는 남성도 있고 그분에게는 여성이 있단 말이뇨"(수라 53:19-21).
4) 김지호, "이슬람의 알라와 기독교의 하나님 무엇이 다른가?", 미간행 (FIM국제선교회 '크리스천을 위한 이슬람 세미나' 공개강좌 강의안, 2015. 10), p. 19.
5) H. A. R. Gibb, *Islam: A Historical Survey* (Oxford: Oxford Univ. Press, 1950), 『이슬람 그 역사적 고찰』, 최준식, 이희수 공역(서울: 문덕사, 1993), p. 66.
6) "실로 알라는 단 한분이시니…"(꾸란 4:171).
7) "알라는 하늘과 대지와 그들 사이에 모든 것을 육일간에 창조하심에 조금도 피곤하지 아니했노라"(꾸란 50:38).
8) "알라가 각 민족과 선지자를 보내어 알라를 섬기되 우상을 피하라 하였으니…" (꾸란 16:36).
9) "알라는 관용과 은혜로 충만하심이라"(꾸란 2:218).
10) "온 우주의 주님이신 알라께 찬미를 드리나이다' (꾸란 1:2).
11) "심판의 날을 주관하시도다" (꾸란 1:4).
12) "믿는 자들이여 인내와 예배로서 구원하라 실로 알라는 인내하는 자 편에 있도다"(꾸란 2:153).
13) David Goldmann, *Islam and the Bible* (Chicago: Moody Publishers, 2004), pp. 29-30.

14) Mark Durie, *Revelation?* (Australia: CityHarvest Publications, 2006), pp. 143-144.
15) 학압두, 『이슬람 신앙』 (전주: 아부바크르 알 시디끄 이슬람센터, 소책자), pp. 34-38.
16) 김지호, p. 23.
17) 학압두, pp. 42-46.
18) Abd al-Masih, *Dialogue with Muslim*, 『무슬림과의 대화』, 이동주 역 (서울: 기독교문서선교회, 2001), p. 171.
19) Ibid., p. 146.
20) 최영길, 『이슬람 문화』 (서울: 도서출판 알림, 2000), p. 123.
21) "그대 이전에 우리(알라)가 보냈던 선지자들도 모두가 음식을 먹고 시장을 걸었으며 우리는 너희가운데 일부를 다른 사람들을 위해 시험을 하였느니라…"
22) "무함마드는 너희가운데 어느 한사람의 아버지가 아니며 알라의 선지자이자 최후의 예언자이시라 실로 알라는 만사형통 하시도다."
23) "알라에게 용서를 구하라 알라는 관용과 자비로 충만하시느니라"(꾸란 4:106).
24) "무함마드는 너희 가운데 어느 한사람의 아버지가 아니며 알라의 선지자이자 최후의 예언자이시라 실로 알라는 만사형통 하시도다."
25) David Goldmann, p. 25.
26) Phil Parashall, *Inside the Community* (Grand Rapids: Baker, 1994), p. 12.
27) "죽음이 그들에게 이를 때 '주여 저를 다시 돌려보내 주소서 제가 남겨둔 일에 선행을 행할 수 있나이다' 라고 말하나 그러나 결코 할 수 없나니 그것은 그가 지껄이는 말에 불과하며 그들 앞에는 부활할 그날까지 장벽이 있을 뿐이라"(꾸란 23:99-100).
28) 학압두, pp. 60-61.
29) 무함마드 A. 수하임, 한국어 역 『이슬람 원리와 개론』, 최영길 역(서울: 알림, 2007), p. 178.
30) 필 파샬, 『십자가와 초승달』, 이숙희 역(서울: 죠이선교회, 1994), p. 248.
31) 최영길, 『무함마드와 이슬람』 (서울: 알림, 2005), p. 203.
32) "행위의 기록이 제시될 때, "이 기록이 도대체 무엇이뇨? 작은 일도 큰 일도 빠뜨리지 아니하고 전부다 기록되어 있으니…"라고 기록된 것이 두려워 말하는 죄인들을 그대가 보게 되리라 이 때 그들은 그들이 행하였던 모든 것을 그곳에서 발견하리니 실로 그대의 주님은 어느 누구에게도 부당하게 대하시지 아니함이라"(꾸란 18:49).
33) Fahd Salim Bahmmam, *New Muslim Guide* (Birmingham: Modern Guide, 2014), 『새내기 무슬림을 위한 지침서』, 김은수 역 (사마울 쿠툽 출판사), p. 83.
34) Waleed Nassar, *Muslims Untouchable or Reachable* (Unpublished Note, 1996), p. 30.
35) 김영한, "이슬람과 기독교, 교리적 차이", 『한국개혁신학』 12 (2002): 9-30, p. 25.
36) David Goldmann, p. 64
37) 김영한, pp. 25-28.
38) David Goldmann, p. 93.
39) 무함마드 A. 수하임, pp. 182-183.
40) '알라의 뜻이라면'이라는 이 표현의 기원은 꾸란 제18장 '알 카프'(Al-Kahf)인데, 인간 영

혼의 속성과 죽음의 시기, 그리고 미래와 관련된 모든 일은 인간이 답할 수 있는 것이 아니라, 오직 알라만이 알고 답할 수 있다는 의미이다. 다시 말해 미래의 모든 일들은 알라의 의지에 따라 결정된다는 무슬림들의 신앙을 나타내주는 말이다.

41) Stuart Robinson, pp. 191-192.
42) 김영한, pp. 20-21.
43) 무함마드 A. 수하임, p. 154.
44) "하나님이 곧 마리아의 아들 예수라 말하는 그들에게 저주가 있으리라…"(꾸란 5:17).
45) Stuart Robinson, pp. 192-193.
46) David Goldmann, p. 114.
47) Stuart Robinson, p. 193.
48) Fahd Salim Bahmmam, p. 108.
49) 무함마드 A. 수하임, p. 157.
50) 공일주, 『이슬람 문명의 이해』(서울: 예영, 2006), p. 83.
51) 최영길, 『꾸란해설』(서울: 송산출판사, 1988), p. 312, 각주 58-1.
52) 공일주, p. 83.
53) "실로 싸다까는 가난한 자, 불쌍한 자, 거기에 종사하는 자, 그들의 마음이 위안을 받을 자, 노예, 채무자, 알라의 길에 있는 자, 그리고 여행자를 위한 것이니 이는 알라로부터의 명령이라. 알라는 아심과 지혜로 충만하시도다"(꾸란 9:60).
54) David Goldmann, p. 119.
55) Fahd Salim Bahmmam, p. 140.
56) David Goldmann, p. 114.
57) Stuart Robinson, pp. 196-197.
58) 무함마드 A. 수하임, p. 159.
59) Fahd Salim Bahmmam, pp. 158-159.
60) Bernard Lane, "The devil is more real for Muslims", *The Australian*, 8 July 2002.
61) Stuart Robinson, p. 199.
62) http://www.newsis.com/ar_detail/view.html?ar_id=NISX20151020_0010360014&cID=10101&pID=10100, "사우디 메카 압사사고 희생자 2121명", 접속 2015년 11월 28일.
63) http://www.yonhapnews.co.kr/bulletin/2015/09/25/0200000000AKR20150925000300080.HTML?input=1179m, "러 이슬람 지도자 '사우디 참사는 신의 선물' 황당 발언", 접속 2015년 11월 28일.
64) Fahd Salim Bahmmam, p. 162.
65) Stuart Robinson, p. 204.
66) David Goldmann, p. 121.
67) Stuart Robinson, pp. 204-205.
68) David Goldmann, p. 122.

3장

1) 참고, Francis Fukuyama, *The end of history and the last man* (New York: Avon Books, 1992).
2) James Dale Davidson and Lord William Rees-Mogg, *The Great Reckoning Protect Yourself in the Coming Depression* (New York: Touchstone, 1993), p. 213.
3) 유해석, 이슬람이 다가오고 있다 (서울: 쿰란출판사, 2003), p. 17.
4) Abd al-Masih, *Dialogue with Muslim*, 『무슬림과의 대화』, 이동주 역, (Christian Literature Crusade, 2009), p. 171
5) 아브라함과 이스마엘은 이슬람 교리에 등장하는 주요 인물이다. 그러나 이들의 생애에 대한 꾸란의 기록은 성경의 기록과 일치하지 않는다. 이렇게 일치하지 않는 부분은 어느 한쪽 경전이 옳다면 다른 경전은 그릇된 것임을 의미하기 때문에 무슬림들에게 이 불일치 부분은 매우 중요하다.
6) "아브라함은 유대인도 기독교인도 아니었으며 성실한 무슬림이었으며 또한 우상을 숭배한 분도 아니었도다"(꾸란 3:67).
7) 앞에서 언급한 바와 같이, 본서에 언급된 꾸란은 사우디아라비아의 파하드 국왕 꾸란 출판청에서 발간한 『성 꾸란 의미의 한국어 번역』을 사용하였다. 하지만 『성 꾸란 의미의 한국어 번역』은 '알라'를 '하나님'으로 번역해 놓았기 때문에 본서에서는 기독교의 하나님과 구별하기 위하여 '알라'로 사용하였다.
8) al-Ash'ari. Maqalat al-islamiyyin. Cairo 1950, I, s. 216-217, quoted from Johan Bouman. *Gottund Mensch im Koran*. Wissenschaftliche Buchgesellschaft, Darmstadt, 1977/1798, p. 3.
9) "그는 근본 하나님의 본체시나 하나님과 동등됨을 취할 것으로 여기지 아니하시고 오히려 자기를 비워 종의 형체를 가지사 사람들과 같이 되셨고 사람의 모양으로 나타나사 자기를 낮추시고 죽기까지 복종하셨으니 곧 십자가에 죽으심이라"(빌 2:6-8).
10) "실로 우리가 인간을 창조하사 우리는 그의 마음속에 속삭이고 있는 것을 알고 있으며 또한 우리는 그의 생명의 혈관보다 그에게 더 가까이 있느니라"(꾸란 50:16).
11) "천지 모든 것이 알라께 있나니 알라는 모든 것을 에워싸고 계시도다"(꾸란 4:126).
12) "너희는 너희가 하나님의 성전인 것과 하나님의 성령이 너희 안에 계시는 것을 알지 못하느냐"(고전 3:16).
13) Christine Schirrmacher, *The Islamic View of Major Christian Teachings*, The WEA Global Issues Series Vol. 2. (Bonn: Culture and Science Publ. 2008), p. 31.
14) 유해석, p. 198. 꾸란 4:167-170; 5:77을 이교도식 용어로 표현하면, 신성한 성부, 성자, 성모로 해석할 수 있다. A. J. Wensinck and Penelope Johnstone, "Maryam", Encyclopaedia of Islam, Vol. VI. (E. J. Brill: Leiden, 1991), pp. 628-632.
15) "성서의 백성들이여! 너희 종교의 한계를 넘지 말며 알라에 대한 진실 외에는 말하지 말라. 실로 예수 그리스도는 마리아의 아들이사 알라의 선지자로 마리아에게 말씀이 있었으니 이는 주님의 영혼이었느니라 알라와 선지자들을 믿되 삼위일체설을 말하지 말라 하니 이는 너희에게 복이 되리라 실로 알라는 단 한 분이시니 그 분에게는 아들이 있을 수 없음

이니라 천지 삼라만상이 그분의 것이니 보호자로서 충만하시도다"(꾸란 4:171).
16) 유해석, p. 199.
17) "성령이 그대의 주님으로부터 진리의 말씀을 전하였으니 이로 하여 믿는 자를 강하게 하고 무슬림에의 길이요 복음이 되도록 하라"(꾸란 16:102).
18) "가브리엘 천사의 적은 알라의 적이라 말하여라. 알라는 그(천사)를 통하여 그대에게 알라의 의지에 따라 꾸란을 계시하셨나니"(꾸란 2:97).
19) "그들이 음모를 하나 알라는 그들에 대하여 방책을 세우셨으니 알라는 가장 영특한 계획자이시도다"(꾸란 3:54).
20) "알라와 그분의 선지자에게 순종하라 하였으니 이를 거역하는 자, 알라는 이 불신자들을 사랑하지 아니하시니라"(꾸란 3:32).
21) "그러므로 너희 주님께 용서를 구하고 그분께 회개하라. 실로 나의 주님은 자비와 사랑으로 충만하심이니라"(꾸란 8:90).
22) Worldometers, Current World Population, http://www.worldometers.info/world-population/, 접속 2015년 4월 10일.
23) 이슬람은 전통적으로 A.D. 570년 8월 20일을 무함마드의 생일로 지키고 있다(이슬람력 3월 21일).
24) 카바 신전에 대한 소개를 하면 다음과 같다. "북동쪽에 면한 정면과 그 반대쪽은 폭 약 12m이고, 다른 두면은 약 10m이며 높이는 15m이다. 대리석 기초 위에 회색 돌을 쌓아 올렸으며, 정면 입구에서 내부로 들어가면 본전에는 나무기둥이 즐비하고, 천장에는 금, 은으로 된 램프가 매달려 있다. 동쪽 구석, 지면에는 1.5m 정도 높은 곳에 흑석(黑石)이 끼워져 있다. 전설에 의하면 이브라힘(아브라함)과 그의 아들 이스마일이 알라의 명을 받들어 창건한 것이라고 한다. 흑석이 있는 모서리의 반대쪽에 잠잠이라고 하는 성천(成泉)이 있다. 오랜 옛날부터 이 샘 부근이 신성시되어 아라비아인 신앙의 중심으로서 이 건물이 세워졌으며, 2세기 프롤레마이오스의 『지리서(地理書)』에 그것과 비슷한 내용이 기록되어 있다. 이슬람 이전에는 이곳에 많은 신상(紳像)이 있었는데 무함마드가 메디나에 자리를 잡은 뒤 카바를 키브라(예배의 방향)로 정하고 630년 1월 스스로 메카에 들어가 우상을 파괴해 버렸다. 이때부터 카바는 이슬람교도의 제1성소가 되었다. 전 세계 이슬람교도는 그 방향을 향해 매일 예배하고 있으며, '하지'(메카순례)의 의식도 이곳에서 시작되고 끝난다." 인터넷 두산백과사전, http://www.doopedia.co.kr/doopedia/master/master.do?_method=view&MAS_IDX=101013000756549, 접속 2015년 4월 23일.
25) Mark A. Gabriel, *Jesus and Muhammad* (Florida: FrontLine, 2004), pp. 30-31.
26) 무함마드 부인의 숫자에 대한 기록은 하디스 사이에 그리고 이슬람 학자들 사이에 차이가 있다. 11명에서부터 22명까지 다양하다(이정순, 『이슬람 문화와 여성』, (서울: Christian Literature Crusade, 2007), p. 20). 그 이유는 정식부인과 첩과의 경계와 첩과 성적인 노예와의 경계가 모호했기 때문이다.
27) Richard Booker, *Radical Islam's War Against Israel, Christianity, and the West*, 2008, 『이슬람의 거룩한 전쟁 지하드』, 서광훈 역 (서울: 스톤스프, 2013), p. 31.
28) "알라에게 용서를 구하라 알라는 관용과 자비로 충만하시느니라"(꾸란 4:106).

29) 무함마드를 제외한 일반 무슬림의 결혼에 대한 구절은 꾸란 2:221-235; 4:3-4, 19-25, 34-35을 참조하라.
30) 꾸란에서 오른 손이 소유한 여성이란 전쟁에서 승리한 후에 상대방의 부인들 그리고 포로로 잡혀온 여자들을 의미하며 무슬림들은 결혼한 부인들 외에 얼마든지 이들을 성노예로 함께할 수 있었다.
31) 이 계시가 임한 것은 헤즈라 7년 즉 A.D. 629년의 일이었다. 그러나 그 이후에도 이집트 여성인 마리암과 결혼을 하였다. 마리암은 무함마드와의 사이에 아브라함이라는 아들을 낳았으나 어렸을 때 죽었다. (최영길, 『꾸란해설』(서울: 송산출판사, 1976), p. 768, 각주 52-2, 52-3).
32) 최영길, 『꾸란해설』(서울: 송산출판사, 1988), p. 765, 각주) 40-1.
33) Waleed Nassar, *Muslims Untouchable or Reachable?* (Florida: 1996, Unpublished Book), p. 18.
34) Hamdun Dagher, *The Position of Women in Islam* (Austria: Light of Light, 1995), p. 140.
35) 이정순, 『이슬람 문화와 여성』(서울: 기독교문서선교회, 2007), p. 26.
36) 최영길, p. 1095, 각주 3-1.
37) Joachim Gnilka, *Bibel und Coran: Was verbindet, was sie trennt*, 3. Aufl. Freiburg, 2004. 『성경과 꾸란 무엇이 같으며 무엇이 다른가?』, 오희천 역 (서울: 중심, 2005), p. 36.
38) Ibid., p. 28.
39) Ibid., p. 29.
40) Ibid., pp. 31-32.
41) Ibid., p. 34.
42) 최영길, "꾸란에 등장한 인물 연구-예수를 중심으로", 『한국이슬람학회논총』 제16권 (2006): p. 4.
43) "그는 근본 하나님의 본체시나 하나님과 동등됨을 취할 것으로 여기지 아니하시고"(빌 2:6).
44) Samuel M. Zwemer, *The Moslem Doctrine of God* (New York: American Tract Society, 1905), p. 84.
45) "예수께서 세례를 받으시고 곧 물에서 올라오실새 하늘이 열리고 하나님의 성령이 비둘기 같이 내려 자기 위에 임하심을 보시더니 하늘로부터 소리가 있어 말씀하시되 이는 내 사랑하는 이들이요 내 기뻐하는 자라 하시니라"(마 3: 16-17).
46) Abd al-Masih, Dialogue with Muslim, 압둘 마시흐, 이동주 역 『무슬림과의 대화』(서울: 기독교문서선교회, 2001), p. 49.
47) 꾸란 9장 31-32절.
48) 예수가 진흙으로 새를 빚어서 날아가게 한 기적은 꾸란 3장 49절에도 기록되어 있다.
"이스라엘 자손에게 선자자로 보내리라 나는 주님으로부터 예증을 받았노라 내가 너희를 위하여 진흙으로 새의 형상을 만들어 숨을 불어 넣으면 알라의 허락으로 새가 될 것이라"
49) 꾸란 9장 110절.

50) 꾸란 3장 49절.
51) 이슬람에서 예수는 유대인들을 위한 선지자로 본다. "(예수)를 이스라엘 자손에게 선지자로 보내리라 나는 너희 주님으로부터 예증을 가지고 왔도다…"(꾸란 5:78)..
52) 김정위, 『이슬람 입문』, (서울: 한국외국어대학교출판부, 1993), p. 253.
53) 성종현, "예수의 죽음과 부활", 『장신 논단』, (서울: 장로회신학대학 출판부, 1990), p. 238.
54) David Goldmann, *Islam and the Bible* (Chicago: Moody Publishers, 2004), p. 39.
55) Mark Durie, *Revelation?* (Australia: Harvest Publication, 2007), p. 26.
56) David Goldmann, p. 40.
57) Ibid.
58) Ibid., pp. 21-22.
59) Daum, 어학사전, http://dic.daum.net/search.do?q=%ED%8F%89%ED%99%94, 접속 2015년 3월 12일.
60) Richard Booker, p. 121.
61) Ibid., p. 122.
62) Phil Parshall, *Inside the Coammunity* (Michigan: Grand Rapids, 1994), p. 12.
63) 하디스는 '전승'을 의미하는 아랍어로서, 무함마드와 그의 추종자들에 대한 전승을 수집해 놓은 것을 지칭하는 데 사용된다. 하디스는 꾸란 다음으로 존중되고 있으나 꾸란이 어떤 비판도 허락하지 않는 반면에, 하디스는 그 기원과 그것을 지지하는 권위자들의 지휘에 따라 비판되어지기도 한다. (Geoffrey Parrinder, A Dictionary of Non-Christian Religions (Philadelphia: The Westminister Press, 1971), p. 112).
64) David Goldmann, p. 25.
65) Ergun M. Caner and Emir Fethi Caner, *Unveiling Islam* (Michigan: Grand Rapids, 2002), p. 96.
66) Richard Booker, p. 75.
67) Waleed Nassar, p. 12
68) Ibid., p. 68.
69) Mark A. Gabriel, *Islam and Terrorism* (Florida: Chrisma House, 2002), p. 69.
70) David Goldmann, pp. 16-17.
71) Mark A. Gabriel, pp. 69-70.
72) 유해석, p. 85.
73) David Goldmann, pp. 152-153
74) "알라께서 원하사 너희 짐을 가볍게 하시나니 인간은 연약하게 창조되었기 때문이다"(꾸란 4:28).
75) "너희 가운데 알라의 은혜를 보다 많이 받은 자가 있나니 시기하지 말라. 남성은 그들이 얻은 것 가운데 몫이 있고 여성도 그들이 얻은 것 가운데 몫이 있나니 서로를 시기하지 말며 알라께 구원하라. 알라는 모든 일에 전지전능하심이라"(꾸란 4:32).
76) "하나님을 따라 의와 진리의 거룩함으로 지으심을 받은 새사람을 입으라"(엡 4:24).

77) E. E. Elder, "The Development of the Moslem Doctrine of Sin and their Forgiveness." in: *The Moslem World 29* (1939); 178-188. here p. 188.
78) "금지된 가장 가증한 것을 너희가 피한다면 너희 안에 있는 모든 죄악으로부터 너희를 구하사 천국에 이르는 자비의 문으로 너희를 들게 하리라"(꾸란 4:31).
79) "그리하여 알라는 그분의 뜻에 따라 방황케 하시고 그분의 뜻에 따라 인도하시니 그분은 권능과 지혜로 충만 하심이라"(꾸란 14:4).
80) 고전 15:14, 17.
81) Shaikh Muhammad Abduh, *The Theology of Unity* (London: Z George & Allen, 1965), as quoted in Kenneth Cragg and R. Marston Speight, *Islam from Within* (Belmont, Calif.: Wadsworth, 1980), p. 20.
82) "그가 그것을 위조하였다 말하더뇨? 일러 가로되 그와 같은 말씀을 가져오라 하고 너희의 힘을 다하여 알라 외에 구원을 하여보라 너희가 진정 진실한 자들인가?"(꾸란10:38).
83) 공일주, 『코란의 이해』 (서울: 한국외국어대학교출판부, 2008), p. 3.
84) 메디나의 원래 이름은 야스립(Yathrib)인데 무함마드가 득세한 이후에 선지자의 도시(Madiat al-nabi)라고 하여 메디나로 그 이름을 바꾸어 부르게 되었다. (L. Esposito John, *The Oxford History of Islam* (New York: Oxford Universty press, 1999), p.8.
85) Canon Sell, *The Historical Develoment of the Quran* (Oak Park, I11.: International, n. d.), pp 1-2.
86) 공일주, p. 18.
87) 이슬람은 크게 수니파와 시아파로 나뉜다. 수니파와 시아파의 분리 이유는 이슬람의 발전 단계에서 교리와 신앙적인 문제의 논쟁이 아니고 이슬람 제국과 권력행사의 요구에 있었다. 시아파는 무함마드의 후계자는 무함마드의 직계손인 알리와 그 아들들이 통치권을 받았어야 한다고 주장하였다. 따라서 알리와 그 직계손을 거의 신처럼 숭배하고 하나의 고유한 이맘 계급(Hierarchi)으로 발전시켰다. 시아파는 전체 이슬람의 14-16%이다.
88) Abd al-Masih, *Dialogue with Muslim*, 『무슬림과의 대화』, 이동주 역, (Christian Literature Crusade, 2009), p. 171.
89) 김대옥, 『이슬람의 성경변질론』 (서울: Christian Literature Crusade, 2009), p. 22.
90) Abd al-Masih, p. 145.
91) 꾸란에서 성서의 백성은 유대인과 기독교인을 가르킨다.
92) "우리(알라)가 그대에게 계시한 것에 그대가 의심한다면 그대 이전에 성서를 읽은 자들에게 물어보라…그대의 주님으로부터 진리가 그대에게 이르렀나니 의심하는 자가 되지말라"(꾸란 10:94).
93) "믿는 자들이여 알라와 선지자 그리고 선지자에게 계시된 성서와 너희 이전에 계시된 성서를 믿어라 했거늘 알라와 천사들과 성서들과 선지자들과 내세를 부정하는 자 있다면 그는 크게 방황하리라"(꾸란 4:136).
94) "너희 중에 누가 죽어서 과부를 남기면 과부들은 재혼하기 전에 4개월 10일을 기다려야 한다. 그들이 이 정해진 기간을 지키면 그들이 스스로 선택한 것을 너희는 비난하지 말 것이다"(꾸란 2:234).

95) 이정순, 『이슬람 문화와 여성』, (서울: Christian Literature Crusade, 2007), p. 20.
96) Thomas Patrick Hughes, *Hughes' Dictionary of Islam* (Chicago: Kazi, 1995), p. 520.
97) Al Tabari, Hadith, 6권 107쪽.
98) Musa Al-Hariri, *A Bishop and a Prophed* (Beirut, Lebanon: 1979), pp. 18-20; Tor Andrae, Mohammed: *The Man and His Faith* (New York: Harper Torchbooks, 1960), p. 118.
99) Joachim Gnilka, p. 37.
100) Ludwig Hagemann, *Christentum contra Islam, Darumstadt*, 1999, 『그리스도교 대 이슬람, 실패한 관계의 역사』, 채수일, 채혜림 역, (서울: 심산, 2005), pp. 152-174.
101) 이 분파의 이름은 떡 조각을 뜻하는 헬라어 kollyris 에서 유래했다. 여신 마리아에게 떡을 바치는 행위를 지칭하는 것이다.
102) David Thomas, *The Doctrine of the Trinity in the Early Abbasid Era*, in *Islamic Interpretations of Christianity*, ed. Lloyd Ridgeon(Richmond: Curzon Press, 2001), pp. 78-98.
103) Alister McGrath, Heresy: *A History of Defending the Truth*, 2009, 『그들은 어떻게 이단이 되었는가』, 홍병룡 역, 포이에마, 2011, p. 334.
104) 영지주의가 꾸란에 영향을 끼쳤다. 예를 들어서 꾸란에는 예수님이 진흙으로 만든 새들에게 생명을 불어 넣었다는 이야기가 나오는데(꾸란 3:49; 5:110), 이는 영지주의 문헌인 (도마가 쓴 유년기 복음) 4장 2절에 언급되는 내용이다. 이와 더불어 시리아가 꾸란에 끼친 영향도 주목할 필요가 있다. 참고, Gabriel Said Reynolds, ed., *The Qur'an in Its Historical Context* (New York: Routledge, 2007).
105) Mark A. Gabriel, *Islam and the Jews The Unfinished Battle*, 『이슬람과 유대인 그 끝나지 않은 전쟁』, 4HIM 번역, 2009, pp. 109-110.
106) 이정순, 『이슬람 문화와 여성』, (서울: Christian Literature Crusade, 2007), p. 34.
107) 에비온주의자(Ebionite)라는 말은 가난한 자를 뜻하는 히브리어 에비님(ebyonim)에서 유래한 것으로서 그리스도인들이 대체로 사회 하층민 출신으로 가난했기 때문에(행 11:28-30; 24:17; 고전 1:26-29; 16:1-2) 원래 그리스도인을 일컫는 말로 사용했던 것으로 보인다.
108) 김영구, 김구철, 『이단과 사이비』, (서울: 아가페, 2004), p. 33-35. 에비온파는 정통기독교에 적대적이었으며 예수님을 다시 살아난 모세로 인정하였으며, 에세네파와 영지주의 요소가 결합된 성향이 있다. 성경은 모세오경만 받아들이고 신약에서는 마태복음만 받아들였다.
109) Richard Bell, *The Origin of Islam in Its Christian Environment* (London: Frank Cass and Co., 1926), pp. 136, 140.
110) 이를 몇 가지 측면에서 다룬 다음 책을 참고하라. Gerd Ludemann, Heretics, *The Other Side of Early Christianity* (London: SCM Press, 1996), p. 52-53.
111) Mark A. Gabriel, p. 113
112) 공일주, 『코란의 이해』, p. 99.
113) Comm. on 2 Thess. 2:3, CO 52,197.

4장

1) Joachim Gnilka, *Bibel und Coran*, 2004. 『성경과 코란』, 오희천 역(서울: 중심, 2005), p. 54.
2) Canon Sell, *The Historical Development of the Quran* (London: Kent & Co, 1923), Introduction.
3) Joachim Gnilka, p. 68.
4) William St. Clair Tisdall, *The Original Sources of the Quran* (London: Society for Promoting Christian Knowledge, 1911), p. 17.
5) Ibid., p. 20.
6) Ibid., pp. 16-22.
7) 공일주, 『코란의 의미를 찾아서』 (서울: 예영커뮤니케이션, 2007), pp. 16-7.
8) "실로 너희는 라트와 웃자를 보았으며" (꾸란 53:19).
9) William St. Clair Tisdall, p. 33 각주3.
10) Ibid., p. 34.
11) Ibid., p. 44.
12) David Goldmann, *Islam and the Bible* (Chicago: Moody Publishers, 2004), p. 124.
13) 이 세 부족은 바니쿠라이자(Banu Quraidhah), 바니나드르(Banu Nadhir), 바니카이누카(Banu Qainuqa)인데 이 세 부족은 세력이 강해진 무함마드에 의하여 모두 참수당하거나 추방당하였다. 나머지 유대인들은 걸프만 연안에 자리잡았다.
14) Mark Durie, *Revelation?* (Australia: Harvest Publication, 2007), p. 39.
아브라함과 이스마엘이 메카에 있는 카비신전을 건설했다고 꾸란에 기록되어 있다(꾸란 2:127).
15) 아브라함이 메카로 갔다는 이야기는 성경에는 등장하지 않지만 역사적으로 많은 논쟁이 있어왔다. 예를 들어서 윌리암 뮈르 경(Sir William Muir, 1819-1905)은 아브라함이 메카로 갔다는 이야기를 모두 부정한다. 이것은 이슬람이 등장하기 훨씬 전에 유대인들이 아랍인들을 아브라함의 후손으로 연관지어 아브라함을 만남의 아버지로 삼기 위해서 지어낸 이스라엘화의 하나였다고 주장한다. 유대인들은 자신들을 이삭의 후손으로 여기므로 아랍인과 사촌이 될 수 있고, 아랍인들은 이삭의 형인 이스마엘의 자손이라고 주장한다면 자신들이 환대를 받을 자격이 생긴다. 그래서 유대인들이 아라비아반도에 정착하여 아랍인들과 교역을 증진시키기 위하여 꾸며낸 이야기라는 것이다. (William Muir, *Life of Mahomet* (London: Smith Elder and Co., 1861), pp. 92-93).
16) Joachim Gnilka, p. 82.
17) A.D. 623년 11월, (꾸란 2:136-40).
18) 이스라엘 백성은 시내 산에서 하나님과 율법언약을 체결한 후에 율법의 규례를 지킬 의무를 지니게 되었다. 대속죄일은 일 년에 한번씩 새로운 해를 시작하면서 죄를 온전히 씻음 받고 온전한 가운데 하나님을 섬기며 살아야 한다는 것을 깨우치게 하기 위하여 치르는 의식이다.
19) William St. Clair Tisdall, p. 59.

20) 그 중의 일부를 제시하면 가인과 아벨의 이야기(꾸란 5:30-35), 하나님도 인정했던 대수렵가 니므롯 이야기(창 10:8-9)는 꾸란 여러 곳에서 찾을 수 있다.(꾸란 2:26, 6:74-84, 21:52-72, 19:42-50, 29:69-79, 29:15-16, 37:82-95, 43:25-27, 60:4), 시바 여왕과 솔로몬의 방문 이야기(꾸란 27:17, 27:20-45) 등이 있다.
21) Mark A. Gabriel, *Jesus and Muhammad* (Florida: FrontLine, 2004), p. 29.
22) Isaac Taylor, *Ancient Christianity, and the doctrines of the Oxford tracts* (Philadelphia: Herman Hooker, 1840), p. 226.
23) William St. Clair Tisdall, pp. 137-138.
24) S. W. Koelle, *Mohammed and Mohammedanism* (London: Richmond House, 1888), p. 136.
25) 또 마리아의 아들 예수가 "이스라엘 자손들이여! 실로 나는 너희 앞에 보내어진 선지자로서 내 앞에 온 구약과 내 후에 올 아흐맏이란 이름을 가진 한 선지자의 복음을 확증하느니라." 그러나 그가 분명한 예증으로 그들에게 임하였을 때 "이것이 분명한 마술이라"라고 하였다"(꾸란 61:6).
26) 꾸란 3:39; 꾸란 4:171.
27) William St. Clair Tisdall, pp. 147-148.
28) "그리하여 그들은 삼백년에 아홉을 더하여 동굴에 머물렀더라"(꾸란 18:25).
29) "나의 주님만이 그들의 숫자를 가장 잘 아시나니 소수 외에는 그들을 잘 알지 못함이더라 그러니 분명한 것을 제외하고는 그에 관해 논쟁하지 말며 그들 중 어느 누구에게도 그것에 관해 묻지 말라"(꾸란 18:22).
30) Joachim Gnilka, p. 150.
31) 꾸란 19장 28절에 의하면 예수의 어머니 마리아가 아론의 누이라고 기록되어 있다.
32) 무함마드의 언행록인 '사히 무슬림'(Sahih of Muslim)에 의하면 나즈란 기독교인들이 무함마드를 방문했을 때, 이 부분에 대한 오류를 무함마드의 측근인 무가이라(Al-Mughairah)에게 지적했음에도 불구하고 만족할 만한 답변을 얻지 못했다고 한다.
33) 최영길, 『꾸란해설』(서울: 송산출판사, 1988), p. 84.
34) Ibid., pp. 84-85, 각주 35-1, 이슬람 전통에서 마리아의 어머니 이름은 한나이다. 마리아가 성전에게 길러졌다는 내용이나 마리아의 어머니 한나라는 이슬람 전통은 성경에 기록된 사무엘의 어머니 한나가 사무엘을 성전에 바친 것에서부터 온 생각이다. 그러나 여자 아이에게 같은 일이 일어났다는 것은 명백히 무지한 일이며 위경에서처럼 마리아가 지성소에서 길러졌다는 내용은 더욱 무지함을 드러내는 것이다. 왜냐하면 여자 아이는 성전에서 길러질 수 없으며 지성소는 대제사장만 들어갈 수 있는 곳이기 때문이다.
35) 『야고보의 복음서』(protevangelium of James)는 야고보의 이름을 딴 위경으로서 A.D. 145년에 쓰였을 것으로 추정된다.
36) 초대교회 당시에는 신구약성경 66권 이외에도 외경과 위경들이 많이 있었다. 정경(canon)은 신구약성경 66권을 말한다. 본래는 헬라어의 캐논(Kanon)에서 유래한 말로서 '표준, 척도, 모델'을 뜻한다. 외경(Apocrypha)은 성경의 편집 선정 과정에서 제외된 문서들로서 BC 1세기부터 AD 1세기 사이에 쓰여진 14권 혹은 15권의 특별한 책을 통칭하는

용어이다. 위경(Pseudepigrapha)은 위조된 성경들을 일컫는 말이다. 위경은 정경이나 외경과는 달리 창작된 허구이다. 초대교회 당시에 거짓된 위경들이 많이 존재하였다. 위경의 특징은 정확한 저자의 이름을 알 수 없으며 대부분 위경의 책에 등장하는 성경 인물들의 이름을 그 책의 저자로 내세운다.

37) William St. Clair Tisdall, p. 156.
38) Ibid., pp. 169-70.
39) Waleed Nassar, *Muslims Untouchable or Reachable?* (Florida: 1996, Unpublished Book), Appendix D-6.
40) Joachim Gnilka, p. 150.
41) 최영길, p. 161.
42) 최후의 만찬 내용은 사복음서와 고린도전서에 기록되어 있다. 마 26: 20-29, 막 14: 17-25, 눅 22: 14-23, 요 13: 1-30, 고전 11:20-34.
43) 이 우화의 출처는 어디일까? 꾸란 5:115절에 "제자들"(l-hawariyuna)이라는 아랍어 단어가 있다. 이 단어는 에티오피아 에서만 사용하는 예수의 사도들에 대한 특별한 호칭이다. 이슬람이 시작되고 나서 이슬람에 대한 박해가 있자 무함마드는 A.D. 615년 무슬림들을 기독교 국가였던 에티오피아로 피신을 시켰다. 이 우화가 에티오피아에서 구전으로 내려오는 예수의 전설과 연관이 있을 것으로 본다. (William St. Clair Tisdall, p. 177).
44) Ibid., p. 186.
45) Mark Durie, p. 26.
46) 콥트(Coptic)는 이집트를 말하고 콥트교는 이집트인들의 기독교를 의미한다. 여기서 콥트라고 말하는 것은 콥트교와의 연관성 때문이다.
47) Forbes Robinson, *Coptic Apocryphal Gospels* (Cambridge: University Press, 1896), pp. 108-109.
48) Ibn Kathir, *Stories of the Prophets* (Riyadh: Maktaba Dar-us-Salam, 2003), p. 275.
49) William St. Clair Tisdall, p. 142, footnote 1.
50) David Goldmann, p. 44.
51) 초기 교부들이 마니(Mani)의 가르침에 대하여 다양한 정보를 제공하였지만 20세기까지 마니의 생애에 대한 충분히 신뢰할 만한 자료는 없었다. 그러나 이븐 아나딤(Ibn al-Nadim)이 938년에 출판한 피흐리스트(Al Fihrist, 목록)에 담긴 마니의 생애를 통하여 알려졌다.
52) William St. Clair Tisdall, p. 192.
53) 에비온파(초기 유대인 기독교의 한 종파)는 무함마드가 이슬람을 만들 때 영향을 끼친 종파이다. 당시의 에비온파는 수용적이고 신뢰감있는 종파로 알려졌다. 에비온파는 히브리어로 기록된 변질된 마태복음을 사용하기도 하였다. 초대교부였던 에피파니우스(Epiphanius, 315-403)의 기록인 Epiphanius (Haer. x)에 따르면 나바티안(Nabathaea), 모압(Moabitis), 바산(Basanitis)에 살고 있는 에비온파는 사람들의 개념을 묘사할 때 꾸란 31장 59절에서 사용된 모든 단어들이 거의 그대로 사용되었다. 그들은 할례를 지켰으며, 독신주의를 반대했고, 일출을 의지하는 것을 금지시켰다. 그들은 예배하는 장소를 예

루살렘으로 지켰고(무함마드가 12년 동안 그랬던 것처럼) 기도하기 전에 씻는 행위를 꾸란에 나오는 것과 유사하게 지켰으며 이슬람에도 허용되어 있는 맹세(구름, 황도, 십이궁의 표시, 기름, 바람 등에 맹세하는 것)를 허용하였다. 에비온파는 예수를 하나님의 아들이 아니라 선지자로 보았으며 A.D. 135년에 이단으로 판명 났다. 무함마드의 절충주의 속에 이러한 것이 드러나는 것은 우연이 아니다. (John Bishop of Lincoln, Some Account of the Writings and Opinions of Justin Martyr (Cambridge: University Press, 1821), p. 145, footnote 29.

54) Ibn Kathir, p. 2.
55) 아마도 무함마드는 맏아들이라는 단어를 가장 먼저 창조되었다는 뜻으로 착각했던 것 같다. 가장 먼저 창조되었다는 말은 위경인 『아브라함의 성서』에서 반복적으로 아담을 가리키는 말로 등장한다. (Ibid., p. 196, footnote 1).
56) Ibid., p. 242.
57) Ibid., pp. 203-204.
58) 조로아스터교 신화에서도 이집트 신화에서와 유사한 방식으로 저울이 등장한다. 라슈누(Rashnu)는 죽은 자를 심판하는 세 명의 심판자 중 한 명인데(cf. 그리스의 유사한 이야기에서도 이와 같은 역할을 하는 신으로 미노스(Minos), (라다만토스)Rhadamanthus 그리고 아이야코스(Aeacus)가 등장한다) 이 자도 저울을 들고 있으며 사람이 죽은 후에 그의 선행과 악행이 이 저울에 의해 저울질 된다. 다른 심판자들은 미트라(Mithra)와 스라오샤(Sraosha)이며 이들은 후기 페르시아 전설에서 미르(Mihr)와 사로쉬(Sarosh)가 된다. 유럽의 중세 시대에는 미가엘(Michael) 천사가 저울을 들고 있을 것이라고 생각되기도 했다.
59) 사우디 아라비아의 메카에 있는 카바 신전을 의미한다.
60) 예루살렘에 있는 이슬람 사원
61) Mohammed Ben Abdullah Al-Khatib At-Tabrizi, *The Niche of Lamps* (Beirut: Dar Al-Kotob Al-Ilmiyah, 2012), p. 521.
62) William St. Clair Tisdall, pp. 207-208.
63) William St. Clair Tisdall, *The Religion of the Crescent, Being The James Long Lectures on Muhammadanism* (1906) (London: Kessinger Publishing, 2010), pp. 116-118.
64) William Muir, *Life of Mahomet* (London: Smith Elder and Co,. 1861), pp. 31-32, 97.
65) 최영길, p. 476.
66) 마지막 시드라는 맨 끝에 있는 나무라는 뜻으로서, 그 나무는 7번째 하늘에 있는 나무로 강물에서 돋아난 것으로서 아리쉬 우편 가장 마지막에 있는 나무이며 그 뒤에 있는 것은 알라 외에는 아무도 모르는 것이라고 일부 해설가들이 풀이하고 있다.(최영길, p. 1004, 각주 14-1).
67) (아르다 비라프 7:1-4) "The Book of Arda Viraf" (Translated by Prof. Martin Haug, of the University of Munich http://www.avesta.org/mp/viraf.html. Accessed 3 May 2015.
68) (아르다 비라프 101:1, 4, 10) Ibid.
69) William St. Clair Tisdall, *The Original Sources of the Quran* (London: Society for Promoting Christian Knowledge, 1911), p. 231.

70) 최영길, p. 1019.
71) 술이 흐르는 강에 대해서는 꾸란 47장 15절에 잘 나와 있다. "의로운 자들에게 약속된 천국으로 비유하사 그곳에 강물이 있으되 변하지 아니하고 우유가 흐르는 강이 있으되 맛이 변하지 아니하며 술이 흐르는 강이 있으니 마시는 이들에게 기쁨을 주며…"
72) 움무 쌀마가 무함마드에게 "이것(후르 아인)을 어디에 비유할 수 있느냐고 물으니 무함마드가 '그것은 아무도 손대지 아니한 굴속에 잘 보관된 진주와도 같으니라'고 대답하였다.(최영길,『꾸란해설』, p. 1031, 각주 23-1).
73) 이곳은 일곱 번째 지옥, 혹은 지옥의 가장 낮은 층의 이름이며 이 장소에 보관되어있는 책의 이름이기도하다. 이 책에 악마들은 배교자들과 불신자들의 악행을 기록한다. "사악한 자의 기록은 씻진에 보관되어 있도다. 씻진이 무엇인지 무엇이 너희에게 알려주리요? 그곳에 기록된 기록부가 있도다. 그 날에는 불신한 그들에게 재앙이 있을 것이요. 심판의 날을 부정하는 이들에도 재앙이 있을 것이라"(꾸란 83: 7-11)
74) 이미 언급된 것처럼, 지구는 지옥이나 천국과 같이 여러 층으로 되어 있다고 생각했다.
75) A. Yusuf Ali, *The Holy Quran and Commentary* (Pakistan: Sh. Muhammad Ashraf Publishers, 1934), p. 1288.
76) Ibid.
77) Mark Durie, p. 35.
78) 꾸란의 모순들, 수학적인 오류. http://blog.daum.net/jonghojang/8676009, 2015년 3월 5일 접속.
79) Joachim Gnilka, p. 19.
80) Waleed Nassar, Appendix D-2.
81) Mark Durie, pp. 34-35.
82) Ibid., p. 34
83) 하람사원은 메카의 카바신전을 말한다.
84) Waleed Nassar, Appendix D-2.
85) Ibid.
86) Ibid., Appendix D-2, D-3.
87) Ibid.
88) Daniel Shayesteh, *The House I Left Behind: A Journey from Islam to Christney* (Sydney: Talesh Books, 2012), p. 68.
89) 한국어 번역을 의도적으로 바꾼 것은 수도 없이 많이 있다. 예를 들어서 최영길의『꾸란해설』(서울:송산출판사, 1988)에 의하면 꾸란 4장 34절에 "…품행이 단정치 못하다고 생각되는 여성에게는 먼저 충고를 하고 그 다음으로는 잠자리를 같이 하지 말 것이며 셋째로는 가볍게 때려줄 것이로다"라고 되어 있다. 한국어 꾸란에 '가볍게 때려주라'고 번역했는데 아랍어 꾸란에는 '가볍게'라는 말이 존재하지 않는다. 그래서 꾸란은 반드시 아랍어로만 쓰인 것을 꾸란이라고 하고 다른 나라 언어로 쓰인 것을 '꾸란 해설'이라고 한다. 꾸란의 해설이다 보니 그 문화의 상황에 따라서 이슬람에 유익이 되는 방향으로 고친 것이 많다.
90) Joachim Gnilka, p. 189.

91) Waleed Nassar, Appendix D-3, D-4.
92) Ibid., Appendix D-4.
93) 최영길, pp. 258-9, 각주 133-1.
94) Waleed Nassar, Appendix D-4.
95) Ibid.
96) Ibid.
97) Joachim Gnilka, p. 185.
98) 꾸란 주석가 요세프 알리는 인간의 창조를 묽은 진흙으로 빚어서 만든 다음에 그것이 마른 후에 알라의 영혼이 그 안에 들어가서 사람이 된 것으로 풀이한다. 그러나 이는 알라의 성품 즉 내재된 속성 가운데 알라가 인간의 안에 거주하는 개념(The Indwelling God)이 없기 때문에 이는 이슬람 신학과 상반이 된다. 요세프 알리의 견해는 그가 번역한 꾸란에 기록되어 있다(A. Yusuf Ali, p. 642).
99) 이 부분에서 최영길은 "시체로 건져냈다"고 번역하였다. 이 번역은 잘 못되었다. 영어와 아랍어 모두 "구해주었다"고 분명하게 기록되어 있다. (최영길, 『꾸란해설』, p. 139)
100) Waleed Nassar, Appendix D-5.
101) Ibid.
102) 서원모, "역사신학적 관점에서 본 기독교와 이슬람", 『이슬람연구 1』, (서울: 예영커뮤니케이션, 2003), pp. 24-26.
103) 최영길, p. 3, 각주 2.
104) Ludwig Hagemann, *Christentum contra Islam, Darmstadt*, 1999. 『그리스도교 대 이슬람, 실패한 관계의 역사』, 채수일, 채혜림 역, (서울: 심산, 2005). p. 158.

5장

1) 이때에 받았다고 하는 계시는 다음과 같다. "전투에 임하지 않았던 그들은 선지자 뒤에 남아 있는 것을 기뻐하며 그들의 재산과 자신들로 알라를 위해 성전하지 아니하고 오히려 '더운데 출전하지 말라' 하였더라. 일러 가로되 '지옥의 불은 더 강하다' 하니 그들이 이해하니라"(꾸란 9:81). 최영길, 『꾸란해설』(서울: 송산출판사, 1988), p. 318, 각주 81-1.
2) Spyros A. *Sofos and Roza Tsagarousianou, Islam in Europe* (England: Palgrave Macmillan, 2013), p. 30.
3) Philip Jenkins, *God's Continent* (Oxford: Oxford University Press, 2007), p. 105.
4) 이성덕, "종교개혁시대 이슬람의 팽창과 루터의 입장", 『한국기독교신학총론』 제24권 (2002): p. 156.
5) WA 1, 535, 35-39. (WA는 바이말판 루터총서: Weimarer Ausgabe=D.Martine Luthers Werke. Kritische Gesamtausgabe(Weimar, 1883-). 이후에는 WA로만 표시한다.) 이성덕, p. 144에서 재인용.
6) WA Br 1, 282, 3-14, an Georg Spalatin am 21. Dezember 1518.; 이성덕, p. 145에서 재인용.
7) WA 53, 391, 11-17, 이성덕, p. 156에서 재인용.

8) WA 30 II, 120, 12, 이성덕, Ibid., p. 148에서 재인용.
9) 이성덕, p. 149.
10) WA 30 II, 170, 1-11., 이성덕, p. 150에서 재인용.
11) 최민범, "이슬람에 대한 선교적 설교전략으로서 루터설교연구", 2013년 석사학위논문, 총신대학교대학원, pp. 41-42.
12) Ibid., p. 61.
13) 『목회와 신학』, (2013, 11), p. 89.
14) John Calvin, Institutes of the Christian Religion Translated by Henry Beveridge (Massachusetts: Handrickson Publishers, Inc. 2008) p. 28, 정대훈, "칼빈의 타종교와 이단에 대한 이해", 2011년 석사학위논문 총신대학교대학원, p. 79에서 재인용.
15) 정대훈, "칼빈의 타종교와 이단에 대한 이해", 2011년 석사학위논문 총신대학교대학원, pp. 72-73.
16) John Calvin, Sermons on Deuteronomy (1551), Edinburgh: Banner of Truth Trust, 1987 rep., 4:8 설교 중에서, 김성봉, '이슬람에 대한 칼뱅의 견해', 『크리스찬을 위한 이슬람세미나 세미나북』, 미간행물, (2013년 11월 12일, FIM국제선교회), p. 9, 재인용.
17) John Calvin, *Commentary on Second Thessalonians in his The Epistles of Paul the Apostle to the Romans and to the Thessalonians*, Grand Rapid: Eerdmans, 1961 rep., pp. 398-400., 김성봉, Ibid.
18) 김성봉, p. 11.
19) John Calvin, Institutes of the Christian Religion Translated by Henry Beveridge (Massachusetts: Handrickson Publishers, Inc. 2008), p. 4, 김성봉, p. 12에서 재인용.
20) Emidio Campi, "Probing similarities and differences between John Calvin and Heinrich Bullinger" (10th International Congress on Calvin Reserch University of The Free State, Bloemfotein, South Africa, 22-27 August 2010), p. 10, 정대훈, p. 77에서 재인용.
21) John Calvin, Sermons on the Deuteronomy (Deut. 13:6-10. 1555), p. 545, 정대훈, Ibid.
22) John Calvin, Sermons on Deuteronomy (1551), Edinburgh: Banner of Truth Trust, 1987 rep., 18:15f.과 33:2에 대한 설교 중에서, 김성봉, p. 13에서 재인용.
23) 김성봉, p. 14.
24) 정대훈, p. 77.
25) J. Jerkins, "Islam in the Early Modern Protestant Imagination,", p. 8. 김성봉, p. 15에서 재인용.
26) Shin Ahn, "*Calvin's Theology of Mission and his Understanding of Other Religions: Cases of Judaism and Islam,*" (2011 Asia Calvin Society &Refo 500, 2011), p. 1, 정대훈, pp. 79-80에서 재인용.
27) F. N. Lee, *Calvin on Islam*, 김성봉, pp. 14-15에서 재인용.
28) 김성봉, "이슬람에 대한 종교개혁자 블링거의 견해", 『크리스찬을 위한 이슬람 세미나 세

미나북』, 미간행물, (2013년 11월 12일, FIM국제선교회), p. 2.
29) Emidio Campi, p. 10, 정대훈, p. 70에서 재인용.
30) Ibid.
31) Ludwig Hagemann, *Christentum contra Islam*, Darumstadt, 1999. 한국어 역, 『그리스도교 대 이슬람, 실패한 관계의 역사』, 채수일, 채혜림 역(서울: 심산, 2005), p. 46.
32) 박상봉, "하인리히 불링거의 '헝가리 교회와 목회자들에게 쓴 서신(1551)'", (종교개혁 496주년 기념강좌 1, 2013년 10월 27일), p. 18.
33) "너희는 내가 사로잡혀 가게 한 그 성읍의 평안을 구하고 그를 위하여 여호와께 기도하라 이는 그 성읍이 평안함으로 너희도 평안할 것임이라"(렘 29:7).
34) 박상봉, p. 28.
35) Ibid., p. 33.
36) 김성봉, p. 4.
37) Ibid., p. 5.
38) Der Tuergg, Von Anfang und Ursprung dess Tuerggischen Glaubens/ der Tuerggen/ ouch jrer Koenigen und Keyseren/ und wie fuertraenffenlich vil landen unnd luethen/ sy innet 226. yaren yn genommen/ und der Christenheit abtrungen habind..(= Origin of the Turkish faith, kings and emperors of the Turks, and haow capable they were to capture and take away within 266years so many lands and people from Christianity), [Zurich: n.p.] 1567), 4v-5r, 김성봉, Ibid.
39) Ibid.
40) Der Tuergg, 6v와 7r., Ibid.
41) 김성봉, p. 7.
42) Der Tuergg, 6v., Ibid.
43) 김성봉, Ibid.
44) 김성봉, pp. 10-11.
45) Ludwig Hagemann, p. 155.

6장

1) Worldometers, Current World Population, http://www.worldometers.info/world-population/ (accessed 17 February, 2014)
2) 김정위, 『중동사』(서울: 대한교과서, 2008), p. 452.
3) Ibid., p. 454.
4) Ibid., p. 452.
5) Abu Abdu'l lah Mohammad Ibn Abdu'l lah al-Idrisi, Nuzhatu'l Mushtaq fi Ikhtiraqi'l Afaq, (Napoli, 1970), p. 116; 무함마드 깐수, 『新羅‧西域交流史』, (서울: 건국대학교, 1992), p. 193에서 재인용.
6) 정수일, 『이슬람문명』, (서울: 창작과비평사, 2002), pp. 330-331.
7) 무함마드 깐수, pp. 270-271.

8) 오늘날의 울산을 의미하며 신라 시대에는 최대 국제 무역항이었다.
9) 왕의 측근에서 천체의변이로써 길흉을 가리는 일을 맡은 관직을 의미한다.
10) 정수일, 『혜초의 왕오천축국전』, (서울: 학고재, 2004), p. 163.
11) Ibid., p. 173.
12) 고병익, 『東아시아의 傳統과 近代化』(삼지원, 1984), p. 80.; 이희수, 『한·이슬람 교류사』, p. 76에서 재인용.
13) 이희수, 『이슬람』, (서울: 청아, 2008), p. 424.
14) 당나라와 송나라에 걸쳐 중국에서 아라비아를 지칭하기 위하여 광범위하게 사용된 단어이다. 대식은 7세기 중엽 이후 송대까지 주국에서 아랍, 페르시아인 및 무슬림들을 지칭하였고, '대식 상인'들은 아랍 무슬림들을 지칭하는 용어로 사용하였다.
15) 『高麗史』, 제 5권, 세가 제5, 현종2, 현종 갑자 15년 (1024년).
16) 이희수, 『한·이슬람 교류사』, (서울: 문덕사, 1991), p. 81.
17) 『高麗社』, 123권, 열전 제36, 폐행 1, 장순룡.
18) 이희수, p. 134.
19) Ibid., p. 129.
20) 『高麗社』, 제32권, 세가 제32, 충렬왕 5, 충렬왕 신축 27년(1301년)., 『高麗社』, 제32권, 세가 제 32, 충렬왕 5, 충렬왕 계묘 29년(1303년)., 『高麗社』 제32권, 세가 제32, 충렬왕 5, 충렬왕 을사 31년(1305년).
21) Ibid., 영인본 1책, p. 383.
22) Ibid., 영인본 2책, p. 270.
23) Ibid., 영인본 3책, p. 54.
24) 정수일, p. 346.
25) 이희수, p. 346.
26) Ibid., p. 251.
27) 한국이슬람교중앙회, *Islam in Korea*, (서울: 한국 이슬람교 중앙회, 2008), p. 3.
28) 이희수, pp. 257-258.
29) Ibid., p. 262.
30) 한국이슬람교중앙회, *Islam in Korea*, p. 5.
31) 최윤식, 『2020 2040 한국교회 미래지도』, (서울: 생명의말씀사, 2013), p. 146.
32) Ibid., p. 151.
33) 박성호, "다문화와 노인문제", http://ilyo.co.kr/detail.php?number=70788 (accessed 17 February 2014).
34) * 계산법 : (체류인원) X {(무슬림 비율) / 100} [소수점 이하는 '버림'으로 하였다.]
ex) 아제르바이잔 : 142 X 0.934 =132.63 [반올림을 하면 133명이지만, 버림으로 하여 132명으로 산출]
* 무슬림 비율은 다음의 Website를 참고하였음(2014. 1. 22(수). am 10:05 접속)
http://www.nationmaster.com/graph/rel_isl_per_mus-religion-islam-percentage-muslim

(단, 팔레스타인 지역은 대한민국 외교부 홈페이지에서 팔레스타인 국가 소개를 참고하였음)
35) http://cafe.naver.com/pup21.cafe?iframe_url=/ArticleRead.nhn%3Farticleid=4515
36) 윌리암 와그너, 『이슬람의 세계 변화 전략』, 노승현 역(서울: APOSTOLOS PRESS, 2007), p. 137.
37) 김아영, "한국의 이슬람, 우리 안의 미전도 종족", 『목회와 신학』 2013. 11월호, p. 42.
38) 한국기독교범교단이슬람대책위원회, 『이슬람을 경계하라』, (서울: 한국기독교범교단이슬람대책위원회, 2012), p. 20.
39) 김아영, p. 42.
40) Steve Doughty, "Number of British Muslims will double to 5.5m in 20 years", Daily Mail, 28 January 2011.
41) J. Dudley Woodberry, *From Seed To Fruit* (Pasadena: William Carey LIbrary, 2008), Introduction.
42) "2013년 한국 출산율 1.18명…전년보다도 떨어져", 『연합뉴스』 2014. 2. 13.
43) 조희선, "한국 무슬림 정체성", 『Muslim-Christian Encounter』, Vol. 4(한국이슬람연구소, 2010), 98.
44) 이정순, "기독교 선교적 관점에서 본 국내 모슬렘 여성", 『목회와 신학』 2013. 11, p. 67.
45) 이희수, 『이슬람과 한국문화: 걸프해에서 경주까지 1200년 교류사』, (청아출판사, 2012), p. 350.
46) Ibid., p. 350.
47) 이희수, "한국이슬람의 어제와 오늘", 미간행, 한국이슬람연구소 공개강좌 강의안, 2004. 4.
48) 2007년 8월 한국이슬람중앙회 발행, *ISLAM in KOREA*.
49) 『선교타임즈』 "한국 무슬림 인구 20만 명 넘어서", 2012. 8, p. 21.
50) 정마태, "이슬람을 향한 기독교 선교의 역사적 흐름과 한국적 대안(1900-2012)", 『이슬람연구 1』, (서울: 예영커뮤니케이션, 2013), p. 332.
51) 『한국일보』 2011년 2월 23일.
52) 『연합뉴스』 2011년 11월 30일.
53) Leo McKinstry, "The Pm's Right Speak Out Against Multiculturalism", Daily Express, 7 February 2011.
54) Steve Doughty, "Number of British Muslims will double to 5.5m in 20 years", Daily Mail, 28 January 2011.
55) Ibid.
56) "Islam in Britain", *Institute for the Study of Islam and Christianty Bulletin* (London: The Institute), October/November, 1996.
57) 'Britain, Bengali but British', Go, Interserve, 2nd Quarter 1996. 8. 참고로 2005년 통계에 의하면 스웨덴에는 250개의 모스크가 있고, 덴마크에는 150개, 프랑스에는 약 1,500개의 모스크가 존재한다. 독일은 2,600개의 모스크가 있다.
58) 공일주, 『한국의 교회와 무슬림 사역의 방향』, 이슬람선교포럼, 한국선교신학회, 2009년 4

월 18일, p. 45.
59) Tom Morgan and Anthony France, "Woman in niqab wrecked my life in acid assault", The Sun, 2 February 2013.
60) Henry Bodkin, "Sharia patrols snatch drinks from passers-by", The Sunday Times, 13 January 2013.
61) Douglas Murras, "The 2009 Charles Douglas-Home Memorial Trust Award essay", The Times, 30 December 2009.
62) Andrew Norfolk, "Role of Asian gangs is played down by report on thousands of child sex victims", The Times, 21 November 2012.
63) Alexandra Topping, "Jury told of 'living hell' of rape and trafficking by child sex ring" The Guardian, 16 January 2013.
64) 이 사건들에 관하여는 위키피디아(Wikipedia)를 참조하였다.
65) "일러 가로되 알라께서 명령한 것 외에 우리에게 아무것도 있을 수 없나니 그 분은 우리의 보호자이사 믿는 사람들이 의지하는 분이시라" (꾸란 9:51).
66) "그때 그의 선행이 많았던 자들은 번성할 것이며 그의 저울이 가벼운 자들은 그들의 영혼을 잃고 지옥에서 영생하며"(꾸란 23:102-103), "그날 그의 선행이 무거운 자는 안락한 삶을 영위할 것이나 그의 선행이 가벼운 자는 불지옥의 함정에 있게 되리라"(꾸란 101:6-9).
67) "그곳에는 예증으로서 아브라함의 발자국이 있나니 그곳에 들어간 자는 누구든 안전할 것이며" (꾸란 3:97).
68) "알라의 길에서 순교한 자가 죽었다고 생각지 말라 그들은 알라의 양식을 먹으며 알라의 곁에 살아있노라"(꾸란 3:169).
69) Don Richardson, *Secrets of the Koran*, 2003, 한국어역, 이희민, 『코란의 비밀』, (서울: 쿰란출판사, 2008), p. 288.
70) "Britain facing a 'bic problem' from jihadists returning from Syria", The Times, 16 February 2014.
71) Medowell, Bruce A. and Anee Zaka, Muslims and Christians at The Table (Phillipsburg, New Jersey P&R Publishing, 1999), p. 6.
72) Roland Watson, Jenny Booth and Sean O'Neill, "Woolwich 'killers' were known to security services", The Times, 23 May 2013.
73) Simon de Bruxelles, "Woman beat son, 7, to death and burnt body after he could not memorise Koran", The Times, 6 December 2012.
74) Steve Doughty, "Britain's two million single parent families", Daily Mail, 20 January 2012.
75) Jan Goodwin, *Price of Honor* (Boston: Little, Brown and Company, 1994), pp. 12-13.
76) George W. Braswell, *Understanding Sectarian Groups in America* (B&H Publishing Group, 1994), p. 282.
77) 『서울신문』, 2013년 9월 13일
78) "실로 싸디까는 가난한자, 불쌍한자, 거기에 종사하는자, 그들의 마음이 위안을 받을자,

노예, 채무인자, 알라의 길에 있는자, 그리고 여행자들을 위한 것이니 이는 알라로 부터의 명령이라 알라는 아심과 지혜로 충만 하시도다." (꾸란 9:60)

79) 최윤식, p. 79.
80) Ibid.
81) 최종상, "영국교회의 현황과 한인교회의 영국선교 방안" 『디아스포라영국』, 재영한인연합회, (서울: 에디아, 2004), pp. 64-78.
82) J. Calvin, Comm. on 2 Thess. 2:3, CO 52, p. 197; 김성봉, "이슬람에 대한 종교개혁자들의 견해" 『목회와 신학』, 2013. 11호, p. 53. 재인용.
83) J. Calvin's Commentary on Second Thessalonians in his The Epistles of Paul the Apostle to the Romans and to the Thessalonians, Grand Rapids: Eerdmans, 1961 rep., pp. 398-400; 김성봉, "이슬람에 대한 칼뱅의 견해", 미간행. FIM국제선교회 '크리스찬을 위한 이슬람세미나' 공개강좌 강의안, 2013. 10. 재인용.
84) "하나님의 영은 이것으로 알지니 곧 예수 그리스도께서 육체로 오신 것을 시인하는 영마다 하나님께 속한 것이요 예수를 시인하지 아니하는 영마다 하나님께 속한 것이 아니니 이것이 곧 적그리스도의 영이니라 오리라 한 말을 너희가 들었거니와 이제 벌써 세상에 있느니라"(요일 4:2-3).
85) F. N. Lee, Luther on Islam and Papacy, 2000; 김성봉, "이슬람에 대한 루터의 염려", 미간행. FIM국제선교회 '크리스찬을 위한 이슬람세미나' 공개강좌 강의안, 2012. 10. 재인용.
86) Ludwig Hagemann, Christentum contra Islam, Darumstadt, 1999; 『그리스도교 대 이슬람, 실패한 관계의 역사』, 채수일, 채혜림 역, (서울: 심산, 2005), p. 156.
87) Ibid., pp. 152-165.

7장

1) 이정순, 『무슬림 여성과 베일』 (서울: 기독교문서선교회, 2002), p. 17.
2) 꾸란에서 남녀평등과 관련된 구절은 다음과 같다. "남녀 신도들은 서로가 보호자요 친구이다…"(꾸란 9:7), "여성은 남성의 옷이고 남성은 여성의 옷…"(꾸란 4:19), "…여성들과 원만하게 지내라. 만일 너희 마음에 들지 않는다 해도 네 마음에 들지 않는 여성들에게도 수많은 선을 베푸셨도다"(꾸란 4:19).
3) Ismaail Adam Patel, 15, (London: Ta-Ha Publishers Ltd., 1997), p. 35.
4) "남자이든 여자이든 너희가 행한 선행은 결코 헛되지 아니할 것이다"(꾸란 3:195).
5) Bukhari Sahih, Vol.4, p. 226.
6) Bukhari Sahih, Vol.1, p. 99.
7) 최영길, 『다양한 이슬람 이야기』 (서울: 알림, 2008), p. 249.
8) 꾸란 참조구절 52:20; 2:25; 4:57; 3:15
9) 최영길, p. 247.
10) Ibid., p. 249.
11) 최영길, 『이슬람의 전통과 생활관습』 (서울: 알림, 2002), p. 369.
12) 오은경, 『베일 속의 이슬람과 여성』 (서울: 프로네시스, 2008), p. 38.

13) "그들 주위에는 순결한 부인들이 있나니 그녀들의 눈은 잘 보호되어 있고, 눈은 크고 아름다우매"(꾸란 37:48), "그 안에는 눈을 내려감은 어떤 인간과 진(영혼)도 접촉하여 보지 못한 배우자가 있나니"(꾸란 55:56), "같은 나이에 눈을 내려감은 순결한 여성이 그들 옆에서 시중을 들도다."(꾸란 38:49-52)
14) 오은경, p. 19.
15) Ibid., p. 20.
16) "…건전한 여성은 헌신적으로 남성을 따를 것이며 남성이 부재 시 남편의 명예와 자신의 순결을 보호할 것이라…" (꾸란 4:34)
17) "간통한 여자와 남자 그들 각각에게는 백대의 가죽 태형이라… 그들에게 동정치 말며 믿는 신도들로 하여금 그들에 대한 형벌을 입증케 하라"(꾸란 24:2)
18) 조희선, 『이슬람 여성의 이해 (서울: 세창출판사, 2009) p. 261.
19) Ibid., p. 243.
20) 오은경, p. 31.
21) 이정순, 『이슬람 문화와 여성』 (서울: 기독교문서선교회, 2007), p. 48.
22) 오은경, p. 29.
23) Ibid., p. 34.
24) "만일 너희가 고아들을 공평하게 대해줄 수 없는 것 같은 두려움이 있다면 결혼을 할 것이니 너희 마음에 드는 여인으로 둘, 셋 또는 넷을 취할 것이다."(꾸란 4:3)
25) 최영길, 『이슬람의 전통과 생활관습』 (서울: 알림, 2002), p. 81.
26) Craig Winn, Muhammad Prophet of Doom : Islam's Terrorist Dogma in Muhammad's Own Words(Canada: The Winn Company, 2004), p. 3.
27) 조희선, p. 36.
28) 사피 아르라흐만 알무바라크푸리, 최영길 역, 인간 무함마드 (서울: 알림, 2006), p. 561.
29) "너희 중에 누가 죽어서 과부를 남기면 과부들은 재혼하기 전에 4개월 10일을 기다려야 한다. 그들이 이 정해진 기간을 지키면 그들이 스스로 선택한 것을 너희는 비난하지 말 것이다."(꾸란2:234)
30) 이정순, p. 44.
31) Ibid., p. 34.
32) 전재옥, 『무슬림 여성』 (서울: 예영커뮤니케이션, 1997), p. 25.
33) 2001년 9월 16일 영국 Daily Mail 신문에 파키스탄 출생의 무슬림으로서 영국 상원의원인 바로네 프라더(Baroness Flather)는 'Polygamy, welfare benefits and an insidious silence'라는 제목의 사설을 통하여 영국 이슬람의 실태를 고발하고 있다.
34) 이정순, 『무슬림 여성과 베일』 p. 87.
35) "…자이드가 그녀와의 혼인생활을 끝냈을 때 알라는 필요한 절차와 함께 그녀를 그대의 아내로 하였으니 이는 양자의 아들들이 그녀와 이혼했을 때 장래에 믿는 사람들이 그 아내들과 혼인함에 어려움이 없도록 함이라…"(꾸란 33:37)
36) 오은경, p. 88.
37) 꾸란 24:31, 33:59

38) "나이가 들어서 부부생활을 원하지 않는 여성들이 유혹하는 부분을 제외하고는 옷을 벗어도 죄악이 아니라"(꾸란 24:60)
39) Mark A. Gabriel, *Islam and Terrorism* (Florida: 2002),『이슬람과 테러리즘 그 뿌리를 찾아서』(서울: 글마당, 2009), 번역 이찬미 역, p. 77-8.
40) "믿음이 없는 여성과 결혼하지 말라…"(꾸란 2:221) 이슬람에서는 성서의 백성들 즉 기독교인들과 유대인들과 사회적 일상거래는 물론 결혼까지도 허용된다. 한편 무슬림 여성은 무슬림이 아닌 남성과 결혼함으로써 무슬림 여성의 윤리가 파괴되기 때문이다(최영길, 꾸란 해설 (서울: 송산출판사, 1988), p. 165 각주 6-2).
41) Ibid., p. 54, 각주 221-1.
42) Abu Abdu'l lah Mohammad Ibn Abdu'l lah al-Idrisi, *Nuzhatu'l Mushtaq fi Ikhtiraqi' l Afaq*, (Napoli, 1970), p. 116; 무함마드 깐수, 新羅·西域交流社 (서울: 건국대학교, 1992), p. 193.
43) 통계청(인구동태통계연보) 국제결혼통계현황, http://www.index.go.kr/potal/main/EachDtlPageDetail.do?idx_cd=2430 접속, 2015년 3월 27일.
44) William Wagner, *How Islam Plans to Change the World* (U.S.A: Kregel Publication, 2004)『이슬람의 세계변화전략』(서울: Apostolos Press, 2007) 노승헌 역, p. 160.
45) Ibid., p. 164.
46) Bassam Tibi, *Islamism and Islam* (Yale University Press, 2003),『이슬람주의와 이슬람교』(서울: Jiwa Sarang, 2013), 유지훈 역, p. 41.
47) Mark A. Gabriel, *Jesus and Muhammad* (Florida: FrontLine, 2004), p. 169.
48) Nonie Darwish, *Cruel and Usual Punishment* (Nashville: Thomas Nelson, 2008), pp. 34-5.
49) Ibid., p. 63.
50) Mark A. Gabriel, p. 175.
51) Nonie Darwish, p. 41.
52) Ibid.
53) Mark A. Gabriel, p. 168.
54) "이미 결혼한 여성과도 금지이나 너희들의 오른 손이 소유한 그들(포로들)은 제외이니라 이것(금기)은 알라로부터의 명령이며, 이외에는 너희를 위해 허락이 되어 있으며 간음이 아닌 합법적 결혼을 원할 경우"마흐르"를 지불해야 되나니 너희가 그들과 결혼함으로서 욕망을 추구했다면 그녀에게 "마흐르"를 줄 것이며 그 의무가 행해진 후에는 쌍방이 합의에 의한 것에 관하여는 너희에게 죄악이 아니나니 실로 알라는 만사형통하심이니라"(꾸란 4:24).
55) Nonie Darwish, p. 35.
56) David Goldmann, *Islam and the Bible* (Chicago: Moody Publishers, 2004), p. 73.

참고 문헌

1. 국내서 및 논문

고병익, 『東아시아의 傳統과 近代化』, 삼지원, 1984.
공일주, 『이슬람 문명의 이해』, 서울: 예영, 2006.
_____, 『코란의 이해』, 서울: 한국외국어대학교출판부, 2008.
_____, 『코란의 의미를 찾아서』, 서울: 예영커뮤니케이션, 2007.
김대옥, 『이슬람의 성경변질론』, 서울: CLC, 2009.
김영구, 김구철, 『이단과 사이비』, 서울: 아가페, 2004.
김정위, 『이슬람 입문』, 서울: 한국외국어대학교출판부, 1993.
_____, 『중동사』, 서울: 대한교과서, 2008.
김정위 외 4인, 『이슬람 사상의 형성과 발전』, 서울: 아카넷, 2000.
무함마드 깐수, 『新羅·西域交流史』, 서울: 건국대학교, 1992.
유해석, 『이슬람이 다가오고 있다』, 서울: 쿰란출판사, 2003.
이슬람연구소, 『이슬람의 이상과 현실』, 서울: 예영, 1996.
이정순, 『이슬람 문화와 여성』, 서울: 기독교문서선교회, 2007.
_____, 『무슬림 여성과 베일』, 서울: 기독교문서선교회, 2002.
이만석, 『무함마드 계시의 변화추이에 대한 연구』, 양평: 아세아연합신학대학교 석사논문, 2008.
이희수, 『이슬람』, 서울: 청아, 2008.
_____, 『한·이슬람 교류사』, 서울: 문덕사, 1991.
_____, 『이슬람과 한국문화: 걸프해에서 경주까지 1200년 교류사』, 청아출판사, 2012.
오은경, 『베일 속의 이슬람과 여성』, 서울: 프로네시스, 2008.
서원모, "역사신학적 관점에서 본 기독교와 이슬람", 『이슬람연구 1』, 서울: 예영커뮤니케이션, 2003.
손주영, "살라피아 이슬람부흥운동", 『중동종교의 이해 1』, 서울: 한울아카데미, 2004.
전재옥, 『기독교와 이슬람』, 서울: 이화여자대학교출판부, 2003.
_____, 『무슬림 여성』, 서울: 예영커뮤니케이션, 1997.
전호진, 『이슬람 원리주의의 실체』, 서울: KUIS Press, 2007.
정대훈, "칼빈의 타종교와 이단에 대한 이해", 석사학위논문, 총신대학교대학원, 2011.

정마태, "이슬람을 향한 기독교 선교의 역사적 흐름과 한국적 대안(1900-2012)". 『이슬람 연구 1』. 서울: 예영커뮤니케이션, 2013.
정수일, 『이슬람문명』. 서울: 창작과비평사, 2002.
_____, 『혜초의 왕오천축국전』. 서울: 학고재, 2004.
조희선, 『이슬람 여성의 이해』. 서울: 세창출판사, 2009.
최민범, "이슬람에 대한 선교적 설교전략으로서 루터설교연구". 석사학위논문, 총신대학교대학원, 2013.
최영길, 『무함마드와 이슬람』. 서울: 알림, 2005.
_____, 『이슬람 문화』. 서울: 도서출판 알림, 2000.
_____, 『꾸란해설』. 서울: 송산출판사, 1988.
_____, 『이슬람의 전통과 생활관습』. 서울: 알림, 2002.
최윤식, 『2020 2040 한국교회 미래지도』. 서울: 생명의말씀사, 2013.
최종상, "영국교회의 현황과 한인교회의 영국선교 방안" 『디아스포라영국』. 재영한인연합회. 서울: 에디아, 2004.
학압두, 『이슬람 신앙』. 전주: 아부바카르 알 시디끄 이슬람센터, 소책자.
한국이슬람교중앙회, Islam in Korea. 서울: 한국 이슬람교 중앙회, 2008.

2. 번역서
돈 리처드슨, 『코란의 비밀』. 이희민 역, 서울: 쿰란출판사, 2008.
바삼 티비, 『이슬람주의와 이슬람교』. 유지훈 역, 서울: 지와사랑, 2013.
사무엘 헌팅턴, 『문명의 충돌』. 이희재 역, 서울: 김영사, 1997.
사피 아르라흐만 알무바라크푸리, 『인간 무함마드』. 최영길 역. 서울: 알림, 2006.
무함마드 A. 수하임, 『이슬람 원리와 개론』. 최영길 역, 서울: 알림, 2007.
압돌 미시흐, 『무슬림과의 대화』. 이동주 역, 서울: 기독교문서선교회, 2001.
윌리암 와그너, 『이슬람의 세계 변화 전략』. 노승현 역, 서울: Apostolos Press, 2007.
카렌 암스트롱, 『이슬람』. 장병옥 옮김, 서울: 을유문화사, 2012.
필 파샬, 『십자가와 초승달』. 이숙희 역, 서울: 죠이선교회, 1994.
하랄트 뮐러, 『문명의 공존』. 이영희 옮김, 서울: 푸른숲, 2000.

알이스터 맥그라스, 『그들은 어떻게 이단이 되었는가』 홍병룡 역, 포이에마, 2011.
파흐드 이븐 살림 바함맘, 『새내기 무슬림을 위한 지침서』 김은수 역, 사마울 쿠툽 출판사.
해밀턴 알렉산더 깁, 『이슬람 그 역사적 고찰』 최준식, 이희수 공역, 서울: 문덕사, 1993.
요하임 그니카, 『성경과 꾸란 무엇이 같으며 무엇이 다른가?』 오희천 역, 서울: 중심, 2005.
루드비히 하게만, 『그리스도교 대 이슬람, 실패한 관계의 역사』 채수일, 채혜림 역, 서울: 심산, 2005.
마크 가브리엘, 『이슬람과 유대인 그 끝나지 않은 전쟁』 4HIM 번역, 2009.
_____, 『이슬람과 테러리즘 그 뿌리를 찾아서』 이찬미 역, 서울: 글마당, 2009.
리차드 부커, 『이슬람의 거룩한 전쟁 지하드』 서광훈 역, 서울: 스톤스프, 2013.

3. 원서

al-Ash'ari, *Maqalat al-islamiyyin*. Cairo 1950, I, s. 216-217, quoted from Johan Bouman. Gottund Mensch im Koran. Wissenschaftliche Buchgesellschaft, Darmstadt, 1977/1798.

A. J. Wensinck and Penelope Johnstone, "Maryam", *Encyclopaedia of Islam*. Vol. VI. E. J. Brill: Leiden, 1991.

Azlim A. Nanji, ed., *The Muslim Almanac*. Detroit: Gale Research, 1996.

A. Yusuf Ali, *The Holy Quran and Commentary*. Pakistan: Sh. Muhammad Ashraf Publishers, 1934.

Canon Sell, *The Historical Develoment of the Quran*. Oak Park, I11.: International, n. d.

Christine Schirrmacher, *The Islamic View of Major Christian Teachings*. The WEA Global Issues Series Vol. 2. Bonn: Culture and Science Publ. 2008.

Daniel Shayesteh, *The House I Left Behind: A Journey from Islam to Christney*. Sydney: Talesh Books, 2012.

David Goldmann, *Islam and the Bible*. Chicago: Moody Publishers, 2004.

David Thomas. *The Doctrine of the Trinity in the Early Abbasid Era*. in *Islamic Interpretations of Christianity*. ed. Lloyd Ridgeon. Richmond: Curzon Press. 2001.

E. E. Elder. *"The Development of the Moslem Doctrine of Sin and their Forgiveness."* in: The Moslem World 29.1939

Emidio Campi, "Probing similarities and differences between John Calvin and Heinrich Bullinger". 10th nternational Congress on Calvin Reserch University of The Free State, Bloemfotein, South Africa, 22-27 August 2010.

Forbes Robinson, *Coptic Apocryphal Gospels*. Cambridge: University Press, 1896.

Ergun M. Caner and Emir Fethi Caner, *Unveiling Islam*. Michigan: Grand Rapids, 2002.

Francis Fukuyama, *The end of history and the last man*. New York: Avon Books, 1992.

Gabriel Said Reynolds, ed., *The Qur'an in Its Historical Context*. New York: Routledge, 2007.

Geoffrey Parrinder, *A Dictionary of Non-Christian Religions*. Philadelphia: The Westminister Press, 1971.

George W. Braswell, *Understanding Sectarian Groups in America*. B&H Publishing Group, 1994.

Hamdun Dagher, *The Position of Women in Islam*. Austria: Light of Light, 1995.

Ibn Kathir, *The Beginning and End*. Lebanon Beirut: The Revival of the Arabic Tradition Publishing House, 2001.

_____, *Stories of the Prophets*. Riyadh: Maktaba Dar-us-Salam, 2003.

Isaac Taylor, *Ancient Christianity, and the doctrines of the Oxford tracts*. Philadelphia: Herman Hooker, 1840.

"Islam in Britain", *Institute for the Study of Islam and Christianty Bulletin*. London: The Institute, October/November, 1996.

Ismaail Adam Patel. 15. London: Ta-Ha Publishers Ltd., 1997.

James Dale Davidson and Lord William Rees-Mogg, *The Great Reckoning Protect Yourself in the Coming Depression*. New York: Touchstone, 1993.

Jan Goodwin, *Price of Honor*. Boston: Little, Brown and Company, 1994.

John Calvin, *Sermons on Deuteronomy* (1551). Edinburgh: Banner of Truth Trust, 1987.

_____, *Commentary on Second Thessalonians in his The Epistles of Paul the Apostle to the Romans and to the Thessalonians*. Grand Rapid: Eerdmans, 1961.

_____, *Institutes of the Christian Religion Translated by Henry Beveridge*. Massachusetts: Handrickson Publishers, Inc. 2008.

J. Dudley Woodberry, *From Seed To Fruit*. Pasadena: William Carey Library, 2008.

John L. Esposito, *Unholy War: Terror in the Name of Islam*. New York: Oxford University Press.

John Bishop of Lincoln, *Some Account of the Writings and Opinions of Justin Martyr*. Cambridge: University Press, 1821.

L. Esposito John, *The Oxford History of Islam*. New York: Oxford Universty press, 1999.

Mark A. Gabriel, *Islam and Terrorism*. Florida: Frontline, 2002.

_____, *Jesus and Muhammad*. Florida: FrontLine, 2004.

_____, *Journey Into the Mind of an ISLAMIC TERRORIST*. Flidaor: FrontLine, 2006.

Mark Durie, *Revelation?*. Australia: CityHarvest Publications, 2006.

Maxim Rodinson, *Muhammad*. New York: Pantheon Books, 1971.

Medowell, *Bruce A. and Anee Zaka, Muslims and Christians at The Table*. Phillipsburg, New Jersey P&R Publishing, 1999.

Mohammed Ben Abdullah Al-Khatib At-Tabrizi, *The Niche of Lamps*. Beirut: Dar Al-Kotob Al-Ilmiyah, 2012.

Musa Al-Hariri, *A Bishop and a Prophed*. Beirut, Lebanon: 1979.

Nonie Darwish, *Cruel and Usual Punishment*. Nashville: Thomas Nelson, 2008.
Phil Parashall, *Inside the Community*. Grand Rapids: Baker, 1994.
Philip Jenkins, *God's Continent*. Oxford: Oxford University Press, 2007.
Richard Bell, *The Origin of Islam in Its Christian Environment*. London: Frank Cass and Co., 1926.
Sachiko Murata and William Chittick, *The Vision of Islam*. New York: Paragon, 1994.
Samuel M. Zwemer, *The Moslem Doctrine of God*. New York: American Tract Society, 1905.
Shaikh Muhammad Abduh, *The Theology of Unity*. London: Z George & Allen, 1965.
Shin Ahn, "*Calvin's Theology of Mission and his Understanding of Other Religions: Cases of Judaism and Islam,*". 2011 Asia Calvin Society & Refo 500, 2011.
Spyros A. Sofos and Roza Tsagarousianou, *Islam in Europe*. England: Palgrave Macmillan, 2013.
Stuart Robinson, *Mosques and Miracles*. Australia: CityHarvest Publications, 2004.
S. W. Koelle, *Mohammed and Mohammedanism*. London: Richmond House, 1888.
Thomas Patrick Hughes, *Hughes' Dictionary of Islam*. Chicago: Kazi, 1995.
Waleed Nassar, *Muslims Untouchable or Reachable*. Unpublished Note, 1996.
William Muir, *Life of Mahomet*. London: Smith Elder and Co., 1861.
William St. Clair Tisdall, *The Original Sources of the Quran*. London: Society for Promoting Christian Knowledge, 1911.

4. 간행물 및 학술지

공일주, "한국의 교회와 무슬림 사역의 방향", 『이슬람선교포럼』, 한국선교신학회, 2009년 4월 18일.
김아영, "한국의 이슬람, 우리 안의 미전도 종족", 『목회와 신학』, 2013. 11월호.
김영한, "이슬람과 기독교, 교리적 차이", 『한국개혁신학』, 12 . 2002.
김성봉, "이슬람에 대한 루터의 염려", 미간행. FIM국제선교회 『크리스찬을 위한 이슬람세미나』 공개강좌 강의안, 2012. 10.
_____, '이슬람에 대한 칼뱅의 견해'. 미간행. FIM국제선교회 『크리스찬을 위한 이슬람세미나 세미나북』, 2013년 11월 12일.
_____, "이슬람에 대한 종교개혁자 불링거의 견해". 미간행. FIM국제선교회 『크리스찬을 위한 이슬람 세미나 세미나북』, 2013년 11월 12일.
_____, "이슬람에 대한 종교개혁자들의 견해". 『목회와 신학』, 2013. 11호.
김지호, "이슬람의 알라와 기독교의 하나님 무엇이 다른가?". 미간행. FIM국제선교회 『크리스천을 위한 이슬람 세미나』 공개강좌 강의안, 2015. 10.
김정위, "이슬람 원리주의". 『한국 이슬람 학회 총서』, 제3집 1993.
박상봉, "하인리히 불링거의 '헝가리 교회와 목회자들에게 쓴 서신(1551)'". 『종교개혁 496주년

기념강좌 1』, 2013년 10월 27일.
"한국 무슬림 인구 20만 명 넘어서". 『선교타임즈』. 2012. 8.
성종현, "예수의 죽음과 부활". 『장신 논단』. 서울: 장로회신학대학 출판부, 1990.
이성덕, "종교개혁시대 이슬람의 팽창과 루터의 입장". 『한국기독교신학총론』. 제24권 2002.
이정순, "기독교 선교적 관점에서 본 국내 모슬렘 여성". 『목회와 신학』. 2013. 11.
이희수, "한국이슬람의 어제와 오늘". 미간행. 한국이슬람연구소 공개강좌 강의안, 2004, 4.
조희선, "한국 무슬림 정체성". 『Muslim-Christian Encounter』. Vol. 4 한국이슬람연구소, 2010.
최영길, "꾸란에 등장한 인물 연구—예수를 중심으로". 『한국이슬람학회논총』. 제16권 2006.
한국기독교법교단이슬람대책위원회, 『이슬람을 경계하라』. 서울: 한국기독교법교단이슬람대책위원회, 2012.
Alexandra Topping, "Jury told of 'living hell' of rape and trafficking by child sex ring". The Guardian. 16 January 2013.
Andrew Norfolk, "Role of Asian gangs is played down by report on thousands of child sex victims". The Times. 21 November 2012.
'Britain, Bengali but British', Go. Interserve, 2nd Quarter 1996, 8.
Britain facing a 'bic problem' from jihadists returning from Syria". The Times. 16 February 2014.
Douglas Murras, "The 2009 Charles Douglas-Home Memorial Trust Award essay". The Times. 30 December 2009.
Roland Watson, Jenny Booth and Sean O'Neill, "Woolwich 'killers' were known to security services". The Times. 23 May 2013.
Simon de Bruxelles, "Woman beat son, 7, to death and burnt body after he could not memorise Koran". The Times. 6 December 2012.

5. 신문
강혜진, "바그다드 성공회 사제 '프랑스·미국 테러, 세계대전의 전조'". 『크리스천투데이』. 2015년 12월 4일.
김희원, "유럽국가들, '다문화 실패' 선언 잇따라". 『한국일보』. 2011년 2월 23일.
Bernard Lane, "The devil is more real for Muslims". The Australian. 8 July 2002. 2015년 10월 20일.
Henry Bodkin, "Sharia patrols snatch drinks from passers-by". The Sunday Times. 13 January 2013.
Leo McKinstry, "The Pm's Right Speak Out Against Multiculturalism", Daily Express. 7 February 2011.
Steve Doughty, "Britain's two million single parent families". Daily Mail. 20 January 2012.

_____, "Number of British Muslims will double to 5.5m in 20 years". Daily Mail. 28 January 2011.

Tom Morgan and Anthony France, "Woman in niqab wrecked my life in acid assault", Sun. 2 February 2013.

"2013년 한국 출산율 1.18명…전년보다도 떨어져", 『연합뉴스』. 2014. 2. 13.

6. 인터넷 자료

강지혜, "사우디 메카 압사사고 희생자 2121명".
⟨http://www.newsis.com/ar_detail/view.html?ar_id=NISX20151020_0010360014&cID=10101&pID=10100⟩

Daum, 어학사전. ⟨http://dic.daum.net/search.do?q=%ED%8F%89%ED%99%94⟩

박성호, "다문화와 노인문제". ⟨http://ilyo.co.kr/detail.php?number=70788⟩

유철종, "러 이슬람 지도자 '사우디 참사는 신의 선물' 황당 발언.
⟨http://www.yonhapnews.co.kr/bulletin/2015/09/25/0200000000AKR20150925000300080.HTML?input=1179m⟩

통계청(인구동태통계연보) 국제결혼통계현황. ⟨http://www.index.go.kr/potal/main/EachDtlPageDetail.do?idx_cd=2430⟩

꾸란의 모순들, 수학적인 오류. ⟨http://blog.daum.net/jonghojang/8676009⟩

⟨http://www.nationmaster.com/graph/rel_isl_per_mus-religion-islam-percentage-muslim⟩

⟨http://cafe.naver.com/pup21.cafe?iframe_url=/ArticleRead.nhn%3Farticleid=4515⟩

"Foreign fighters to Iraq and Syria have doubled".
⟨http://www.dailymail.co.uk/wires/afp/article-3350526/Foreign-fighters-Iraq-Syria-doubled-report.html,⟩

Sayyid Qutb, Milestones, Revised Edition, Chapter 4 "Jihad in the cause of Allah".
⟨ http://www.answering-islam.org/Hahn/jihad.htm#fn7.⟩

sahih al-Bukhari, 2:378.
⟨http://www.hadithcollection.com/sahihbukhari/56-sahih-bukhari-book-23-funerals-al-janaaiz/1833-sahih-bukhari-volume-002-book-023-hadith-number-378.html⟩

Worldometers, Current World Population. ⟨http://www.worldometers.info/world-population/⟩

사명선언문

너희가 흠이 없고 순전하여……세상에서 그들 가운데 빛들로
나타내며 생명의 말씀을 밝혀 _ 빌 2:15-16

1. 생명을 담겠습니다
만드는 책에 주님 주신 생명을 담겠습니다.
그 책으로 복음을 선포하겠습니다.

2. 말씀을 밝히겠습니다
생명의 근본은 말씀입니다.
말씀을 밝혀 성도와 교회의 성장을 돕겠습니다.

3. 빛이 되겠습니다
시대와 영혼의 어두움을 밝혀 주님 앞으로 이끄는
빛이 되는 책을 만들겠습니다.

4. 순전히 행하겠습니다
책을 만들고 전하는 일과 경영하는 일에 부끄러움이 없는
정직함으로 행하겠습니다.

5. 끝까지 전파하겠습니다
모든 사람에게, 땅 끝까지, 주님 오시는 그날까지
복음을 전하는 사명을 다하겠습니다.

서점 안내

광화문점 서울시 종로구 새문안로 69 구세군회관 1층
02)737-2288(T) 02)737-4623(F)

강남점 서울시 서초구 신반포로 177 반포쇼핑타운 3동 2층
02)595-1211(T) 02)595-3549(F)

구로점 서울시 구로구 시흥대로 577 3층
02)858-8744(T) 02)838-0653(F)

노원점 서울시 노원구 동일로 1366 삼봉빌딩 지하 1층
02)938-7979(T) 02)3391-6169(F)

분당점 경기도 성남시 분당구 황새울로 315 대현빌딩 3층
031)707-5566(T) 031)707-4999(F)

신촌점 서울시 마포구 서강로 144 동인빌딩 8층
02)702-1411(T) 02)702-1131(F)

일산점 경기도 고양시 일산서구 중앙로 1391 레이크타운 지하 1층
031)916-8787(T) 031)916-8788(F)

의정부점 경기도 의정부시 청사로47번길 12 성산타워 3층
031)845-0600(T) 031)852-6930(F)

인터넷서점 www.lifebook.co.kr